천수경과 관음신앙

김 호 성 지음

동국대학교출판부

머 리 말

 『천수경』(=독송용 『천수경)은 『반야심경』 다음으로 많이 읽히고 있는 의례용 경전〔儀軌〕입니다. 그만큼 우리들에게 익숙한 텍스트입니다. 또 그 내용은 관음신앙과 관련되어 있습니다. 관음신앙은 미타신앙, 지장신앙과 함께 가장 널리 행해지고 있는 신앙형태입니다.

 부처님의 가르침을 믿는 일반 신도들에게는 "도대체 『천수경』이 무슨 이야기를 하고 있는가", 또 "어떻게 해야 올바른 관음신앙인가"와 같은 문제는 실로 중요한 문제가 아닐 수 없습니다. 누군가 연구를 해서 알려주었으면 하는 문제일 것입니다. 불교를 믿는 대중들의 이러한 관심사에 대해서 적극적으로 대답을 해야 할 책임이 불교학자들에게 지워져 있는 것이겠지요.

 인도에서 불교가 사라지게 된 이유로서 여러 가지 문제점이 지적되고 있습니다만, 가장 큰 이유는 이 문제와 결부되어 있다고 저는 생각합니다. 힌두교에서는 많은 의례를 행하면서도 왜 그러한 의례를 행하는지, 또 어떻게 행해야 올바른지 등에 대하여 아주 정밀한 연구를 계속해 오고 있었습니다. 미망사(Mīmāṁsā)라는 학파가 하는 일이 바로 그것이었습니다. 그런데, 우리 불교는 그다지 의례를 행하지 않던 초기불교로부터 의례가 성행하게 되는 대승불교로 넘어왔습니다만, 의례에 대한 연구는 뒤따르지 못하였습니다. 급기야 방향을 잃게 된 의례, 그리고 불교대중은 힌두교 속으로 용해되고 말았던 것입니다. 그렇게 의례는 한 종교의 생명이 구현되어 있는 것입니다. "불교미망사(Buddhist Mīmāṁsā)"의 정립이 필요하다고 보는 이유입니다. 『천수경』이나 관음신앙에 대한 연구는 "불교미망사"의 한 부분이라는 의미가 있을지도 모릅니다. 저는 이를 통해서 우리 불자들의 올바른 신행생활에 방향을 제시하고자 했습니다.

『천수경』과 저의 인연은 14년 전으로 거슬러 올라갑니다. 1991년에 『법보신문』을 통하여 『천수경』을 해설하였습니다. 그것은 다시 『천수경의 비밀』(민족사, 2005, 『천수경이야기』, 민족사, 1992)라는 책으로 묶어져 나왔습니다. 그러나, 그것은 시작이었을 뿐입니다. "위없이 높고 깊은 부처님법[無上甚深微妙法]"이라 하였습니다. 정말, 그렇습니다. 세월이 흘러가면서, 공부를 더 하면 할수록 『천수경』 안에는 새로운 의미가 속속 나타나는 것입니다. 정히 그 바닥을 알 수 없습니다. 어쩌면 대장경 전체를 다 이해할 수 있을 때 비로소 『천수경』 자체에 대한 이해가 온전해질 수 있을 것으로 생각됩니다. 그래서 『천수경』과 관세음보살님에 대한 제 노래 역시 끝날 수 없습니다.

머리말

그동안 인연이 있을 때마다 저는 논문의 형태로 글을 써서 발표해 오곤 했습니다. 그러한 논문들을 모으고 정리하여 『천수경의 새로운 연구』라는 논문집으로 중간보고를 하려고 준비하고 있습니다. 그러는 중에 『법보신문』으로부터 "수행하시는 분들을 위해서 『천수경』의 세계를 해설해 달라"는 요청을 받았습니다. 기꺼이 허락하였음은 물론입니다. 이 기회에 '『천수경이야기』 이후'를 정리하여, 독자들께 말씀드리고 싶었기 때문입니다. 그 내용이 이 책의 제1부를 이루고 있는 15편의 글입니다. 이 자리를 빌어서 거듭 좋은 인연을 만들어준 법보신문의 여러분, 특히 편집에 수고를 많이 한 이재형 기자에게 감사의 마음을 전합니다.

저는 가능하면 글을 쉽게 쓰려고 합니다만, 그렇다고 해서 글을 쉽게 쓰는 것만이 목표는 아닙니다. 오히려 이전에는 갖지 못했던 인식이나 이전에는 생각하지 못했던 의미를 제 스스로 찾아내는 데 더 큰 기쁨을 느끼고 있습니다. 그것을 독자들에게 전달하여 함께 인식의 폭을 넓히고 생각의 깊이를 더하는 데에 제 글쓰기의 목표가 있습니다. 이 책에는 그렇게 『천수경』을 공부하면서 제가 얻었던 새로운 경험, 새로운 인식, 그리고 새로운 깨침을 풀어놓았습니다. 그러다 보니, 반드시 쉬운 것만은 아닐지도 모릅니다. 하지만, 이제 우리 독자들도 제가 겪었던 새로운 인식의 여정(旅程)을 함께 따라오실 수 있으리라 믿습니다. 분명 그 끝에는 기쁨의 세계가 기다리고 있기 때문입니다. "부처님의 참뜻을 알아지이다〔願解如來眞實義〕", 그것만이 우리들의 목적이 되어야 할 것입니다. 그리고 그러기 위해서는 땀 흘릴 가치가 있는 것 아니겠습니까.

특히, 저로서는 『천수경』의 관음신앙을 중심으로 하여 "우리가 어떻게 하는 것이 관세음보살님을 잘 모시고, 잘 믿는 일이 되는지" 고민해 본 글들을 여러 편 모았습니다. 특히, 저의 관음신앙의 방향을 결정해 준 것은 의상스님의 『백화도량발원문』이라는 작은 글입니다. 이 글은 의상스님 이후 약 700년이 지나서 고려시대 체원스님에 의해서 주석이 이루어집니다. 『백화도량발원문약해』가 바로 그것입니다. 『백화도량발원문』의 본문 역시 이 『약해』를 통해서 우리에게 전해집니다. 다시 약 700년이란 세월을 건너서, 저는 『백화도량발원문강해』라는 글을 통하여 두 스님의 뜻을 다시금 되새겨 보았습니다. 의상스님과 체원스님의 법은(法恩)에 한없이 감읍(感泣)하면서 말입니다. 이러한 저의 작업이 우리의 관음신앙을 되살펴 보면서 그 방향성을 재정립하는 데에 하나의 문제제기가 될 수 있다면, 큰 보람이겠습니다.

혹시라도 이 책에 실린 글들이 어렵게 느껴지시는 분이 계실지도 모르겠습니다. 그렇더라도 이왕지사 부처님 인연으로 이 책을 손에 들으셨다면, 이해 여부와는 무관하게 처음 만나서 악수한다는 심정으로 끝까지 읽어 주십시오. 그리고 『천수경의 비밀』을 한번 읽어주십시오. 이 책의 글이 어렵게 느껴지신다면, 제가 글을 쓸 때 『천수경의 비밀』를 읽으신 분을 전제로 하면서 썼기 때문입니다. 저로서는 『천수경의 비밀』의 세계만을 반복하고 있을 수는 없지 않겠습니까. 이 책이 『천수경의 비밀』의 후편(後篇)으로서 그것을 보충하고 있다면, 『천수경의 비밀』 역시 이 책의 전편(前篇)으로서 이 책의 참고서 노릇을 하고 있습니다. 그렇게 『천수경의 비밀』까지 읽으신 다음, 다시 한번 이 책을 읽어보십시오. 처음 읽으실 때와는 비교할 수 없을 정도로 그 의미가 가까이 다가올 것입니다.〔굳이 다소 전문적인 내용이 담겨있는 부분은 제일 마지막에 수록된 『백화도량발원문약해』의 역주 부분입니다. 부담스러운 분은 안 읽으셔도 좋겠습니다만…….〕

한 권의 책이 이 세상에 나오는 데에는 저자의 고독한 노래에 화답(和答)할 지음(知音)이 있어야 합니다. 그 책의 가치를 제일 먼저 (어쩌면 유일하게?) 알아줄 한 사람의 편집자가 없다면, 어떤 책이고 그 탄생은 어렵다고 해야 할 것입니다. 그러기에 진정한 산모(産母)는 편집자입니다. 이 책에 있어서 그 한 분의 산모는 前 동국대 출판부 이철교 부장이십니다. 그 분의 권유가 없었다면, 이 책은 출현할 수 없었을 것입니다.

앞으로 나올 『천수경의 새로운 연구』에 수록될 논문을 제외하고, '『천수경이야기』 이후'에 쓴 에세이 형식의 글들을 모아보니 분량이 적지 않았습니다. 대개 신문이나 잡지 등으로부터 청탁을 받아서 쓴 글입니다. 일일이 그 출전을 밝히지는 않았습니다만, 당시에 청탁해준 분들에게 감사하는 마음을 잊은 것은 아닙니다. 물론, 제2부와 제3부에 수록되는 글들 중에서는 이번에 새롭게 쓴 글들도 있고, 예전에 작업한 것이지만 처음 공개하는 글들도 있습니다. 일일이 밝히지 않았습니다. 독자들에게 큰 의미가 있을 것 같지 않아서입니다. 물론, 최근에 쓴 제1부의 글을 포함하여 예전에 쓴 글들은 전반적으로 다시 읽어보면서 새롭게 손을 대고 고치고 기웠습니다.

여기서 밝혀 두어야 할 일은 제3부에 수록된 『백화도량발원문약해』(體元)의 우리말 역주가 애당초 동국역경원의 청탁을 받은 것이라는 점입니다. 형편상 아직 책에 실리지 못하고 있는데, 번역을 하고서 너무나 오랜 세월이 지났습니다. 먼저 이 책에 수록할 수 있었으면 하고 의논드렸더니, 동국역경원 편집부 최철환 부장님께서는 흔쾌히 허락해주셨습니다. 『약해』의 역주는 국내에서 최초로 이루어지는 것입니다. 그런데, 그 앞에 수록되어 있는 『백화도량발원문강해』에서 여러 가지 문제가 충분히 논의되고 있으므로 따로이 해제(解題)를 쓰지 않았습니다. 그렇게 활용해 주셨으면 합니다.

이 외에도 그동안 제게 『천수경』 강의를 할 수 있도록 초청해주신 많은 스님들, 법사님들, 선생님들도 계십니다. 이 모든 분들의 얼굴을 잠시 떠올려 봅니다. 그 중에는 벌써 우리와 인연을 달리하신 동지들도 몇 분 계십니다. 이 책에 조그마한 공덕이라도 있다면, 그것은 모두 '『천수경』 신행운동'을 성원해 주신 이 모든 분께 회향되어야 할 것입니다. 모두 감사드립니다.

얼마 전 중국의 보타락가산을 다녀오면서 관세음보살님 생각을 많이 하였습니다. 그리고 이 책에 실린 2편의 글(「반야심경, 관음신앙의 소의경전」, 「중국의 보타락가산 참배기」, 보타락가산 관계 자료의 중국어 해독에는 불교학과 양정연(梁晶淵) 선생의 도움이 있었음을 밝힙니다)을 신나게 썼습니다. 그리고는 관세음보살님의 가피(加被)를 깊이 느낄 수 있었습니다. 참으로 감사한 일이 아닐 수 없었습니다.

출판에 즈음하여 前 동국대 출판부의 이철교 부장님과 김두재 선생님, 그리고 교정을 도와준 불교학과 대학원생 천옥희 보살님의 은혜를 입었습니다. 깊이 감사드립니다.

2006년 2월 11일

동악(東岳)의 한 모퉁이를 비추면서
김 호 성 합장

차 례

머리말 · 1

제1부 『천수경』의 요체〔千手經 撮要〕· 13

한국인의 수행 - 신앙 길라잡이 · 15
관음염불이 곧 아미타염불 · 18
우리가 관세음보살을 도와야 한다 · 21
다라니는 번뇌 없애는 '의미없는' 도구 · 24
『천수경』 수행의 중심은 다라니 독송 · 27
다라니 본질은 자비·평등심 같은 '마음' · 30
돈오 - 점수 수행 병행할 것 강조 · 33
천태학에서 『천수경』을 중시한 까닭 · 36
다라니는 모든 악업 깨뜨리는 신주(神呪) · 39
천수예참, 『천수경』에 입각한 예참의식 · 42
십선계(十善戒) 지키면서 다라니 외워야 · 45
일상의 아름다운 언어가 곧 진언 · 48
육자주·준제주 모두 관음의 진언 · 51
힌두교에 비추어 본 『천수경』의 신앙 · 55

『천수경』연구는 내 삶이자 신앙 · 57

제2부 『천수경』과 관음신앙 · 61

'원본 『천수경』'의 탐구 · 63
구업·정구업·정구업진언 · 75
『천수경』과 한국불교의 정체성 · 79
보조선에서 『천수경』까지 · 91
십선계(十善戒)를 수지(受持)하는 까닭은 · 96
광덕스님의 『천수경』이해 · 103
『천수경』과 현재의 한국밀교 · 133
기도, 희구(希求)에서 명상(冥想)까지 · 156
『반야심경』, 관음신앙의 소의경전 · 165
성숙한 관음신앙의 길 · 181
중국 보타락가산 참배기 · 193

제3부 『백화도량발원문』의 세계 · 229

우리말 『백화도량발원문』· 231
『백화도량발원문강해』· 233
    저자론, 누구의 발원문인가 · 233

주제론, 화엄적 관음신앙의 교과서 · 242
   과목론, 부분과 전체 함께 보기 · 264
   해석론, 『천수경』과 『화엄경』의 만남 · 273
      관세음보살과 같은 우리 · 273
      관세음보살과 다른 우리 · 280
      거울 속에서의 귀의 · 285
      관세음보살님을 스승으로 모시고 · 294
      관세음보살 되기 운동 · 297
      관세음보살 돕기 운동 · 303
      『천수경』적 관음신앙의 수행법 · 305
      백화도량, 그곳에 가고 싶다 · 308
      그러므로 감사하라 · 312
백화도량 발원가 · 315
『백화도량발원문약해』역주 · 322

더 읽어 볼 글들 · 371

제1부

『천수경』의 요체

〔千手經 撮要〕

한국인의 수행 - 신앙 길라잡이

『천수경』의 경우, 이미 적지 않은 해설서들이 나와 있다. 나 역시 1991년 1년 동안 법보신문을 통하여 해설을 연재한 바 있으며, 이를 『천수경이야기』(민족사, 1992)라는 제목으로 출판한 바 있다. 13년 전의 일이다. 그런 뒤에도 나는 『천수경』에 붙잡혀 헤어나지 못하고 있다. 내게 있어서 도대체 『천수경』은 어떤 의미가 있다는 말일까?

나는 학자로서 대학에 몸담고 있다. 전공영역이라는 기준으로 한 사람의 학자를 평가할 때, 『천수경』을 공부한다는 것(물론, 『천수경』만을 공부하는 것은 아니기도 하지만)은 평가를 받을 수 없는 일이 된다. 어떤 전공영역 안에도 소속되지 못하기 때문이다. 『천수경』의 핵심이 신묘장구대다라니라는 다라니에 있으며 대장경 속에는 그 다라니를 설하는 것이 중심이 된 『천수경』이 존재(이를 나는 '원본 『천수경』'이라 한다.)하며, 그것은 밀교부에 소속되어 있다. 그렇다면, 『천수경』을 연구하는 것은 곧 밀교를 전공하는 일이 되는 것은 아닐까 생각해 볼 수 있다. 그런데, 그렇지 않다는 점에 『천수경』의 특수성이 놓여있는 것이다. 현재 우리가 읽고 있는『천수경』(이를 '독송용『천수경』'이라 부른다.)은 '원본『천수경』' 안에 있는 신묘장구대다라니를 중심으로 읽고 외우기 쉽도록 편집한 의식용 의문(儀文)이라고 할 수 있다. 이런 성격의 글을 밀교에서는 의궤(儀軌)라고 부른다. 따라서, 현재 우리가 읽고 외우는 '독송용『천수경』'은 하나의 경전이라기보다 의궤라고 보는 것이 더욱 타당하리라 나는 생각한다.

그런데, 이 의궤로서의 '독송용『천수경』'을 현재 우리의 밀교종단들에서는 그대로 읽지 않는다. 그 이유에 대해서는 앞으로 이야기할 것이지만, 바로 그러한 사실 하나만으로 우리는『천수경』을 연구하는 일이 곧 밀교를 전공하는 것으로 평가될 수 없음을 이해할 수 있으리라. 법적으로 내 전공은 '고대 인도철학'이고, 현재 나는 인도철학과에 소속된 교수이다. 그럴진대 고대인도철학을 연구하는 일 외에『천수경』을 연구하는 이유가 어디에 있단 말일까? 그럼으로써 왜 나는 내 학문을 전공이 없는 잡학(雜學)으로 만들어 가고 있는 것인가? 이 글들이 그에 대한 대답을 암시할 수 있겠지만, 여기서 언급해 두고 싶은 것은 바로 내게 있어서『천수경』은 학문연구의 대상만은 아니라는 점이다.

그것은 바로 나의 삶, 나의 수행, 그리고 나의 신앙과 깊이 결부되어 있기 때문이다. 그러니까, 내가『천수경』을 이야기하는 것은 엄밀한 학문적 이유에서가 아니라 신앙적·수행적,

그리고 실존적 삶의 문제로서 이야기하는 것이다.(『천수경』은 신앙과 수행의 두 측면을 다 포괄하고 있기 때문에, 사실은 수행보다는 신행이라는 용어가 더 적절하리라 믿어진다.) 그러니까, 내가 『천수경』을 이야기할 때는 엄밀한 학문적 차원에서가 아니라 신행적 차원에서이다. 불자가 교수에 앞서는 것처럼, 신행은 학문에 앞선다. 거기에 내 학문의 한 성격이 놓여있다.

이미 『천수경』에 대한 해설서가 많이 출판되어 있음에도 불구하고, 『천수경』의 의미나 가치가 우리에게 충분히 인식되어 있는 것 같지 않다. 그 이유는 바로 『천수경』을 수행적·신행적 차원에서 충분히 천착해 오지 못했기 때문이라 생각한다. 『천수경』이 우리의 신행생활에 대한 지도지침서라고 하는 점을 명확히 알지 못하고 있는 것이다. 이 점은 『천수경』을 연구하는 내 자신이 그 소임을 다하지 못한 데에 그 책임이 있을 것이다. 앞으로 열네 번에 걸쳐서 '독송용 『천수경』'과 '원본 『천수경』'을 함께 아우르면서 『천수경』이 우리에게 어떤 수행의 지침을 제시하는지 살펴볼 것이다. 신행론의 입장에서 본 『천수경』, 그 이야기를 마저 해야 하기에 나는 아직도 『천수경』 속에서 허우적거리고 있는지도 모른다.

관음염불이 곧 아미타염불

『천수경』은 천수천안 관세음보살이 천수천안 관세음보살에 대해서 말하는 경전이다. 그런 까닭에, 『천수경』을 독송하고 신앙한다는 것은 곧 관세음보살을 신앙하는 일이 된다. 관세음보살 염불이 『천수경』 신행의 중요한 프로그램이 되는 것이다.

그런데, 어느 하나의 대상에 믿음을 지극히 한다는 것은 다른 대상에 대해서는 배제하려는 마음을 갖기 쉽게 한다. 관세음보살을 염해 가면서 아미타불에 대해서는 믿음을 갖고 염불하려는 마음이 옅어지는 것이었다. 내가 어디에서고 공개적으로 말한 것은 아니지만, 내면 속에서는 이런 갈등이 없지 않았다는 말이다. 만약 이러한 태도를 올바른 것으로 유지하게 된다면, 어느덧 우리는 종파적·독단적 관점을 취하게 될 것이다. 그것은 평소 회통(會通)을 추구하는 내 기본입장과 맞지 않게 된다. 어떻게 해야 관세음보살에 대한 신앙을 하면서도 아미타불 신앙을 받아들일 수 있을까?

우리나라에서 편집된 '독송용 『천수경』'의 성립 과정을 살펴볼 때, 그 상한은 신라의 의상(義相, 625~702)스님에게까지 소급된다. 의상스님은 화엄종의 창시자로서만이 아니라 『천수경』 신행의 입장에서 볼 때에도 매우 중요한 통찰력을 남겨주신 스승 중의 한 분이다. 그런데, 이 분이 관음성지인 낙산사를 창건하였을 뿐만 아니라 정토신앙에 입각하여 부석사를 창건하셨던 것이다. 왜 의상스님은 관세음보살 신앙과 아미타불 신앙을 함께 하고 있는 것일까? 그렇게 할 수 있게 된 논리적 근거는 무엇이었던 것일까?

물론, 『무량수경』에서는 관세음보살을 아미타불을 모시는 존재로서 그리고 있고, 그러한 영향은 『천수경』에도 그대로 전달되고 있다. '원본『천수경』'에서 관세음보살은 "지극한 마음으로 나의 이름을 염하고, 또한 마땅히 나의 스승(本師) 아미타불을 오롯이 염해야 한다"라고 하신다. 이러한 가르침에 따라 '독송용『천수경』'은 신묘장구대다라니를 외우기 전에 "나무본사아미타불"을 염하고 있으며, "아미타불 속히 뵙기 원하옵니다"(원아속견아미타)라고 서원도 행하고 있는 것이다.

이렇게 볼 때, 관세음보살과 아미타불의 관계는 제자와 스승의 관계이며 시봉(侍奉)하는 자와 시봉받는 자의 관계임을 알게 된다. 그런데 이와 같은 이해에는 아직 두 분 사이에 계급이 존재하게 되어서, 관세음보살을 열심히 믿는 신자들에게는 못내 섭섭한 마음이 없지 않게 된다. 이 문제를 해결하는 계기를 나는 2003 봄 일본 천태종의 원진(圓珍, 814~891)스님을 통해서 만나게 되었다.

　원진스님은 "천수경의 비밀을 말하다"라는 뜻의 책, 『천수경술비기(千手經述秘記)』를 남겼다. 그런데 아쉽게도 이 책은 현재 전하지 않는다. 불행 중 다행으로 단 한 줄이 전할 뿐이다. "불공(不空) 삼장이 말씀하신 것처럼, 관세음보살을 서방정토에서는 무량수불이라고 말한다. 〔……〕관음과 미타는 한 몸이면서 두 부처님인 까닭이다."

　참으로 비수와 같은 말씀이고, 충격적인 말씀이었다. 그렇다. 관음과 미타는 같은 부처님이다. 사실, '원본 『천수경』'에서도 이미 관세음보살을 '정법명여래(正法明如來)'라고 하지 않던가.

　이렇게 해서 나는 "관세음보살, 관세음보살 ……" 염불이나 "나무아미타불, 나무아미타불……" 염불이나 모두 차별이 없을 뿐만 아니라 함께 할 수 있는 것임을 확신하게 되었다. 따라서 "관세음보살" 염불과 "나무아미타불" 염불을 모두 수행하든지, 아니면 그 어느 하나를 수행하더라도 공히 두 부처님을 함께 염하는 것이나 다름없게 된다. 두 분이 곧 한 부처님이기 때문이다.

우리가 관세음보살을 도와야 한다

『천수경』 강의를 법보신문에 연재했던 것은 내 나이 약관 삼십대 초반의 일이었다. 그래서 아쉬움이 없지 않다. 반드시 학문이 연륜과 정비례하는 것이 아닐지 몰라도 내 경우에는 세월이 흐르면서 이해가 더욱 깊어지고 있는 것같다. 『천수경』에 대해서도 마찬가지다. 그 하나의 예가 『천수경이야기』에서는 『천수경』을 『백화도량발원문(白華道場發願文)』과 심도있게 연결시키지 못하였다는 점이다.

신라의 의상(義相)스님은 『백화도량발원문』이라는 글을 남기고 있다. 우리말로 옮겼을 때 3페이지에 지나지 않는 짧은 분량인데, 그 일부에서 다음과 같은 발원이 있다.

> 제자 역시 관세음보살님을 정대하오니 십원육향, 천수천안과 대자대비는 관세음보살님과 같아지며 몸을 버리는 이 세상과 몸을 얻는 저 세상에서 머무는 곳곳마다 그림자가 물체를 따르듯이 언제나 설법하심을 듣고 교화를 돕겠습니다.(졸저, 『해설로 읽는 우리말 법요집』, 민족사)

"십원육향, 천수천안과 대자대비"라는 표현에서 이 발원문이 『천수경』적 관음신앙에 입각하고 있음을 알게 된다.(십원육향은 "나무대비관세음 원아속지일체법~자득대지혜"를 가리킴.)

그런데 나는 이 『백화도량발원문』을 처음 읽었을 때 놀라움으로 전율하지 않을 수 없었다. 거기에는 "관세음보살이 우리를 돕는다"가 아니라 "우리가 관세음보살을 돕는다"는 생각이 드러나 있기 때문이다. 이는 분명 종래 우리가 가지고 있었던 관음신앙에 대한 문법(文法)을 깨뜨려 놓기에 충분한 것이 아닌가. 실제 『법화경』 관세음보살보문품에 의하면, 무슨 소원이든지 관세음보살님의 이름을 일심으로 일컫는다면 모든 원이 다 이루어진다 하지 않았는가. 그런데, 관세음보살을 돕는다니 ……. 가히 혁명의 선언이 아닐 수 없었다.

여기서 우리는 선재동자가 관세음보살을 찾아가서 나눈 『화엄경』 「입법계품」의 대화를 생각해 보아야 한다. 보살행을 하고 싶은데, 어떻게 하면 좋은지를 묻는 선재에게 관세음보살은 "자비를 실천하라"고 대답하시고 있는 것이다. 사실 자비를 실천하는 것은 바로 관세음보살 자신의 일인 것이다. 따라서 자비를 실천한다는 것은 곧 관세음보살의 일을 도와드린다는 것을 의미한다. 그렇다면, 관세음보살님은 어찌하여 우리의 도움을 필요로 하는 것일까? 중생들로부터 오는 SOS(구조요청)가 너무나 많기 때문이며, 일손이 부족한 까닭에서이다. 생각해 보라. 관세음보살님이 얼마나 힘드실지! 그래서, 이제 "십원육향, 천수천안과 대자대비는 관세음보살님과 같아지기"를, 즉 관세음보살이 되고자 발원하는 천수행자(千手行者)들은 관세음보살님을 도와드려야 하는 것이다. 그렇게 자비실천이야말로 바로 『화엄경』에서 말하는 보현행원과 다름이 없는 것이다. 관음행원이 곧 보현행원이다.

이러한 까닭에 우리나라 화엄종의 창시자인 의상스님이 보기에 『천수경』이 중요하지 않을 수 없었던 것이다. 『천수경이야기』(1992) 출판 이후, 다시 『천수경』을 강의하는 기회들이 더러 있었다. 그럴 때마다, 어김없이 먼저 이 『백화도량발원문』의 의미부터 해석해 왔다. 그것을 통해서 우리의 관음신앙을 한 단계 성숙시키고 싶었기 때문이었다.

그런데, 근래 나는 『백화도량발원문』을 지은 의상스님과 거기에 주해를 덧붙여 『백화도량발원문약해』를 저술한 체원(體元, 14세기)스님 이후에 정확히 관음신앙을 그와 같이 이해하고 계신 선지식 한 분을 만날 수 있었다. 바로 광덕(光德, 1927~1999)스님이셨다. 그 분은 지금 여기서 말하는 바와 정확히 같은 의미에서 『천수경』의 관음행원과 『화엄경』의 보현행원을 일음(一音)으로 파악하고 계셨다. 「천수경 이해를 통해서 본 광덕의 회통불교」(『종교연구』 29집, 2002)라는 내 논문은 그런 만남의 즐거움을 토로한 내 신앙고백이다.

다라니는 번뇌 없애는 '의미 없는' 도구

하나의 책이 마땅히 존재해야 할 이유는 다른 책들에는 없는 그 나름의 새로움(apūrvatā)에서 찾아져야 할 것이다. 이런 기준을 나의 『천수경의 비밀』에 적용시켜 본다면, 무엇보다도 다라니의 의미를 번역하지 않고 있다는 데에 있을 것으로 생각된다.

"나모라 다나다라 야야 나막알야……" 이러한 다라니는 얼른 들어서 그 뜻이 이해되지 않는다. 그런 까닭에 사람들은 그 의미에 대해서 의문을 갖게 되고, 또 알고자 한다. 다라니를 다시 산스크리트어로 복원한 뒤, 그로부터 그 의미를 찾아내는 방법을 학자들은 앞 다투어 취해왔다. 나 역시 정식으로 발표한 것은 아니지만, 학생들과 함께 현재 전하는 신묘장구대다라니의 이본(異本)들에 대한 언어적 해석을 탐구해 본 바 있다. 그럼에도 그 결과를 발표하지 않은 것은 다른 학자들이 상세한 연구를 발표하고 있다는 데에서만 찾아지는 것은 아니다. 오히려, 내게는 그러한 의미 찾기가 애시당초 문제되지 않았기 때문이다. 서양의 언어철학자 비트겐

슈타인은 "의미를 묻지 말고 용법을 물어라"고 말했다. 그렇다. 분명 나의 관심은 다라니 속에 담겨진 의미에 있지 않고 다라니가 도대체 어떤 역할·기능·용도를 하고 있는가 하는 점에 있었던 것이다.

그에 대한 나의 견해는 사실 『천수경의 비밀』에 이미 제시되어 있다. 물론 의미를 찾는 많은 사람들을 설득하는 데에는 좀더 보완된 논의가 필요함을 느꼈다. 「밀교 다라니의 기능에 대한 고찰」(『인도철학』 제6집)이라는 논문은 그런 의미에서 쓰여진 것이다. 그 논지를 간단히 이야기해 보자.

인도에서 최초로 다라니가 성립되었을 당시에는 의미가 있는 부분도 있었고, 의미가 없는 부분도 있었다. 의미가 있는 부분 역시 그렇게 의미가 파악된 이유는 그것이 그들의 모국어였기 때문이었을 것이다. 그런 차원에서 이해하면, 우리는 다라니를 뜻을 찾아서 번역한 뒤, 원문을 지우고 번역된 의미만을 읽는 것으로 충분하리라 본다. 그런데, 그래도 좋을까? 만약 그렇게 된다고 한다면, 불교 안에는 밀교(密敎)는 사라지고 현교(顯敎)만 남게 될 것이다. 체험은 사라지고 알음알이만 남을지도 모른다. 나는 그런 현실에 반대한다. 밀교의 존재에는 그 나름의 다른 이유·기능·용법이 부여되어 있는 것으로 생각하고 있기 때문이다. 그것은 무엇일까?

다라니는 번뇌의 타파를 위한 도구로서의 기능을 한다. 다라니의 수지독송을 통하여 우리는 번뇌를 타파하고 성불할 수 있다. 이러한 차원에서 그 다라니 속에 담겨진 애시당초의 의미가 무엇인지 하는 점은 문제되지 않는다. 아니, 그렇게만 말해서는 불충분하다. 오히려 그 의미를 탈각·탈락시키는 작업이 필요해진다. 이를 통찰한 분이 있었다. "다라니는 번역하지 않는다"라는 원칙을 세운 것으로 전해지고 있는 현장(玄奘)스님을 비롯한 중국의 역경가들이었다. 소리로만 음사(音寫)함으로써 그것을 가능케 했던 것이다. 의미는 번뇌의 타파를 위해서는 장애일 뿐이다. 번뇌는 의미를 갖고 있는 언어로 구성되어 있는데, 언어라는 불을 끄는 데 또 다른 언어를 물로 삼을 수 없기 때문이다. 물이 되려면 의미가 없어야 한다. 의미 없는 것만이 의미의 연쇄로 이루어지는 번뇌의 불을 끌 수 있기 때문이다.

　의미 없는 다라니를 외움으로써 번뇌를 타파하는 기능을 한다. 바로 이 부분에서 다라니는 정확히 선에서 화두가 하는 기능을 담당하고 있음을 알게 된다. 선과 밀교가 하나가 될 수 있으며, 함께 닦을 수 있는 이유이다. 이러한 나의 해석은 밀교에 대한 선적 해석에 다름 아니다. 작년 「밀교 다라니의 기능에 대한 고찰」은 「선종에서 대비주를 외우는 이유」라는 제목의 논문으로 더욱 새롭게 수정·보완되어서 일본의 하나조노(花園)대학 선학연구회에서 발표(『선학연구』 제83호)된 바 있다. 일본 학자들 역시 선과 밀교, 화두와 다라니의 관계에 대한 새로운 이해임을 인정하는 데 인색하지 않았다.

『천수경』 수행의 중심은 다라니 독송

국내에서만 공부해온 사람은 누구나 유학에의 꿈을 꾼다. 내게 그 꿈의 성취는 교토에서의 1년(2002. 8. 26~2003. 8. 23)으로 현실화되었다. 그 새로운 체험은 『천수경』을 보는 나의 눈을 더욱 깊게 해주었다. 사람, 책, 그리고 현장이 새로웠기 때문이다.

고백하건대, 일본에 가기 전 『천수경』에 대해서 나는 어느 정도 알고 있다고 자신하였다. "원본 『천수경』 자체에는 무슨 사상이 나타나 있는가?" 지도교수 다나카 선생의 이 질문에 나는 그것이 교만이었음을 깨닫게 된다. 사실 일본에 가기 전에 쓴 몇 편의 『천수경』 관련 논문은 '독송용 『천수경』'에 몰려있었을 뿐, 그 성립의 모태가 되는 '원본 『천수경』'에 대해서는 진지한 성찰이 부족하였던 것이다. 그런 나의 허물을 돌아보게 한 것이 다나카 덴곤(田中典彦) 선생이었다. 「원본 천수경과 독송용 천수경의 대비」(『불교학보』 제40집, 2003)라는 논문은 선생의 질문에 대한 대답 찾기의 결과였다.

'원본 『천수경』'을 새롭게 자세히 읽었을 때, 그것은 '고본

(古本)『천수경』과 그 이후의 부가부분으로 나눌 수 있음을 알게 되었다. "관세음보살이 이러한 다라니를 설하고 나자, 대지는 여섯 가지로 변화하여 진동하였고, 〔……〕 무량한 중생이 보리심을 발하였다."(대정장 20, 107c~108a)라는 부분은 바로 경전을 맺는말이 아닌가. 거기까지가 '고본『천수경』'이며, 그 이후가 부가부분이다.

그렇게 나누어 놓고 보니 '고본『천수경』'과 뒤의 부가 부분에 나타난 신앙적 입장이 다르지 않은가. '고본『천수경』'에서는 관세음보살이 우리들에게 신묘장구대다라니를 설하면서 그것의 독송을 강조하고 있으며, 부가부분은 다라니의 독송과 관련한 여러 가지 일들에 대해서 부연·해석하고 있을 뿐이었다. 물론, 부가부분에서도 매우 중요한 핵심적 내용이 제시되고 있지만 28부의 신중들이나 31가지의 치료법 등이 나오는 등 좀더 잡다하다.

교토박물관 맞은편에는 '산쥬산게도(三十三間堂)'라는 관음도량이 있다. 거기에는 1001분이나 되는 천수천안관세음보살상과 이십팔 부의 신중들이 모셔져 있다. 아, 신앙의 뜨거움이여! 그런데, 우리는 어떤가. 과문한 탓인지는 몰라도, 근대 이전의 우리에게는 신라 경덕왕 당시 분황사에 천수천안 벽화가 있었다고 하는 경우(『삼국유사』盲兒得眼조)가 거의 유일한 예가 아닌가 싶다. 왜 우리와 일본의 『천수경』 신행에는 이와 같은 차이가 생겼던 것일까?

우리의 경우는 '고본 『천수경』'을 중심으로 『천수경』을 받아들였으며, 일본은 부가부분을 중심으로 『천수경』을 받아들였기 때문이다. 그래서 우리의 『천수경』 신행은 다라니를 독송하는 행적(行的) 측면(내지 그것이 함의하고 있는 禪的 측면)을 강조하고 있으며, 일본의 경우는 관세음보살 그 자체에 대한 믿음을 중심으로 하는 신적(信的) 측면을 강조하고 있다는 차이가 있다. 물론, 일본이라고 해서 다라니를 독송하지 않는 것은 아니지만 그 보편성은 우리보다 훨씬 적다. 겨우 선종의 3종(임제·조동·황벽종)에서만 독송할 뿐이다.

이러한 차이에 대해서 우리가 대륙과 육로로 이어져 있음에 반하여 일본은 바다에 가로막혀 있다는 점, 그래서 우리에게는 보편성 지향이 강한 반면 일본은 그들의 특수성에 자족(自足)하는 경향이 강해서라고 볼 수도 있다. 여기에는 앞서 말한 바 의상스님의 경우에서 보듯이 관세음보살 돕기라고 하는 행적 측면과 결부되어서 『천수경』적 관음신앙은 단순히 타력적 믿음이 아니었다는 이유를 덧보탤 수도 있을 것이다. 나는 일본의 신앙적 특수성 역시 존중하지만(재미있어 하지만), 이러한 우리의 전통을 더욱 자랑하고 싶고 이어가고 싶다. 그것이 『천수경』 성립의 본의(本意), 관세음보살의 본의에 더욱 부합하는 일이라 믿기 때문이다.

다라니 본질은 자비·평등심 같은 '마음'

사실 나는 분류하는 것을 매우 좋아한다. 분류 매니아라고 할 수 있다. 그런데, 우리가 잊어서 안 되는 것은 어떤 것의 성격을 규정하고, 다른 것과 차별하는 것에는 위험 역시 따른다는 점이다. 복잡한 것을 단순화시키지 않고서는 분류할 수 없기 때문이고, 그러한 단순화에는 잃어버리는 것이 있기 때문이다.

지금 우리가 흔히 이용하는 신수대장경 속에서 '원본『천수경』'을 찾아보면, 그것은 밀교부 속에 분류되어 있다. 그 중심에 다라니가 존재하므로 밀교부에 분류하는 것이 이해가 되지 않는 것은 아니다. 불가피한 면이 인정된다. 그런데, 여기에 함정이 있다. 이러한 분류는 '원본『천수경』'의 가르침을 밀교적인 것으로만 제한해서 이해토록 할 우려가 있는 것이다. 앞에서도 이야기했지만, 『천수경』에 대한 빼어난 해석을 남긴 분들 중에 이러한 분류에 현혹된 어른은 한 분도 안 계신다.

『천수경』에 대한 나의 이해에 있어서 가장 중요한 사실은 그것을 선적(禪的)인 차원에서 받아들이고 있다는 점이다. 이와 관련해서 이미 다라니는 의미 없는 언어로서 선의 화두와 같이, 번뇌타파를 위한 도구의 기능을 하고 있을 뿐이라는 점은 이야기했다. 바로 이러한 입장은 '원본『천수경』'은 그 자체에서 이미 말하고 있음에 주목해야 한다. '원본『천수경』'의 내적인 구조를 분류해 보자면, 둘로 나눌 수 있음 역시 앞서 언급한 바 있다. 애시당초의 원형으로 추정되는 부분(이를 '고본『천수경』'이라 부른다)과 그 이후에 보태어진 부가부분이 그것이다. 전자에서 이미 다라니의 제시와 그 독송의 강조가 설해지고 있으므로, 새삼스러이 부가부분이 필요한 것은 아니다. 그런데, 부가부분이 덧보태어져 있다. 앞의 '고본『천수경』'에 대한 해석이 필요했기 때문은 아닐까.

이러한 부가부분에서 우리는 다라니에 대한 선적인 해석이 행해져 있음을 보고 놀라게 된다. 대범천왕이 관세음보살에게 "이 다라니의 형모상상(形貌狀相)을 설해 달라"고 청한다. '형모상상'은 무슨 의미인가? 일본학자 노구찌 요시다카(野口善敬)는 "다라니의 자형(姿形)"이라고 했는데, 내가 좀더 부연해서 이해해 보자면 "다라니〔의 내용이 나타내고 있는 마음의〕자형·모습"이라고 할 수 있을 것 같다. 분명 문자 그대로 '형모상상'이라고 하는 것은 어떤 외형적 모습을 가리키는 것이다. 그래서 노구찌는 모습의 의미를 갖는 한자어 '자형'으로 이해하고 있는 것이다.

대범천왕이 관세음보살에게 "이 다라니의 모습을 설해달라"고 했는데, 그 의미는 무엇일까? 이 문장을 나는 그 문자적인 의미에서와는 달리, 다라니의 겉모습이 아니라 다라니의 속 모습을 묻고 있는 것으로 파악한다. 즉 다라니의 본질이 무엇인가 하는 질문이다.

　이러한 나의 이해는 관세음보살이 행하신 대답에서 시사점을 얻은 것이다. 관세음보살이 제시하는 대답은 아홉 가지 마음[九心]을 들고 있기 때문이다. "크게 자비로운 마음이 이것이며, 평등한 마음이 이것이고, 함이 없는 마음이 이것이고……."라고 말이다.

　자, 관세음보살 스스로 다라니의 본질·생명은 문자적인 의미에 있는 것이 아니라 자비심·평등심·무위심……등의 마음에 있음을 명언하고 있는 것이다. 그러니까, 우리가 신묘장구대다라니의 독송을 통해서 얻어야 할 것은 바로 이러한 마음인 것이지 문자적인 의미가 아니게 된다. 그런 점에서 다라니의 독송이 갖는 선적인 의미를 '원본 『천수경』' 스스로 마련하고 있는 것이다.

　이렇게 높은 차원을 갖고 있는 '원본 『천수경』'을 종래에는 주술적인 것들로 휩싸여 있는 잡밀(雜密)로 분류해 왔다. 그래서 순수한 밀교인 순밀(純密)보다 못한 것으로……. 잘못된 분류는 그렇게 사람의 눈을 멀게 할 수도 있음을 잊어서는 안 된다.

돈오 – 점수 수행 병행할 것 강조

보조지눌(普照知訥, 1158~1210) 스님의 사상을 연구하는 보조사상연구원의 간사로 일한 시대(1987~1992)가 있었다. 『천수경이야기』는 논문으로서는 내 처녀작 「보조지눌의 이문정혜(二門定慧)에 대한 사상사적 고찰」(『한국불교학』 제14집, 1989)이라는 논문을 발표한 뒤의 일이었다. 그런 까닭에 내 『천수경』 읽기에는 보조선(普照禪)의 입장이 강하게 투영되어 있었다. 과연, 보조선과 '독송용 『천수경』' 사이에 존재하는 동일한 지평은 무엇이었을까?

불교의 많은 수행법은 모두 현실적 인간의 존재양상을 변화시켜 가는 치료법이다. 그런 점에서 현실적 인간을 어떻게 보는가 하는 진단의 문제가 처방의 제시를 위해서도 매우 중요한 위상을 차지할 수밖에 없게 된다. 과연, 인간은 어떤 존재인가? 이 물음에 대한 대답을 설정하지 않고서 제시된 수행법은 없다는 말이다. "인간은 부처이다"라는 대답이 우선 가능하다. 이는 대표적으로 반야·화엄, 그리고 선불교가 표방하는 입장이다. "중생이 곧 부처"라고 말하는 것이나, "부처가 무엇인가"라는 질문에 "너는 누구인가?"라는 대답이 행해지는 것들은 모두 이러한 인간관에 기반하고 있다. 인간을 이와 같이 이해한다면, 부처성품을 깨닫는 것[見性]이 곧 성불일 것이다. 그리고 그것은 돈오(頓悟)일 수밖에 없다.

그런데, 여기에도 문제는 있다. "그렇다면, 지금 현실적으로 번뇌 속에서 살아가는 존재 그대로가 부처라고 할 수 있는가?" 하는 점이다. 그렇게 말하기에는 우리들의 번뇌는 너무나 많다. 수없이 많은 번뇌 속에서 업을 지으며 살아가는 우리 자신이 곧 그대로 부처이다, 그래서 더 이상 수행할 필요가 없다고 한다면 그것은 대망어(大妄語)의 죄를 범하게 될지도 모른다. 그래서 현실적으로 우리 "인간은 중생이다"라고 말하게 된다. 이러한 입장에서 번뇌를 하나하나 분석해 가면서 그 지멸(止滅)의 길을 찾아가는 것은 유식불교가 취하는 전략이다. 점수(漸修)를 지향해 가는 것이다.

어느 쪽이 옳을까? 어느 편을 선택하는 것이 옳은가? 동일한 선종 안에서도 육조혜능은 돈오를 취하고, 신수는 점수를 택함으로써 남종과 북종이 갈라진 것이 중국 선종의 역사이다.

그런데, 우리의 스승 보조스님은 이 양자를 하나로 아울러서 돈오와 점수를 결합한다. 그의 선을 불러 우리가 보조선이라 하는 까닭이다. 본래적 차원[理]과 현실적 차원[事]을 아울러 생각하는 사상적 관점을 우리는 여래장(如來藏) 사상이라 한다. 보조선은 '독송용 『천수경』'과 함께 인간의 이중구조를 분명하게 직시하고 있다. 나는 이러한 관점이 온당하다고 보는데, 보조선과 '독송용 『천수경』'에 매여 있는 하나의 이유가 여기에도 있다.

'독송용 『천수경』'에서는 참회와 발원을 이야기할 때, 이러한 이중적 인간관에 근거하고 있다. "이제까지 지어온 모든 악업들〔……〕 그 모든 것 이제라도 참회합니다"라는 것은 현실적 차원에서 행하는 점수적 참회이고, "죄와 마음 모두 다 공(空)해진다면 비로소 참된 참회라 이름하리라"는 게송은 본래적 차원의 돈오적 참회를 가리킨다. 또 "가없는 중생을 모두 건지고"는 밖에 중생이 있지만, "마음속의 중생을 모두 건지고"는 중생의 실재를 부정하는 것이다. 마음밖에 부처가 없다는 것, 그것은 곧 선의 모토가 아니던가? 〔『천수경』 안에 보조선의 흔적을 찾을 수 있다는 점은 앞서 두 번에 걸쳐서 말한 바 있는 『천수경』에 대한 선적 해석의 마지막 용례가 된다.〕 본래와 현실, 점수와 돈오를 아우르고 있다. 이렇게 '독송용 『천수경』'은 참 부드럽다.

반야-화엄-선의 흐름을 유식의 흐름과 조화시키면서 수행법을 제시하고 있는 셈이다. 이렇게 보조선과 '독송용 『천수경』'은 인간을 보는 눈에 있어서 같은 맥을 이루며, 그에 기반한 수행법 역시 함께 닦음·겸수(兼修)를 지향한다는 점에서 서로 통한다. 이미 『천수경의 비밀』에서 충분히 한 이야기다.

천태학에서 『천수경』을 중시한 까닭

"모름지기 자신이 지은 죄와 업장이 마치 저 바다와 같음을 알아서, 이참(理懺)과 사참(事懺)으로 소멸할 줄 알아야 한다." 이는 바로 보조지눌 스님의 저서 『계초심학인문(誡初心學人文)』에 나오는 말씀이다. 여기서 이참은 인간은 본래 부처이므로 죄는 본래 없음을 말하는 돈오적 참회를 가리키는 것이며, 사참은 현실적 입장에서 볼 때 여전히 중생인 까닭에 참회해야 할 죄가 있다고 보는 점수적 참회를 말한다. 물론, 이참과 사참 모두 '독송용 『천수경』' 안에서 확인할 수 있음은 앞서 살펴본 그대로이다.

그런데, 이참과 사참을 둘 다 함께 닦아야 한다고 보는 입장을 보조지눌이 최초로 제시한 것은 아니다. 이러한 사고는 중국 천태종의 개조 지자(智者, 538~597)대사에게서도 확인된다. 다만 그는 이참을 '존재의 참모습을 관찰하는(觀察實相) 참회'라고 말하며, 사참을 '현실 속에서 분별하는(隨事分別) 참회'라고 용어를 달리 말하고 있을 뿐이다. 실제 지자대사가 세운 천태종·천태학은 이치와 현실을 함께 고려하고 있는 예에서 보듯이 회통불교를 지향하는 점에서 『천수경』과 일맥상통하고 있다.
 양자 사이에 존재하는 또 하나의 공통점은 참회라고 하는 수행법을 공히 강조한다는 데서 찾아진다. '원본『천수경』'을 천태종에서는 어떻게 참회의 측면에서 중시했는지를 살펴볼 필요가 있다. 천태종의 창시자 지자대사가 그 이전에 존재해 오던 여러 가지 수행법들을 네 가지 수행법·삼매로 종합할 때 그 넷째 '비행비좌(非行非坐)삼매'로서 포섭되었다. 그래서 천태종에서는 다양한 참회의식들이 예참·참법이라는 형태로 저술되고 행해졌다.
 나는 『천수경』이 어떻게 신행되어 왔던가를 살펴본 논문 「천수경 신행의 역사적 전개」(『미래불교의 향방』, 장경각, 1996)에서 바로 이 점을 주목해 보았다. 중국에 들어와서 『천수경』은 예참이라는 형식 속에서 행해지기도 했다는 점을 살펴볼 수 있었다. 그것은 송대 천태종의 역사에서 매우 중요한 위치를 차지하고 있는 사명지례(四明知禮, 960~1028)에게 『천수안대비심주행법(千手眼大悲心呪行法)』이라는 일종의 예참의식문이 존재하기 때문이었다. 그는 '원본『천수경』'에 입각한 참법 이외에도 『법화경』에 입각한 법화참법과 『금광명경』에 입각한 참법을 저술하였다. 그럼에도 불구하고, 다시 『천수경』에 주목하는 이유는 무엇일까? 천태종의 한 조사에게 『천수경』은 왜 주목되었던 것일까? 이에 대해서 사명지례는 이렇게 말하고 있다.

> 이 다라니(신묘장구대다라니…… 인용자)는 내가 어렸을 때부터 능히 입으로 외울 수 있었으니 모르는 결에 외우고 지니고 법이 되었다. 뒤에 천태의 교상과 관법을 익히고 나서 그 경문을 찾아보니 관혜(觀慧)와 사의(事儀)가 족히 수행을 위해서 쓸 수 있을 만하였다. 그러므로 간략히 뽑아내어서 스스로의 규범으로 삼고자 하였다."(대정장 46, p.973a.)

사명지례는『천수경』안에 관혜와 사의가 구족되어 있으므로 수행을 위해서 의지할 만 하다고 말한다. 여기서 말하는 관혜와 사의의 의미는 무엇일까? 여기에 천태종의 특성이 존재하는데, 바로 앞서 말한 바와 같이 존재의 참모습을 관찰해 본다면 거기에는 참회해야 할 죄·업장이 존재하지 않음을 깨달을 수 있게 된다. 이를 관혜라고 한 것인데, 이는 실제 선적인 차원을 의미한다. 관은 선의 일종이기 때문이다. 또한 현실적 차원에서 볼 때 우리는 여러 가지로 참회해야 할 죄·업장이 존재하므로, 그에 맞추어서 참회하는 의식 역시 없을 수 없게 된다. 사의라고 했을 때, 현실적으로 행해지는 의례라는 뜻이다. 그 의례는 참회의례로서 사명지례에 의해서 조직된다. 그것이 곧『천수안대비심주행법』이다.

이렇게 사명지례는『천수경』을 그 자신이 배운 바 천태학의 입장에서 읽고 있다. 지자대사가 저술한 『법화참법』에 준하여 『천수안대비심주행법』을 저술하게 되는 것이다. 그리하여 『천수경』은 천태학과 만나서 그 보편성을 높이고, 참회라는 수행법을 그 자신의 브랜드로 확립하게 된다.

다라니는 모든 악업 깨뜨리는 신주(神呪)

'독송용 『천수경』'의 내용 구성을 살펴보면 다라니의 독송이라고 하는 본래적인 목적에 부합하는 부분과 그러한 의례를 수행(遂行)하기 위해서 필요한 부분으로 이루어져 있다. 예컨대, 「신묘장구대다라니」 그 자체는 전자에 해당하며, 그를 독송하기 위해서 그 이전에 행하도록 요청된 발원 부분이나 극락의 삼존을 비롯한 여러 불·보살을 청해서 모시는 소청(召請) 부분은 후자에 해당한다.

한편, 다라니의 독송이라고 하는 본래적인 목적에 부합하는 부분도 아니면서 그 부분을 독송하기 위해서 필요한 보조적인 것으로 보기도 어려운 부분이 있다. 바로 참회 부분이 그것이다.〔이는 '독송용 『천수경』'을 다라니 부분, 다라니 독송에 필요한 의례적 부분, 참회 부분의 셋으로 나누어 보는 것을 가능케 한다.〕「참회게」·「참제업장십이존불」·「십악참회」,

그리고 「참회진언」 등이다. 이 참회 부분을 독립적으로 이해할 때, 우리는 독송용 『천수경』에 있어서 참회에 대한 강조의 무거움을 느낄 수 있게 된다. 다라니의 독송만큼이나 참회를 강조하고 있는 것으로 볼 수 있으니까 말이다.

문제는 보다 더 깊은 심층에서 다라니의 독송과 참회의 관계가 해명되어야 한다는 점에 있다. 겉으로 보면 두 가지를 말하는 것 같지만, 사실 양자는 하나의 지향성을 갖고 있기 때문이다. 즉 다라니에는 참회의 기능 역시 있다는 점을 재인식해야 한다. 물론, 우리는 앞에서 다라니가 번뇌를 타파하는 도구의 기능을 하는 것이라고 확인한 바 있다. 그것은 옳다. 다만 그러한 도구의 기능이라는 성격은 선(禪)과의 관련성 속에서 행해졌던 것이다. 마치 화두가 그런 것처럼, 다라니 역시 번뇌라는 도적을 무찌르는 하나의 칼일 수 있었다. 그래서 도구의 기능을 말했던 것이다.

이러한 성격과 밀접하게 관련되면서, 다라니에 참회의 기능이 또 하나 부가된다. 참회는 업을 소멸하는 것이다. 그렇다면, 어찌하여 다라니에 참회의 기능이 있다는 말일까? 업의 의미는 일차적으로는 우리의 행위이다. 그런데 우리가 일상생활 속에서 다 경험하고 있는 것처럼, 하나의 행위는 그것이 종료되었다고 해서 완전히 사라지는 것은 아니다. 반드시 나머지를 남긴다. 나머지를 남기지 않는 분은 오직 부처님뿐이다. 하나의 행위가 끝난 뒤에도 남아있는 나머지를 또한 업이라고 한다. 우리의 심리 속에서, 우리의 무의식 속에서 잠재되어 있으면서 그 업은 우리의 현재와 미래를 부단히 간섭하고 있다.

행위의 나머지로서의 업을 소멸하는 것을 우리는 참회라고 한다. 행위의 나머지는 반드시 언어로 구성되어 있다. 언어적 개념으로 이루어져 있기에, 그것을 소멸하기 위해서는 언어적 개념으로서 접근해서는 안 된다. 언어를 넘어서 있는, 혹은 언어로 이루어져 있지 않은 수단을 동원해야 한다. 그래서 다라니가 참회의 기능을 할 수 있게 된다. 다라니는 아무리 읽어봐도 무슨 뜻인지 모른다. 뜻을 모르게 되어 있다는 것은 곧 언어로 이루어져 있지 않다는 말이다. 무의미의 다라니를 독송하면 우리의 무의식 속에 잠자고 있는, 우리가 지은 모든 행위의 나머지들을 지워낼 수 있게 된다.

어쩌면 현생에 지은 우리의 업은 돌아보면서 "잘못했습니다"라고 참회할 수 있을지 모른다. 그러나, 전생에 지은 업은 쉽사리 기억해서 떠올릴 수 없다. 이 "전생의 업은 제거하기 어려우니, 반드시 다라니의 힘을 빌어야 한다."(서산, 『선가귀감』) 그래서 다라니는 신주(神呪)로 불린다.

'원본『천수경』'에서「신묘장구대다라니」에 대한 다른 이름으로서 악업을 깨뜨리는 '파악업(破惡業)다라니'라고 부르는 것도 그러한 배경에서이다. 모든 다라니는 악업을 깨뜨리는 다라니다. 그런 까닭에 다라니의 독송과「참회게」이후의 참

회 부분은 죄와 업의 참회라고 하는 동일한 기능을 하고 있
다. 참회 부분을 다라니의 독송과 함께 '독송용 『천수경』' 속
에 집어 넣어둔 이유이다. 이미 『천수경의 비밀』 속에서 했
던 이야기다.

천수예참, 『천수경』에 입각한 예참의식

'원본 『천수경』'과 대비해서 볼 때 '독송용 『천수경』'이 갖
는 특성 중의 하나는 참회의 강조에 있다. '원본 『천수경』'에
서는 신묘장구대다라니 자체가 갖는 참회의 기능 외에 다시
참회 부분을 길게 설정하고 있기 때문이다. 「참회게」에서부
터 「참회진언」까지는 모두 참회라는 주제 속에 포괄될 수 있
는 부분이다.

이 참회 부분 속에 이참과 사참이 모두 함께 설해져 있음
은 앞에서 살펴본 그대로이다. 중국 천태종의 사명지례(四明
知禮)는 바로 그러한 점에 주목하면서 그 스스로 『천수안대
비심주행법』이라는 저술을 남기고 있었다. 이는 곧 천태학의
입장에서 『천수경』을 해석하고 포용하면서 새롭게 하나의 의
례를 만들어서 제시한 것으로 볼 수 있다. 그 의례는 일종의
예참(禮懺)의식이라고 평가된다.

예참은 스스로 지은 죄·업장을 직접 그 피해당사자에게 행하는 대신에 부처님께 절을 하면서 행하는 간접적인 참회법이다. 몸으로는 절을 하고, 입으로는 불·보살의 명호를 외우며, 마음으로 자신이 지은 업장을 참회하는 것이다. 즉 삼밀가지(三密加持)의 수행법이 된다고 할 수 있다.

　한편, 현재 우리에게 가장 잘 알려진 예참의식은 화엄의 보현행원사상에 입각한 『예불대참회문』이다. 부처님 명호를 부르면서 108배의 절을 하도록 규정된 예참의식이다. 관음신앙과 관련한 예참으로는 『관음예참』이 있으나, 현재는 거의 행해지지 않는 것으로 알려진다. 새롭게 『천수경』적 관음신앙에 입각하고 있는 예참의식을 만들어서 행한다면 어떨까?

　'독송용 『천수경』' 그 자체에서 참회를 강조하고 있으며, 그 중에는 예참으로서 이해할 수 있는 흔적마저 보이고 있는 것 아닌가. 「참제업장십이존불」에서 열두 분의 부처님 명호가 나오는데, 주목해야 할 것은 "나무참제업장보승장불"에서 "나무참제업장"이라고 하는 부분은 오직 보승장불에게만 해당되는 것이 아니라 그 이후의 모든 부처님 명호 앞에 두루 붙어야 할 것으로 판단된다는 점이다. 다만 독송시에는 생략을 한 것이다. 그렇게 하고 보라. 정히 그 부분은 바로 예참의례에서 보는 것과 동일한 형식이 아닌가?

　용감하게, 나는 이러한 '독송용 『천수경』'의 참회법에 근거하여 새로운 예참의식문을 만들었다. 「천수예참」이라고 이름하였다. 이미 십 년도 더 전의 일이다.『한글 불교의식집』
(1993)에서 처음으로 발표하였으며, 현재는『해설로 읽는 우
리말 법요집』(민족사, 2000)에서 확인할 수 있다.「천수예참·
천수경 신행의 한 새로운 양식」(『한글과 불교의식』 수록,
1993)이라는 논문을 함께 발표하여 그 제안설명을 갖추어 보
기도 했다.

 그 구성은 열 가지 범주로 이루어진다. 그 중에 ①도량을
장엄하는 것과 ②향을 사루고 헌화하는 것 등은 의식을 행하
기 전에 준비되어야 할 부분이다. ③소청(召請)에서는 '독송
용『천수경』'의 소청 부분에서 나오는 극락삼존을 청해 모신
다. 그런 뒤 ④개경(開經)은 '독송용『천수경』'의 개경(「정구
업진언」~「개법장진언」)이고, ⑤송주(誦呪)는 신묘장구대다라
니를 지송하는 것이며, ⑥참회는 '독송용『천수경』'의 참회 부
분을 독송하면서 절을 하도록 하였다. 그 중「참회진언」을
하면서 108배를 하는 것이 ⑦예배가 된다. 그런 뒤 포행(布
行)을 하면서 관세음보살 정근을 한다. ⑧염불이다. 그런 뒤,
부처님을 향해서 ⑨참회문을 합송(合誦)한다. 이때 참회문으
로 나는 원효의『대승육정참회(大乘六情懺悔)』를 번역하여
읽기로 하였다. 그것이 이참과 사참을 둘 다 갖추고 있어서
'독송용『천수경』'의 참회관과 부합하는 것으로 생각되어서이
다. 그리고 마지막으로는 ⑩회향발원문을 낭독하고 마친다.

 물론, 아직「천수예참」은 보편적으로 행해지는 수행법으로

정착된 것은 아니다. 나 스스로 인도했던 법회에서 시험적으로 행해 보았을 뿐이다. 그렇지만, 「천수예참」은 이 시대를 살아가는 한 천수행자(千手行者)의 실천적 모색의 흔적으로 기록될 수 있을지도 모른다.

십선계(十善戒) 지키면서 다라니 외워야

계율은 우리 삶과 수행의 뿌리가 된다. 그럼에도 불구하고 종종 우리는 계율을 외면하고 있는 것은 아닐까. 계율은 우리의 욕망대로 우리가 행동하는 것을 방해하기 때문이다. 이러한 경향은 세속 안에서만 발견할 수 있는 것은 아니다. 기본적으로 모든 불교 수행에는 계율을 그 기초로서 요구하고 있지만, 실제로는 계율에 대한 의식의 정도에는 차이가 없지 않다. 예컨대, 선불교 안에서도 계와 선을 함께 닦자는 흐름이 있는가 하면 오직 선을 통한 깨달음만을 강조하는 흐름이 있고, 정토신앙에서도 오직 염불만 전수(專修)하자는 흐름이 있는가 하면 염불수행과 더불어 계율을 지녀야 한다고 보는 흐름이 있다.

회통론의 입장을 취하고 있는 『천수경』의 경우는 후자의 흐름을 취한다. 즉 계율의 준수·수행과 다라니의 독송을 함께 말하고 있다. 계학(戒學)의 입장을 감안해 보면, 우리의 '독송용 『천수경』'에 나타나 있는 수행법은 계학의 실천과 다라니의 독송이라고 하는 두 가지 행법을 함께 닦자는 입장임을 알 수 있게 된다. '독송용 『천수경』'에서 큰 비중으로 말하고 있는 발원과 참회는 공히 계학의 영역에 속하는 것이기 때문이다. 발원과 참회는 묵은 삶을 버리고 새로운 삶을 살겠다는 다짐으로서, 윤리적 의미가 있기 때문이다.

그런데, 그것만이 아니다. '독송용 『천수경』'의 참회 부분에는 『천수경』을 수지·독송하는 수행자가 받아 지녀야 할 윤리적 덕목이 무엇인지를 말하고 있다. 바로 "생명 해친 무거운 죄 참회하오며……"라고 말하는 「십악참회」이다. 몸·입, 그리고 마음으로 짓게 되는 열 가지 악업을 참회하는 고백문이다. 그런데, 나는 여기서 십선계를 읽어낸다. 부정적 표현 뒤에 긍정적 함축이 있기 때문이다. "다시는 십악을 짓지 않겠다"는 다짐이야말로 열 가지 선에의 실천의지를 담고 있는 것이 아니겠는가.

사실, 불교에는 많은 계율이 있지만 십선계가 담지하고 있는 의미 역시 각별한 바 있다. 첫째, 십선계는 『화엄경』「십지품」에서 지계바라밀을 말할 때 이야기되는 계율이라는 점에서 나타나 있는 바와 같이, 바로 대승보살의 계율이다. 둘째, 대승불교의 중요한 신앙운동에서는 공히 그 실천자들이 의지해야 할 계율로서 십선계를 말하고 있다는 점이다. 관음신앙을 말하고 있는 『천수경』에서만이 아니라 미륵신앙에서도, 지장신앙에서도 십선계가 말해지고 있는 것이다. 셋째, 십선계는 가장 기본적인 윤리의식을 표명하고 있을 뿐만 아니라 재가불자들도 쉽게 행할 수 있을 만큼 보편성이 높은 덕목만으로 짜여져 있는 것이다. 건전한 상식인이라면 누구라도 부담스럽지 않게 지킬 수 있는 내용뿐이다.

문제는 이러한 십선계의 수계와 실천이 현실적으로 크게 성행하지 못하고 있다는 점이다. 현실적으로 재가불자들이 널리 받고 있는 계율은 오계이며, 출가한 스님들의 경우에는 사미·사미니계와 비구·비구니계를 받고 있다. 그 외에 재가와 출가 공히 받을 수 있는 계율에 보살계가 있다. 물론, 어떠한 계율이든지 고귀한 이상이 담겨져 있다. 그 모두 우리로서는 받아 지녀야 할 대상이다. 그러나, 수많은 경전 중 어떤 경전을 소의경전으로 삼을지를 판단하는 교판(敎判)이 행해지는 것처럼 계율에 대해서도 마찬가지 모색이 행해질 필요가 있다. 나는 과연 어떤 계율을 수지하여 지켜갈 것인가? 재가자의 입장에 서있는 나로서는, 위에서 말한 세 가지 이유에 입각하여 십선계를 의지해야 할 계율로 선택한다. "이제 이 십선계만이라도 받아 지녀서 실천해 보자"라고 생각해 오고 있다.

백화도량을 책임지고 있을 때, 나는 인환(印幻) 큰스님을 모시고 '십선계수계법회'를 열었던 일이 있다. 또한 십선계 수계식 때에 활용할 수 있는 우리말 「십선계 수계의식」이나 「십선계 포살의식」 등 의식문을 편집·정리한 일이 있다.〔졸저,『해설이 있는 우리말 법요집』, 민족사〕 십선계 대중화의 꿈이 있어서였다.

● 일상의 아름다운 언어가 곧 진언

언어는 자비의 집이다.『천수경이야기』에서 이미 이렇게 말한 바 있는데, 이는 여러 가지 측면에서 해석될 수 있다. 그 중에 하나는 언어 없이 다른 사람들과 사랑을 나눌 수 없음을 의미한다. 그런 것이 언어이다. 그럼에도 불구하고, 나는 말을 잘 하지 못한다. 말로 인하여, 얼마나 많은 사람들에게 상처를 주었던가. 오해를 불러 일으켰던가. 참회의 마음이 끝없이 일어난다.

다른 사람의 마음을 아프지 않게, 말을 잘 하는 사람을 보면 부럽기 한이 없다. 그런데, 문제는 언어를 자비 실천의 도구로 쓰지 못하는 모습이 나의 삶 속에서만 발견되는 것이 아니라는 점이었다. 주위를 돌아보니 대개 우리는 그렇게 살고 있었다. 남을 비방하며……. 수많은 구업(口業)을 지으면서 말이다.

이러한 현실이 나로 하여금 '독송용『천수경』'을 새롭게 보게 하였다. 2000년 2월 13일, 인도 성지순례를 마치고 귀국하는 날 새벽의 일이었다. 바로 올바른, 진실한 언어생활을 하자는 것이 '독송용『천수경』'의 주제임을 깨닫게 된 것이다. 『배낭에 담아온 인도』(여시아문)에서는 빠져 있으나, 원래의 내 일기장에는 그 당시의 사색이 메모되어 있다.

'독송용『천수경』'은 정구업진언(淨口業眞言)으로부터 시작된다. 이 '정구업진언'이라는 소제목을 어떻게 해석해야 할 것인가? 종래 나를 포함하여 모든 해설자들은 "구업을 깨끗이 하는 진언"이라는 뜻으로 옮겨왔다. 물론 맞는 말이다. 그런데, 그것만이 아니다. 또 다른 해석 역시 가능하다. "구업을 깨끗이 하는 진언"이라는 의미는 과거에 이미 지었던 구업을 대상으로 한다는 한계가 있게 된다. 구업을 짓고, 참회하고, 또 구업을 짓는……악순환·윤회가 이어질 수 있다. 나는 새롭게 "구업을 깨끗이 하는 것이 곧 진언"이라고 옮기려고 한다. 여기서 문제가 되는 것은 과거에 우리가 지었던 구업이 아니라 지금 여기에서 우리가 행하는 언어생활이 곧 진언이어야 한다는 것이다. 아름답고 진실한 언어생활을 행하는 것, 그것이 곧「정구업진언」이다. "수리 수리 마하수리 수수리 사바하"가 아니라 말이다.

이렇게 생각하게 되자, '독송용『천수경』'의 구조가 새롭게 보이기 시작하였다. 의례를 위하여 필요한 부분들을 우리가 과감하게 괄호 속에 집어넣을 수 있다면, 결국 '독송용『천수경』은 「정구업진언」→「신묘장구대다라니」→「발원」의 세 가지 부분으로 이루어져 있음을 알게 된다. 결국 '독송용『천수경』'은 철저하게 진언수행을 위한 경전이었다. 신묘장구대다라니는 바로 의미가 통하지 않는, 언어 아닌 언어인 까닭에 일체 구업이 부재(不在)하는 공간이다. 구업의 부재하므로, 역으로 모든 구업을 정화할 수 있다. 그런 뒤에라야 우리는 아름다운 언어를 진언으로서 쓸 수 있게 된다. 그러한 언어는 '여래십대발원문'과 '발사홍서원'에서 볼 수 있는 것처럼, 바로 진실한 발원의 말씀일 수밖에 없다.

지난(2004) 5월 한국불교학결집대회에서 발표한 「독송용 천수경에 의한 진언수행론과 그 적용」(『불교학보』 제41집, 2004)이라는 나의 논문은 이러한 진언수행론의 제언에 지나지 않는다. 이때, 진언수행론의 적용이라는 말은 진언수행을 현실 속에서 행할 때에 구체적으로 부딪치게 되는 문제를 고려해 본 것이다. 하나는 스스로를 칭찬하고 남을 비방하지 않아야 한다는 것이며, 다른 하나는 다른 사람을 칭찬해야 한다는 것이다. 이는 결국 같은 이야기이지만, 전자에 대한 보다 상세한 이론적 고민은 원효스님의 『보살계본지범요기(菩薩戒本持犯要記)』에서 볼 수 있으며, 후자에 대해서는 『보현행원품』의 칭찬여래원에서 볼 수 있게 된다. 특히, 후자의 경우 광덕스님은 『반야심경』 강의를 통하여 정확히 내가 쓰는 의미에서 '진언'이라는 말을 쓰고 있었다.(『반야심경 강의』,

불광출판부) 나는 참으로 놀라지 않을 수 없었다.

한편, 내가 제언하는 이 '진언수행론'은 밀교의 진언수행론과 달리 현교의 진언수행론이며, 순수교종이 없는 우리 불교에서 순수하게 교종적인(선종적이 아닌) 수행법이다.

육자주·준제주 모두 관음의 진언

처음에 나는 '독송용 『천수경』'의 전체를 열 가지 범주로 나누었는데, 이를 천수십문(千手十門)이라 하였다. 『천수경이야기』를 쓸 때만 해도, 나는 전체를 열 가지 범주로 나누어 보는 것 외에는 분류하는 것이 불가능한 것으로 보았다. 「신묘장구대다라니」만을 '독송용 『천수경』'의 본론으로 보면, 그 이후의 부분은 전부 유통분이 되고 만다. 그렇게 긴 유통분이 어디 있겠는가?

『천수경이야기』초판이 출판된 지 얼마 지나지 않아서 나는 '독송용 『천수경』'에 대해서도 서분·정종분·유통분의 삼분설 역시 가능함을 깨닫게 되었다.〔재판부터 이 부분의 도표가 실리게 되었다.〕 '독송용 『천수경』'의 본론은 신묘장구대다라니만이어야 한다는 전제가 하나의 편견이었음을 알게 된 것이다. 자세히 살펴보면, 「참회진언」 다음으로 나오는 "준제

공덕 산과 같으니"부터 "모든 중생 깨달음을 얻어지이다"까지는 전부 준제주와 관련된다. 따라서 이 부분을 전체적으로 준제주로 평가할 수 있게 된다. 그리고 그것은 어엿하게 '독송용『천수경』'의 정종분을 구성하고 있는 것 아닌가. 즉 '독송용『천수경』'은 신묘장구대다라니와 준제주를 독송하기 위하여 편집된 의궤(儀軌)로 볼 수 있는 것이다.

물론, 신묘장구대다라니를 중심으로 '독송용『천수경』'을 이해하는 것은 아무런 문제가 없다. 왜냐하면 '독송용『천수경』'이 대장경 속에 존재하는 '원본『천수경』'으로부터 출현하였기 때문이다. 그리고 그 '원본『천수경』' 속에서는 준제주의 존재는 등장하지 않는다. 우리에게 있어서 '독송용『천수경』'의 성립사를 추적해 보면 처음에는 '원본『천수경』'의 지침대로 「신묘장구대다라니」 독송이 중심이었다. 그런데, 조선시대에 출판된『망월사본 진언집』(1800)에 이르러 비로소 '준제 4대주'(정법계진언·호신진언·육자진언·준제진언)가 함께 등장하는 텍스트를 확인하게 된다. 그 이후『고왕관세음천수다라니경』(삼각산 삼성암, 1881)에 이르러서 '독송용『천수경』' 안에 포함된다.

여기서 바로 우리는 '독송용『천수경』'의 이해를 위해서 매우 중요한 또 하나의 텍스트를 만나게 된다.『현밀원통성불심요집(顯密圓通成佛心要集)』2권이 바로 그것이다. 이는 요(遼)나라 도신(道殿)의 저술인데, 현교인 화엄과 밀교가 서로 다르지 않으며 함께 성불에 이르는 길임을 밝힌 논서이다. '독송용『천수경』'과 마찬가지로 회통론의 관점을 갖고 있는데, 그 하권에서 저자 도신스님은 준제주를 중심으로 하는 준제 4대주를 말하고 있는 것이다. 이것이『망월사본 진언집』을 통하여 우리의 '독송용『천수경』' 속으로 편입되었다.

그런데, '준제 4대주'라고 할 때 육자주의 위상이 준제주 속으로 포섭된다는 점이 문제가 된다. '독송용『천수경』' 안에서도 마찬가지다. 준제 4대주 이전에는 "준제공덕 산과 같으니"라고 시작하는 계청(啓請)이 있고, 그 뒤에는 "제가 이제 준제주를 지송하오니"라고 하는 발원이 있다. 모두 준제주가 중심임을 보여주고 있는 것이다. 따라서 육자주의 위상이 독립적으로 제시되어 있지 않다. 여기서 우리는『현밀원통성불심요』로부터 '독송용『천수경』'으로 이어지는 밀교 수행의 한 흐름을 확인할 수 있거니와, 기실 육자주 역시 대장경 안에는 독립적인 의미를 갖고 있는 진언이 아니던가.

과연 신묘장구대다라니와 육자주, 그리고 준제주는 어떤 관계에 있는 것일까? 나는 교토에서 만난 티벳인 유학생 소남(Sonam)의 대답에서 이 문제를 풀게 되었다. 티벳에서는 신묘장구대다라니도 육자주도 독송하고 있는데, 그들 관계는 "육자주의 긴 것이 신묘장구대다라니이고, 신묘장구대다라니의 짧은 것이 육자주"라는 것이다. 이 말은 준제주와의 관련 속에서도 말해질 수 있다. 그러므로 하나만 선택해도 좋고,

다 함께 해도 좋다는 이야기이다.

힌두교에 비추어 본 『천수경』의 신앙

내 얼굴은 거울에 비추어 볼 때 잘 보인다. 그런 것처럼 부처님 가르침 역시 다른 종교·철학이라는 거울에 비추어 볼 때 더 잘 보이는 것은 아닐까? 힌두교의 성서, 『바가바드기타(*Bhagavadgītā*)』라고 하는 텍스트는 지난 십수 년 동안 늘 『천수경』과 함께 내 사색의 실마리가 되어 주었다.

힌두교 역시 해탈을 말하고 있다. 그렇다면, 인간이 해탈을 이루기 위한 길은 어떤 것들이 있을 수 있을까? 첫째, 스스로 완전자임을 깨달음으로 인하여 해탈을 이루는 방법이 있다. 이를 지혜의 길(jñāna-yoga)이라고 하는데, "내가 곧 브라만이라" 말하는 우파니샤드 철학이나 "내가 곧 부처"라고 말하는 선불교는 공히 이 범주에 해당된다. 이를 위해서는 명상이 강조된다.

그런데, 지혜의 길에 대한 반론 역시 제시된다. "세상 속에서 좋은 일을 함으로써 해탈을 할 수는 없는 것일까?"라는 문제제기이다. 그렇다. 세상 속에서 좋은 일을 많이 행함으로써 해탈할 수도 있다는 관점이 등장하는데, 이를 행위의 길

(karma-yoga)이라 부른다. 이것이 두 번째 해탈방법론이다. 『바가바드기타』 안에는 우파니샤드로부터 이어받은 지혜의 길은 물론이지만, 새롭게 행위의 길을 강조한다. 행위의 길은 그 이전의 우파니샤드 철학에서는 그다지 강조하지 않던 분야이다. 보살도를 강조하는 대승불교는 대개 이 행위의 길을 통해서도 성불할 수 있다고 말한다.

지혜의 길과 행위의 길은 우리 인간 스스로의 힘에 의해서 우리 스스로의 해탈 문제를 해결하고자 한다. 그러나, 우리들 중에는 절대적인 힘을 가진 존재의 도움이 필요하다고 보는 사람들이 있다. 이들이 취하는 해탈방법론은 그 절대적인 힘을 가진 존재자를 믿고 의지하는 것이다. 제3의 믿음의 길(bhakti-yoga)이 바로 그것이다. 기독교나 불교의 정토신앙 역시 여기에 소속된다. 물론, 이 차원에서도 여전히 자력을 완전히 배제하는 것은 아니다. 그런 점이 박티라고 하는 믿음의 특성이다. 그러니까, 자력을 완전히 배제하는 일본의 신란(親鸞)의 믿음은 박티와는 다른 것이라 할 수 있다.

이 세계의 어떤 종교이든지 이러한 세 가지 패러다임의 해탈론으로부터 완전히 벗어나는 것은 아니다. 『바가바드기타』는 이들 세 가지를 함께 설하는 회통의 텍스트이다. 내가 좋아하는 이유의 하나이다. 그렇다면 『천수경』 역시 회통론의 입장을 취하고 있는데, 이들 세 가지 해탈론을 다 역설하고 있는 것일까? 첫째, 지혜의 길은 존재한다. 『천수경』의 다라니가 선적(禪的)인 차원을 갖고 있다는 점에서 쉽게 이해할 수 있다. 둘째, 행위의 길 역시 존재한다. 관세음보살이 갖고 있는 자비실천의 높은 뜻을 생각하면 그렇다. 이는 『백화도량발원문』에 나타난 관세음보살을 생각해 볼 때 쉽게 이해할 수 있는 점이다.

　문제는 믿음의 길과 관련해서이다. 과연, 『천수경』은 관세음보살에게 절대적으로 의지함으로써 해탈하라 말하는 것일까? 「신묘장구대다라니」를 범본으로 환원한 뒤 다시 그것으로부터 우리말로 옮겨보면, 그 안에는 힌두교 신의 이름이 여럿 등장한다. 『바가바드기타』에서 말해지는 비쉬누(Viṣṇu)신 역시 등장한다. 파괴의 신 시바(Śiva)신에 대한 신앙의 흔적도 찾아볼 수 있다. 이는 힌두교의 영향으로 볼 수 있다. 하지만, 그것을 증거로 『천수경』의 관세음보살 신앙이 믿음의 길의 입장에서 행해진 것으로 볼 수 있을까? 그렇지 않다. 다라니 외의 산문 부분에서 그러한 성격을 탈각시키고 있기 때문이다. 관세음보살 신앙이 아니라 다라니 독송을 역설하고 있는 것이다. 또 다라니를 번역하지 않음으로써 유신론적 성격은 감추어지게 되었다.

　이 점이 힌두교의 『바가바드기타』와 『천수경』의 차이 부분이라고 할 수 있는데, 장차 논문으로 꾸미면서 좀더 상세한 천착이 이루어져야 할 과제이다.

『천수경』 연구는 내 삶이자 신앙

지금 생각하면 참 겁도 없었다. 법보신문의 요청을 받아들여 『천수경』에 대한 해설을 연재한 것이 1991년, 내 나이 서른둘의 일이었다. 다시 그것을 민족사에서 『천수경 이야기』라는 이름의 책으로 펴낸 것이 1992년이었다. 저술로서는 처녀작이었다. 그리고서 꼭 13년의 세월이 흘렀다. 세월을 두고, "앗! 하는 사이에 지나가 버린다"는 일본의 속담이 있는데 꼭 그와 같다.

혹시 요즘 그 무렵의 세월을 살고 있는 제자가 있어서 경전을 강의한다고 나선다면 "좀 더 공부한 뒤에 하는 것이 좋지 않겠는가?"라고 말할지도 모른다. 가끔 사석에서 이러한 나의 소회(所懷)를 말하는 경우가 있다. 그러면 "그렇기는 하지만, 그렇게라도 해서 출발을 했으니까, 그 뒤의 공부가 진척된 것이 아닌가?"라고 격려해주는 길벗도 있긴 하다.

이번에 꼭 13년이 지나서 법보신문으로부터 다시 "수행자를 위한 경전으로서 『천수경』이 어떤 의미를 가지는지" 살펴달라는 부탁을 받았을 때, 흔쾌히 승낙하였다. 1991년과 2004

년의 사이, 그 세월 동안에 『천수경』과 관련하여 어떻게 이해의 폭이 넓어지고 깊이가 더해졌는지 독자들에게 보완설명을 해드려야 한다는 책임감에서였다. 더하여 내 개인적으로 객관적 분석의 대상으로서 『천수경』만을 말하는 데 그치지 않고서, 그것이 나의 삶과 신앙에 어떤 의미를 지니는지 정리해 보고자 하였다. 그런 관점에서 본다면, 앞서 이야기했던 열네 가지 테마의 『천수경』 이야기는 『천수경 이야기』에서 못했던 이야기를 보충한다는 의미가 있다. 혹시 이 글이 어려웠거나 비약이 있었다면 『천수경 이야기』를 전제로 하고 있었기 때문이었다.

사실, 학문적으로만 말하자면 나 역시 해야 할 연구 영역이 많이 있다. 따라서 얼른 이 『천수경』 연구를 정리하고 싶은 마음이 없지 않았다. 그래서 그간 써두었던 논문들을 모아서 『천수경의 새로운 연구』라는 제목의 논문집을 출판하는 것으로 손을 털고 싶었다. 좀 자유롭고 싶었던 것이다. 그런데, 들어가면 들어갈수록 새로운 연구를 기다리고 있는 주제들이 자꾸만 나타나는 것 아닌가? 고구마줄기에서 고구마 딸려오듯이……. 그 중 하나는 『천수경』을 해석한 주석서들이 과연 어떤 이야기를 담고 있는가 하는 점이다. 『천수경』에 대한 주석서는 일본의 옛 스님들에 의해 3종이 전해지는데, 그 중에 2종은 아직 필사본 형태로 남아 있다. 이는 아직 인쇄본 형태로 발표되지 못해왔기 때문에 널리 공유되지 못하고 있다. 내가 용곡대학 도서관 소장의 이 귀중본을 복사할 수 있었던 것은 행운이었다. 이 귀한 자료를 대출하여 복사를 가능하게 해준 주인공인 용곡대 박사과정의 박소영선생은 "꼭 번역해 주세요"라고 말하였으나, 아직 시작도 못하고 있다.

그런데 참 이상한 일이 아닐 수 없다. 내가 보기에 연구할 분야가 이렇게나 많은 『천수경』 연구를 아무도 하지 않고 있다는 사실 말이다. 매력 있게 보이지 않아서일까? 요즘같이 모두가 자기 영역을 확실히 구분하여 그 안에서 하나의 성(城)을 쌓고 있는 세태에서 본다면, 아무래도 『천수경』은 너무나 다양한 밭(田)에 자기 집을 짓고 있는지도 모른다. 하기는 내가 『천수경』에 빠져 있는 것이 굳이 학문적 이유에서만은 아니다. 오히려 그것보다는 더욱 더 신앙적이고 실존적인 이유가 있지 않은가. 그래서 학문적 연구 역시 놓지 못하고 있다고 한다면, 그것이 내 학문의 가장 큰 성격의 하나라고 볼 수도 있을 것 같다. 그리고 그런 식의 학문을 하는 후학의 출현이 쉽지 않다는 말일 것이다.

확실히 내가 현시대에 맞지 않는 학문방식을 고집하고 있는지는 알 수 없다. 하지만, 그것이 나의 삶이다. 이제 13년 만에 다시 쓴 『천수경』에 대한 이야기를 모두 맺음할 시간이다. 그러면서 나는 관세음보살님께 조용히 발원의 말씀을 사뢰어 본다.

"관세음보살님, 앞으로 다시 13년이 지나서 이 『법보신문』에 다시 한 번 『천수경』 이야기를, 당신의 이야기를 나누고 싶습니다."

그렇게 될 것으로 나는 믿는다. 그리고 그때에는 더욱 살아 있는 체험의 언어, 수행의 언어를 나누었으면 한다.

제 2 부

『천수경』과 관음신앙

'원본 『천수경』'의 탐구

두 가지 『천수경』

『천수경』을 말할 때는 두 가지를 함께 생각해야 한다. "『천수경』을 읽자!"라고 할 때는, 도량석·불공·재 등에서 읽고 외우는 것을 말한다. 흔히 사찰이나 신행단체 등에서 편집해서 쓰는 『법요집』이나 『불자독송집』류에서 볼 수 있는 『천수경』이다. 나는 이를 '독송용 『천수경』'이라 부른다. 그런데 이는 그 명칭에서도 알 수 있듯이, 의식과 독송의 편리를 위해서 새롭게 편집된 경전·의궤(儀軌)일 뿐이다. 현재 불교학계에서 널리 쓰이고 있는 『대정신수대장경』 속에서는 현행 '독송용 『천수경』'이 그대로 발견되지 않는다. 현행 '독송용 『천수경』'의 핵심인 신묘장구대다라니를 중심으로 설하는 또다른 『천수경』이 발견될 뿐이다. 이 대장경 속의 『천수경』을 나는 '원본 『천수경』'으로 부르고자 한다. 구분의 편의를 위해서다.

이 두 가지 『천수경』의 관계는 후자에서 신묘장구대다라니를 뽑아내고 다른 다라니와 현교의 교설들을 편집한 것이 전자의 '독송용 『천수경』'이 될 것이다. 이 글은 '원본 『천수경』'을 탐구하고자 한다. 그 이유는 두 가지다. 첫째, '원본 『천수경』'에 대한 적확한 이해 위에서만 현행 독송용 『천수경』에 대한 올바른 이해가 가능할 것이기 때문이다. 사실 이 분야는 선행되어야 할 연구의 분야이다. 둘째, 현행 '독송용 『천수경』'에 대해서는 이미 필자 나름으로 연구의 결과를 발표한 바가 있기 때문이다.〔김호성, 1992. 1994〕

'원본 『천수경』'류의 의궤와 경전들

대정신수대장경의 분류에 의하면, 본래의 『천수경』은 밀교부에 소속되어 있다. 『천수경』의 핵심이 신묘장구대다라니를 설하고 있기 때문이다. 『대정신수대장경』 밀교부 3(제20권)을 살펴보면, 신묘장구대다라니를 설하면서 천수천안 관세음보살 신앙을 고취하는 경전과 의궤(儀軌)는 19종이다. 이외, 제종부 3에 의궤가 1종 더 있다. 그러니 총 20종인 셈이다. 먼저, 구체적이고도 실제적인 수행법을 설하고 있는 의궤는 다음과 같은 8종이다.

① 『금강정유가천수천안관자재보살수행의궤경』(T.1056., 不空 역)
② 『천수천안관세음보살치병약합경』(T.1059., 伽梵達摩 역)

③ 『천광안관자재보살비밀법경』(T.1065., 蘇嚩羅 역)
④ 『대비심다라니수행염송약의』(T.1066., 不空 역)
⑤ 『섭무애대비심대다라니경계일법중출무량의남방만원보타락해회오부제존등홍서원력방위급위의형색집지삼마야표치만다라의궤』(T.1067., 不空 역)
⑥ 『천수관음조차제법의궤』(T.1068., 善無畏 역)
⑦ 『금강정유가청경대비왕관자재염송의궤』(T.1112., 金剛智 역)
⑧ 『천수안대비심주행법』(T.1950, 知禮 集)

이들 의궤에서 설하고 있는 수행법은 크게 둘로 나눌 수 있다. 첫째, 신묘장구대다라니의 지송방법이다. 둘째, 신묘장구대다라니에 나오는 불·보살을 비롯한 많은 불·보살을 만다라의 도상(圖像)으로 그려 모시는 방법이다. 이들 두 가지 수행 의궤는 모두 우리 불교사에는 그다지 영향을 미치지 못한 것으로 보인다. 염송의 수행은 의궤에서 설해진 바 그대로 따르는 것이 아니라, 용성스님의 경우에서 볼 수 있듯이, 그저 일심으로 염송하기를 반복하는 것이었다. 만다라의 도상을 조성했던 사례는 보고 된 바가 없다. 일본의 경우, 밀교계 종단의 독자적 발달에 힘입은 것이겠지만 천수만다라의 조성 사례가 많았음이 보고 되고 있다.〔로케쉬 찬드라, 1988.〕

다음, 신묘장구대다라니를 설하면서 천수천안 관세음보살

신앙을 고취하고 있는 경전들은 다음과 같은 12종이다.

① 『천안천비관세음보살다라니신주경』(T.1057., 智通 역)
② 『천안천비관세음보살다라니신주경 別本』(T.1057., 智通 역)
③ 『천수천안관세음보살모다라니신경』(T.1058., 菩提流支 역)
④ 『천수천안관세음보살광대원만무애대비심다라니경』(T. 1060., 伽梵達摩 역)
⑤ 『천수천안관자재보살광대원만무애대비심다라니주본』(T. 1061., 金剛智 역)
⑥ 『천수천안관세음보살대신주본』(T.1062A., 金剛智 역)
⑦ 『세존성자천안천수천족천설천비관자재보리살달바광대원 만무애대비심다라니』(T.1062B.)
⑧ 『번대비신주』(T.1063)
⑨ 『천수천안관세음보살대비심다라니』(T.1064., 不空 역)
⑩ 『청경관자재보살심다라니경』(T.1111., 不空 역)
⑪ 『관자재보살광대원만무애대비심대다라니』(T.1113A. 指空 讐校)
⑫ 『대자대비구고관세음자재왕보살광대원만무애자재청경대 비심다라니』(T.1113B. 不空 역)

이 중에는 주본(呪本)만 있는 경우도 있으며, 주본과 함께 여러 가지 법문을 시설하고 있는 경우도 있다. 특히, 중요한 것은 ①·④·⑨의 경우이다. 첫째, 지통 역의 경우는 627~649년 사이에 번역된 것으로 최초의 번역이다. 신묘장구대다라니는 전체가 94구이며, 무드라 25인(印)을 설하고 있다. 둘째, 가범달마 역은 650~655년 사이에 번역되었다〔650~661년 사이에 번역되었다는 설도 있다〕. 신묘장구대다라니는 82구인데, 이는 뒤에서 자세히 살펴볼 것이다. 셋째, 불공 역은 723년에 번역된 것으로 가장 늦다. 신묘장구대다라니는 74구이다.

이들 중에서 현행 '독송용『천수경』' 성립에 모본(母本)이 되었던 것은 가범달마 역본이다. 우리 불교사에서『천수경』의 수용에 대한 가장 오래된 기록은 의상스님에게서 나타난다.『백화도량발원문』(의상스님의 작이 아니라는 설도 있다)과『투사례』에『천수경』의 수용 자취가 남아있기 때문이다. 그것은 신묘장구대다라니와 십원육향(十願六向) 부분(나무대비관세음 원아속지일체법……아약향축생 자득대지혜)인데, 의상스님의 입당연대(661~671)와 생몰연대(625~702)를 감안하면, 의상스님이 보았을 것으로 생각되는 것은 가범달마의 번역이다〔김호성, 1993.〕. 다만, 불공의 번역 역시 '독송용『천수경』'에 영향을 주었음을 확인할 수 있는데, 그것은 계청 부분(계수관음대비주……소원종심실원만)이 불공의 번역에서만 보이기 때문이다.

그러나, 이는 의상스님 이후의 일이다.

가범달마 번역의 『천수경』

현행 '독송용 『천수경』'의 제목 부분을 확인해 보면, "천수천안관자재보살광대원만무애대비심대다라니"라고 한 뒤, "계청 ……"으로 진행된다. 여기서 우리는 '원본 『천수경』'의 제목을 확인할 수 있는데, 가범달마 번역이 미친 또 하나의 영향을 확인할 수 있다. 가범달마 역본의 전체적인 내용을 구분해 보면 다음과 같다.

① 서분 : 회중(會衆)의 등장
② 천수천안관세음보살의 연기(緣起)
③ 관세음보살의 발원 : 십원육향
④ 대비주 지송의 공덕 : 열다섯 가지 나쁜 죽음을 당하지 않고, 열다섯 가지 선생(善生)을 얻음.
⑤ 대비주 : 82구(句)
⑥ 대비주의 본질 : 열 가지 마음〔十心〕
⑦ 대비주 지송의 공덕 : 열두 가지 무더기〔十二藏〕
⑧ 대비주의 이름들
⑨ 대비주 지송의 공덕
⑩ 사십수진언(四十手眞言)
⑪ 일광보살과 월광보살의 다라니

⑫ 유통분

이 같은 내용의 범주적 이해를 통해서, 우리는 이 『천수경』이 매우 풍부한 내용을 잘 정리하고 있음을 알 수 있다. 「대비주(=신묘장구대다라니)」는 천수천안관세음보살의 다라니이다. 그러므로 먼저 천수천안 관세음보살은 어떤 인연으로 천수천안관세음보살이 되었는지 알아보자. 관세음보살 스스로 다음과 같이 석가모니 부처님께 말한다.

> 세존이시여, 제가 과거 무량억겁 이전을 생각해 봅니다. 그때 부처님께서 세상에 나오셨으니 천광왕정주여래(千光王靜住如來)이신데, 그 부처님께서 저를 불쌍히 여기시고 또한 일체중생을 위해서 이 「광대원만무애대비심다라니」를 설하였습니다. 금색의 손으로 저의 정수리를 만지시며 선남자여, 그대는 마땅히 이 심주(心呪)를 지녀서 널리 미래의 악세에 일체중생을 위해서 큰 이익을 짓도록 하라고 말씀하셨습니다. 이때 저는 겨우 초지(初地)에 머물고 있었을 뿐인데, 이 다라니를 한번 듣고서는 제팔지(第八地)로 초월했습니다. 저는 그때 마음으로 환희하였기 때문에, 곧 서원을 발하였습니다. 만약 제가 미래에 능히 일체중생을 안락케 하고 이익케 할 수 있다고 한다면, 저로 하여금 즉시 몸에 천수천안이 생겨서 구족케 하소서 라고 원을 발하자, 곧 몸에 천수천안이 모두 구족되었습니다.

이와 같이 해서 천수천안을 갖춘 관세음보살은 십원육향을 발원하게 된다. 이는 우리의 현행 '독송용『천수경』'을 통해서 익히 아는 바다. 그런 뒤에 다라니의 지송 공덕이 설해지고 있다. 열다섯 가지의 악한 죽음을 당하지 않으며 열다섯 가지의 좋은 삶을 살게 된다는 등의 내용이다. 이에 대해서는 이미 한글로 옮겨서 정리한 바 있으므로〔김호성, 1992〕, 여기서 다시 부연하지 않는다. 공덕을 설하는 부분은 뒤에서 두 번 더 나오게 된다. 이는 경전 일반의 양식적 특성으로 보아야 할 것이다. 좀 거칠게 말하면, 모든 경전의 정종분은 그 경전에서 설하고자 하는 법문의 시설과 그 경전을 수지독송함으로써 얻어지는 공덕의 찬탄을 번갈아 설한다 말할 수 있다. 이는 거과권수(擧果勸修)이니, 공덕을 들어줌으로써 믿음을 일으키게 하고 수행하게 하는 뜻에서이다.

대비주의 성립사와 번역

『천수경』의 핵심은 대비주에 있다. 가범달마 번역에는 82구, 우리나라 전래의 유통본은 84구이니 큰 차이는 없다고 생각된다. '원본『천수경』'을 찾아보면, 대개 이 다라니의 표기는 두 가지로 행해져 있다. 첫째, 싯담〔悉曇〕 문자로 적는 방법이다. 둘째, 싯담 문자를 중국어로 음사(音寫)하는 방법이다. 이들 둘 중의 한 방법을 택하거나, 아니면 둘 다를 취하거나 하였던 것이다. 그 밖에 뜻을 해의(解義)한 경우는 없다. 그 이유에 대해서 현장(玄奘)은 뜻으로 옮기지 말고 음사해야 할 다섯 가지 경우〔五種不翻〕에서 "비밀이기 때문에"라고 했거니와, 우리의 경우에도 이러한 원칙은 잘 지키면서 오늘에 이르고 있다. 그런 까닭에 중국의 음사를 다시 우리의 음운(音韻)으로 읽어서 "나모라 다나다라 야야……"라고 읽고 있는 것이다. 물론, 이 같은 발음이 나오게 된 배경에는 구비(口碑)로 전승(傳承)되는 과정에서 겪은 우리말의 음운현상이 한 몫 하였을 것이고, 구절의 뛰어 읽기는 우리 시가(詩歌)를 읽거나 외울 때 일어나는 율격적(律格的) 토막〔音步〕에 의한 습관이 은연 중 영향을 미친 것이 아닐까, 나는 생각하고 있다. 이를 두고 혼돈으로 말하는 경우도 없지 않으나, 이는 문화의 전승과정에서 보편적으로 확인되는 불가피한 현상으로 보아야 할 것이다.

　근래 일부 학자들 중에서 다라니의 해의를 시도한 경우가 없지 않다. 겸하여 뜻으로 옮겨서 읽자는 주장도 제기되고 있다. 나 역시 학문적 입장에서의 해의는 필요하리라 본다. 그를 통하여 『천수경』의 성립사적 입장이 밝혀질 수 있을 것이기 때문이다. 그런데, 이에 대한 연구 역시 이미 이루어진 바 있다. 인도 출신의 세계적 불교학자 로케쉬 찬드라(Lokesh Chandra)는 신묘장구대다라니를 철저히 해부하고 있다. 그의 방대하고도 정치한 연구에 따르면, 신묘장구대다라니 속에 담겨있는 관음신앙은 청경관음(靑頸觀音, Nilakaṇṭha)에 대한 신앙이다. 여기까지는 새삼스럽지 않다. 이미 불공(不空)이 『청경관자재보살심다라니경』이라 옮기고 있는 것이기에. 그런데, 로케쉬 찬드라는 한 걸음 더 나아가 인도의 힌두교 신화에 대한 폭넓은 지식을 토대로 하여, 다라니에 쓰인 말의 어원을 분석하고 있다. 니라간타는 힌두교의 신인 시바와 비시누(하리-하라)의 신격화라고 한다.〔로케쉬 찬드라, 1988〕

 그와 같은 힌두교신에 대한 신앙이 관세음보살 신앙의 모태가 된 것이라는 분석이다. 대승불교는 초기불교에서 극복하였던 바라문교의 개혁된 형태인 힌두교로부터 영향을 받으며 습합(習合)하여 형성되는 것이니, 그 가장 현저한 예가 바로 밀교이다. 신묘장구대다라니의 내용을 분석해 보면, 이와 같은 힌두교적 신앙의 영향 아래 성립된 청경관음에 대한 기도문이라 할 수 있다. '하레'는 '하라'의 호격(呼格)이니 곧 시바와 비쉬누의 혼합된 형태가 기도의 대상이라는 이야기도 성립되는 것이다. 이러한 분석은 학문적으로는 의의 있는 일일 것이다. 물론, 여기서 간과할 수 없는 것은 이러한 힌두교적 영향을 보이는 다라니 부분의 특성이 산문 부분에 의해서 탈락·탈각되고 불교경전으로의 재탄생을 이루어낸다는 점이다.

 그러나, 다라니의 해의와 분석을 통한 이러한 이야기는 신앙적 입장에 서있는 대다수의 불자들에게는 별다른 의미를 줄 수 없다고 본다. 그런 의미에서 나는 보수적 태도를 취하는 바, 의식을 위한 의식문이나 독송을 위한 독송 경전으로서의 '독송용 『천수경』'에서는 해의하지 않은 채 우리말로 음사된 다라니를 독송하는 것이 옳다고 주장하는 것이다.

대비주의 본질

이제 본래의 『천수경』 속에서는 이 다라니를 어떻게 말하고 있는지 살펴본다. 대범천왕이 관세음보살에게 다라니의 본질을 묻자, 관세음보살은 다음과 같이 말한다.

> 이는 크게 자비로운 마음이며, 평등한 마음이고, 함이 없는 마음이며, 염착(染着)이 없는 마음이고, 공이라 관찰하는 마음이며, 공경하는 마음이고, 낮추는 마음이며, 어지럽지 않는 마음이고, 집착하지 않는 마음이며, 위없는 보리의 마음이니, 이를 마땅히 알지니라. 이와 같은 마음들이 곧 다라니의 본질이니라.

다라니의 문자적 해석이 중요한 것이 아니다. 오직 다라니를 열심히 수지독송함으로써 이러한 마음들을 지닐 수 있게 된다는 말씀이다.

참고문헌

김호성 1992, 1994 :『천수경이야기』(민족사, 1992)
김호성 1993 :「천수경에 나타난 한국불교의 전통성」,『다보』 제7호.
김호성 1994 :『어린이 천수경』(불광출판부, 1994)
로케쉬 찬드라 : Lokesh Chandra,『The Thousand - Armed Avalokiteśvara』(1988 IGNCA)
로케쉬 찬드라 : Lokesh Chandra,『불교연구』4·5합집(한국불교연구원, 1988)

구업·정구업·정구업진언

【 1 】

　인간적 약점 중의 하나겠지만, 나는 말을 잘 못한다. 언변이 좋지 않다는 그런 이야기와는 좀 다른 의미에서이다. 다른 사람들에게 어떠한 상처도 주지 않고, 교양 있게 말하지 못한다는 뜻에서이다. 품위와 예의를 지키면서 말을 하는 것은 사람살이에서 매우 중요한 일임은 물론이다. 그런데, 그게 잘 안 된다. 그래서 내 마음과 말이 어긋날 때가 한 두 번이 아니다. 더욱이 경상도의 억양까지 보태지고 나면 때로 심각한 오해마저 불러일으킨다. 그래서 본의 아니게 다른 사람의 가슴에 상처를 주기도 한다. 마찬가지로 내성적인 내 성격 탓인지 나 역시 다른 사람의 말로부터 상처를 입고 가슴앓이를 하기도 한다.

　말로 짓는 업, 그것을 구업(口業)이라 한다. 몸으로 짓는 업〔身業〕, 마음으로 짓는 업〔意業〕과 더불어 세 가지 업〔三業〕을 이룬다. 전통적 불교교리에 의하면, 이 세 가지 업 중에서 그 근본은 의업이라 말해진다. 그도 그럴 것이 말이나 행동은 마음의 드러남, 마음의 표현이기 때문이다. 그런데, 구업이 세 가지 업 중에서 보다 근본적인 업이라고 보는 해석 역시 가능하다. 마음의 작용, 생각도 그 과정에 언어의 작용이 이미 개입되어 있기 때문이다. 언어 없는 생각은 불가능하다. 우리들의 생각 역시 언어로 짜여지는 옷감이다. 의식만이 아니라 무의식[=아뢰야식]마저도 언어로 구성되어 있다.

  이렇게 생각하면 언어생활이 갖는 의미는 매우 중차대하게 된다. 아름다운 언어가 아름다운 마음을 만들어 낸다. 일체유심조(一切唯心造)도 옳지만, 일체유언조(一切唯言造)도 옳다.

  말에 의하여 지옥을 만들 수도 있고, 말에 의하여 부처님 세계를 만들 수도 있다. 지옥을 향해가는 언어를 구업이라 한다면, 부처님 세계를 만들어내는 언어를 구밀(口密)이라 한다. 이렇게 우리가 일상 쓰는 언어를 청정한 언어로 바꿈으로써 우리의 마음을 청정하게 바꾸자고 하는 수행법이 있다. 이러한 입장의 불교를 밀교라고 하는데, 밀교에서 수많은 진언(眞言)을 갖추고 있는 까닭도 궁극적으로는 이렇게 이야기 할 수 있다.

【 2 】

  내가 참으로 좋아하는 경전 중의 하나가 『천수경』이다. 거기에 따르면, 구업은 다시 넷으로 나누어진다. 거짓말[妄語],

아첨하는 말〔綺語〕, 이간질하는 말〔兩舌〕, 욕설〔惡口〕의 넷이 그것들이다. 이러한 네 가지 구업을 짓지 않겠다 맹서하고, 그것들을 정화하는 것이 정구업(淨口業)이다. 『천수경』은 주지하다시피, 정구업진언으로부터 시작한다.

이 정구업진언의 의미를 새롭게 천착하게 된 것은 『천수경』에 대한 어떤 책을 통해서도 아니었고, 그것을 해설하면서도 아니었다. 바로 우리들의 언어생활에 대한 성찰로부터 이루어졌다. 혹시 나는 너무나 많은 말을 하는 것은 아닐까, 또 너무나 많은 말을 듣고 사는 것은 아닐까. 특히, 남에 대한 이야기를 너무 많이 하고 사는 것은 아닌가 하는 반성을 해본다. 명백한 구업인데도 말이다. 왜 이렇게 구업을 지으면서 살아가고 있을까? 거기에는 심리학도 있고, 윤리학도 있고, 사회학도 있고, 어쩌면 정치학까지 있을지 모른다. 그렇지만, 내 관심은 그러한 학제적 원인 분석에 있지 않다. 다만 그러한 우리 삶의 현실태, 언어생활을 직시(直視)하고자 할 뿐이다.

본의는 아니지만, 혹시라도, 남의 말을 하는 자리에 함께 있게 되면, 내가 그 내용에 대해서 어떠한 의견을 갖는가 하는 점은 상관없이 내 귀에는 남에 대한 좋지 않은 소리가 들리게 된다. 아! 구업에는 귀로 듣는 업(耳業이라고 할 수 있으리라)까지 포함된다고 보아야 한다. 적극적 동의까지는 아니더라도 묵시적 혹은 소극적 동의를 했다고 보아야 하기 때문이다. 가능한 방법의 하나는 우리의 사귐을 줄일 수밖에 없다는 결론조차 나올 수 있다. 그러나, 분명 이것은 바람직한 방법은 아닌 것 같다.

　이런 생각을 통해서 나는 『천수경』에서 말하는 '정구업진언'의 본의는 "수리 수리 마하수리 수수리 사바하"라는 글귀 이전에 존재한다는 사실을 깨달을 수 있었다. 오히려 정구업진언은 우리 삶의 현장 속에서 맑고도 아름다운 언어생활을 함으로써 비로소 이루어질 수 있음을 알게 된 것이다. 내가 또 하나의 "진언수행론"을 생각해 보고 있는 것도 이 같은 배경에서이다.

【 3 】

　근래 들어 가슴 아픈 일들을 많이 겪고 본다. 너무나 날카로운 언어들이 공적으로 교환되고 있다. "펜은 칼보다 강하다"라는 속담은 진리이리라. 그렇기에 동시에 펜에 찔린 상처는 칼에 찔린 상처보다도 더 오래도록 아픔을 남길 수 있는 것 아닐까. 내 생각에는, 비록 공익을 위한 말이라 하더라도 혹은 학문의 발전을 위한 비평이라 하더라도 여백을 남기는 것이 좋지 않을까 싶다. 사실 적나라한 감정의 언어들이 훨씬 효과적이라는 근거는 어디에도 없기 때문이다.

　여기서 시적 언어를 상기하게 된다. 감정의 노출과 감춤이 길항(拮抗)하는 긴장지대에서 성립하는 말, 그 은유(隱喩)를 우리의 언어생활 속에서 실현할 수는 없는 것일까. 어쩌면 옛스님이 "시를 배우지 않으면 말을 할 수 없다〔不學詩, 無以言〕"고 한 까닭도 이 같은 맥락은 아니었을까? 사실 시는 절〔寺〕에서 나온 말〔言〕이다. 여기서 '절'은 저 도저한 침묵의 세계, 선(禪)의 세계를 함의하는 것은 아닐까. 드러난 말보다 더 깊이 숨겨진 말이 있어야 함을 시는 가르쳐준다. 선은 가르쳐준다. 나는 이러한 말을 통하여 한 걸음 한 걸음 부처님 세계로 나아갔으면 싶다. 시를 좀 읽어야겠다.

『천수경』과 한국불교의 정체성

'한국불교'라고 말할 때, 한국적인 불교로서의 독특한 성격을 띠지 않으면 안 될 것이다. 인도불교나 중국불교와도 다른 어떤 독자성이 있을 때에 우리는 비로소 '한국불교'라고 말할 수 있기 때문이다. 한국에서 전개된 불교의 모습에는 과연 나름의 주체성이 있는 것일까? 아니면 인도불교나 중국불교의 단순한 연장에 지나지 않는 것일까? 이 글은 이러한 '한국불교의 정체성 해명'을 목적으로 하고, 그러한 점을 『천수경』을 통해서 확인해보고자 한다.

상층문화의 철학적 측면에서 볼 때, 『천수경』에는 한국불교의 철학이 마련한 한국적 독자성이 약여(躍如)하게 드러나 있다고 본다. 그것은 바로 회통적 사유방식이다. 회통적 사유는 "우리 역사상에 있어서 때로는 천박한 피상적 이해로 떨어지는 경우도 있었으나 하나의 연면한 전통을 이루어 왔다"〔이기영, 「한국적 사유의 일 전통」, 『한국불교연구』(서울 : 한국불교연구원 출판부, 1983), p.129.〕고 말해진다. 물론, 최근 이에 대한 반론도 행해지고 있다. 그에 대한 응답의 하나로서 나는 우리 불교사 속에서 가장 저변에서 널리 읽혀온 『천수경』 속에 그러한 특성이 보인다는 점을 확인해 보기로 한다.

선종과 밀교의 겸수

회통불교의 실천적 모습은 서로 다른 둘 이상의 수행법을 함께 닦는 겸수(兼修)의 가풍(家風)에서 찾아질 수 있다. 천수다라니가 화엄이나 선의 입장에서 수용되었음은 이미 밝힌 바 있는데〔졸고, 「천수경 신행의 역사적 전개」, 『미래불교의 향방』, 장경각, 참조〕, 여기서는 다시 한번 선의 입장을 중심으로 하여 『천수경』에 나타난 겸수의 가풍을 살펴보기로 한다.

근세의 일이긴 하지만, 우리는 선밀겸수(禪密兼修)를 이야기 할 때 생각나는 선지식이 있다. 바로 용성(龍城) 선사인데, 만해가 찬술한 「용성대선사사리탑비명」에 의하면 다음과 같은 기록이 소개되어 있다.

19세에 가야산 해인사에 들어가서 화월화상을 의지, 낙발(落髮)한 뒤에 의성 고운사의 수월장로를 참방하였다. 여쭈어 가로되, '죽고 사는 일과 사대는 무상하여 신속하니, 어떻게 해야 견성할 수 있을지 의심되옵니다.' 장로가 가로되, '세상이 상법 내지 말법에 속하여 법은 멀고 근기는 둔하므로 뛰어넘어서 바로 들어가기는 어렵다. 먼저 대비주를 외워서 업장이 스스로 소제되면 마음 빛이 몰록 발해지리라.' 하였다. 스님(용성)이 이를 믿어서 스스로 대비주를 외우되, 입으로는 소리를 내면서 외우고 마음으로는 묵념하다가, 뒤에 양주 보광사 도솔암에 이르러 더욱더 용맹정진을 더하였다. 어느 날 '삼라만상이 모두 본원이 있는 나의 이 견문각지는 어느 곳에서 나는 것일까?' 의심하여 의심하기를 열이틀이 되었다. 그러다가 일념을 깨닫기를 통 밑이 빠지는 것과 같았다.

이를 '용성선사의 1차적 깨달음'이라고 학자들은 말하고 있다. 이후 용성선사는 무(無)자 화두를 계속 참구해 간다. 거듭거듭 깨달아 갔다는 것이다. 깨달음이 거듭거듭 계속된다는 사유는 돈오점수(頓悟漸修)를 가리키는 것으로 보아도 좋을 것이다. 그런 차원에서는 초견성(初見性)이 중시된다. 그만큼 미망 속에 쌓인 범부·중생의 입장에서는 처음으로 견성하는 것이 어려운 일인 것이다. 그런데, 그러한 초견성을 「대비주」의 독송을 통해서 이루었다는 것은 주목할 만한 일이 아닐 수 없다.

많은 사람들은 다라니가 주술적 기능을 갖는 것으로 이해하고 있다. 특히, 다라니를 주문이라고 할 때는 그 표현 자체에서 부터 주술적 뉘앙스가 짙게 배어 있는 것이다. 다라니를 독송함으로써 소구소원(所求所願)을 모두 이룰 수 있다고 하는 관점을 나는 '공리주의적 공덕'이라 이름하며, 그 반대로 삼매의 체득을 통하여 즉신성불을 이룰 수 있다는 입장을 '근본주의적 공덕'이라고 나는 이름한다. 서로 상반되는 듯한 두 가지 공덕을 모두 받아들이고 있는 것이 밀교의 전통적인 입장이었다. '독송용『천수경』' 역시 이러한 입장을 그대로 계승하고 있는 것이다.

　　신중님들 자비로써 옹호하시니
　　모든 삼매 단박에 이루어지고
　　대비주 수지하니 몸은 빛나고
　　대비주 수지하니 자유로워라.

천룡중성동자호(天龍衆聖同慈護)는 공리주의적 공덕을, 백천삼매돈훈수(百千三昧頓薰修)는 근본주의적 공덕을 가리키는 것으로 보인다. 그런데, 천수다라니를 중심으로 '독송용『천수경』'을 편집한 선사들은 천수다라니의 두 가지 공덕 중에서 근본주의적 입장에서 다라니를 수용하고 있음을 알아야 한다. 다시 말해서, 삼매의 체득을 위한 도구로서의 다라니를 활용하고 있는 것이다. 이렇게 이해하게 되면, 삼매와 깨달음을 위한 도구로서 기능한다는 측면에서 화두와 다라니는 공히 같은 역할을 하고 있는 것이다.

　용성선사의 경우에도, 「대비주」의 독송으로 큰 의심덩어리가 형성된 것 아닌가. 의심이 되지 않는 것은 선을 수행함에 있어서 큰 병이며 의심이 사무치면 칠통(漆桶)이 타파된다고 보았을 때, 수행자가 다라니를 하느냐 아니면 화두를 간(看)하느냐 하는 것은 그다지 큰 의미가 없을 수도 있다. 양자는 모두 깨달음을 위한 도구적 기능을 한다는 점에서 동일하기 때문이다. 이렇게 말할 수 있는 까닭은 어디에 있을까?

　화두는 답이 없는 물음이다. 무의미(無意味)의 물음이다. 이와 마찬가지로, 다라니 역시 답이 없는 언어이다. 무의미의 언어이다. 언어인 이상 무의미일 수 있겠느냐 하는 의심이 생길 수도 있겠다. 즉 인도의 원어인 산스크리트어가 남아있는 한 옮김이 가능하기 때문이다. 근래 『천수경』을 강의하는 많은 사람들의 경우, 다라니의 의미를 찾아서 옮기고 있다. 아마도 "글을 외울 때에는 그 의미를 관찰해야 한다"는 입장이 현교(顯敎)의 범위를 넘어서서 밀교(密敎)에까지 나아간 것으로 생각해 볼 수 있다. 물론, 그러한 움직임에는 다라니가 결코 주술적인 기능(=공리주의적 기능)을 하는 것이 아니라는 점을 강조하는 측면이 있다는 점에서 긍정적인 측면이 없는 것은 아니다. 무비스님은 이렇게 말씀하신다.

> 우리는 대체로 진언하면 3천년 전의 불가사의한 비밀이나 되는 양 신비시해요. 그건 너무 불교가 진언의 기능을 오도시키는 결과가 된다는 것을 알았어요. 거기에 국적도 찾아볼 수 없는 다라니 등의 표기상태 등을 깨닫게 되었을 때 외부인의 눈에 비쳐질 승려들의 자질이 먼저 염려되지 않을 수 없었어요.〔『선우도량』, 창간호(1991), p.124.〕

그러나, 다만 이러한 이유에 의해서 무의미(無意味)의 언어를 유의미(有意味)의 언어, 즉 알음알이〔知解〕의 차원으로 넘기고 있다는 점은 작은 것을 얻으려다 큰 것을 잃는 격이라 하지 않을 수 없다. 유의미(有意味)의 언어는 우리를 의심으로 몰아넣지 않는다. 무의미의 언어만이 비로소 우리를 의심의 세계로 인도한다. 그 결과 의심의 철저화를 통해서 마침내 더 이상 의심할 수 없는 세계에 이르게 된다. 그렇게 더 이상 의심할 수 없는 세계는 깨친 자만이 직접 체험할 수 있는 세계라는 점에서, '비밀'(Guhya)이라 할 수 있다. 그러한 '비밀'의 체험을 우리는 신비체험이라고 한다. 무의미의 언어라고 할 수 있는 다라니를 통해서 '비밀'의 신비체험을 할 수 있다는 측면에서, 다라니에서 우리는 깨달음을 위한 도구적 기능을 인정할 수 있는 것이다.

한편, "다라니도 의미를 알고 외워야 한다"는 입장은 다라니에 의미나 메시지가 담겨있음을 전제로 하고 있다. 우리가 이해해야 할 어떤 의미나 메시지가 다라니 속에 담겨있는 것이라고 보는 관점을 나는 '실재론적 진언관'이라고 부르거니와, 그렇게 되면 밀교가 존재할 자리는 없어진다. 불교 안에는 오직 현교만이 있게 될지도 모른다. 불교의 근본정신, 특히 설법의 태도는 중생들의 입장에서 쉽게 설해야 한다는 데에 있다. 수기설법인데, 만대에 의지처〔萬代依憑〕가 되기 때문이다. 만약 그렇다고 한다면, 같은 의미를 전하고자 하면서 현교적으로 유의미의 언어에만 의지하지 아니하고, 무엇 때문에 스스로의 설법정신을 배반하면서까지 다라니 속에 담을 필요가 있었을까? 그것은 아니라고 보아야 옳지 않겠는가.

다라니의 원형은 정통 인도종교의 만트라(mantra)에서 찾아질 수 있다. 그리고 초기불교에서는 『아타르바 베다』에서 설해진 만트라를 예로 들면서 그 독송을 금하고 있다. 초기불교에서는 이렇게 만트라 독송이 거부되다가 대승불교에 이르러 다시 수용되었다. 이 때 역시 결코 『아타르바 베다』적 차원에서의 독송을 그대로 인정하고 수용하지 않았으리라는 점은 물론일 것이다. 대승이 초기불교의 정신에 반한 것이 아니라, 그것을 계승·발전시켜 간 것이라면 더욱 그렇다. 따라서 우리는 여기서 다라니가 결코 주술도 아니고 의미가 있는 메시지를 담은 설법도 아니라는 점을 주의해야 한다. 그것은 오직 깨달음의 체험을 위한 도구적 기능을 할 뿐이다..

밀교에서 삼밀가지(三密加持)를 통한 즉신성불(卽身成佛)의 도구로서 다라니를 독송하고 있음을 올바른 입장이라 할 것이다. 삼밀가지를 위해서 수인(手印, mudrā)를 짓고 독송하며 일심(一心)에 들어가면 될 뿐이다. 혹시 존재한다고 하더라도 그와 같이 이해된 의미가 그것을 독송하여 얻는 의미 내지 체험의 전부가 아니라는 점에서 존재하지 않는 의미를 찾고자 하는 것은 현대인들의 취향에는 맞을지 몰라도 깨달음을 지향하는 불교의 근본적인 태도에 부합하는 것은 아니라고 생각된다. 이러한 다라니관을 갖게 된다면, 천수다라니의 독송 안에서 선종과 밀교가 함께 겸수되고 있음을 인정할 수 있을 것이다.

자성문(自性門)과 수상문(隨相門)의 겸수

조선 중기 서산(西山) 대사로부터 진언집이나 의식집이 활발히 출간된다. 그는 스스로『설선의(說禪儀)』와『운수단가사(雲水壇歌詞)』등의 의식집을 찬술하고 있다. 그 중『운수단가사』에는 천수다라니가 제사의식 중에 수지독송되고 있음을 알려주고 있다. 천수다라니는 2번에 걸쳐서 지송토록 되어 있다. 하나는 천수다라니를 독송 하고 나서 곧 '도량찬'이 접속되어 있는 경우가 있고, 다른 하나는 진령게(振鈴偈)와 착어(着語)가 나온 뒤에 천수다라니를 독송하는 경우이다. 그 밖에『운수단가사』에는 다음과 같이 사홍서원이 행해져야 함을 말하고 있다.

여러 불자여, 죄업을 참회하였으므로 이제 지극한 정성으
로 사홍서원을 발하여라.
가없는 중생을 모두건지고
다함없는 번뇌를 모두 끊으며
한량없는 법문을 모두 배우고
위없는 가르침을 모두 이루리.
마음속의 중생을 모두 건지고
마음속의 번뇌를 모두 끊으며
마음속의 법문을 모두 배우고
마음속의 깨달음을 모두 이루리.

 오늘날 우리 불교인들이 법회를 마칠 때 외우는 사홍서원은 앞의 4구이며, '독송용 『천수경』'에는 8구가 다 들어있다. 앞의 4구에 표명된 사홍서원을 나는 '수상문(隨相門)의 사홍서원'으로 부르고, 뒤의 4구에 표명된 사홍서원을 '자성문(自性門)의 사홍서원'으로 부르고자 한다.
 이렇게 두 가지 차원으로 분별하는 것은 보조국사 지눌(知訥, 1158~1210)의 『정혜결사문』에서 보인다. 삼학(三學)에는 수상문과 자성문의 다름이 있다고 말한다. 계학(戒學)을 예로 들면 허물을 막고 악을 그치는 것은 수상문의 계학이며, 본래의 마음에는 허물이 없음을 말하는 것은 자성문의 계학이라 한다. 이 양자 중에서 스스로의 청정한 마음을 돈오하는 선불교의 입장에 보다 가까운 것은 자성문의 입장이다. 보조지눌이 『정혜결사문』에서 자성문을 설명하면서 육조혜능의

게송을 인용하고 있는 것으로도 알 수 있는 바와 같이, 『육조단경』에 이 같은 자성문이 가장 잘 나타나 있다. 『육조단경』에서는 이러한 자성문을 '심지법문'(心地法門)이라 하였다. 이러한 심지법문이 서산의 『운수단가사』의 단계를 거쳐서 '독송용『천수경』' 속으로 편입된 것으로 보인다.

한편, '독송용『천수경』'에서 자성문과 수상문의 두 차원이 함께 쓰인 것은 사홍서원에서만은 아니다. 참회에서도 '자성문의 참회'와 '수상문의 참회'가 함께 설해져 있는 것이다. 보조지눌은 자성문의 참회를 이참(理懺)이라 하였으며, 수상문의 참회를 사참(事懺)이라고 하였다. 그러면서, 『계초심학인문』에서는 이 두 가지 차원의 참회를 함께 닦으라고 말한다.

    모름지기 자신의 죄와 업장이 산고 바다와 같은 줄 알아
    서, 모름지기 이참과 사참으로 제거할 줄 알아라.

사홍서원에서와 마찬가지로, 참회 역시 사참이 먼저 설해지고 난 뒤 이참이 설해진다. '독송용『천수경』'에 나타난 사참은 『화엄경』 보현행원품의 참제업장원(懺除業障願)의 중송(重頌) 부분에서 설해진 게송이다.

    이제까지 지어온 모든 악업들
    뿌리없는 탐진치로 말미암아서
    몸과 입, 뜻으로 지었사오니

그 모든 것 이제라도 참회합니다.

이참의 게송은 본래 죄는 공하다는 입장에서 설해진다. 자성은 본래 청정하기 때문이다.

죄는 본래 마음에서 일어나나니
마음이 사라지면 죄도 그러네.
죄와 마음 모두 다 공해진다면
비로소 참된 참회 이름하리라.

그런데, 여기서 우리가 착안해야 할 점은 보조지눌이나 서산의 입장, 즉 그들로 대표되는 한국의 선불교에서는 『육조단경』과 다른 입장을 취하고 있다는 점이다. 『육조단경』에 나타난 수상문의 대변자는 신수(神秀)이다. 즉 수상문은 신수의 점수를 의미하며, 자성문은 혜능의 돈오를 의미한다. 따라서, 『육조단경』에서는 신수의 입장, 즉 수상문이 배척되고 혜능의 입장 즉 자성문만이 칭송되고 있음을 알 수 있는 것이다.

그러니까, 보조지눌이나 서산의 경우에는 『육조단경』에서 설해진 자성문은 그대로 받아들이면서도, 그것과는 달리 수상문을 배제하지 않는다는 점이다. 이와 사, 자성문과 수상문, 돈오와 점수 모두 포섭되고 겸수됨을 볼 수 있는 것이다. 나는 자성문의 삼학과 수상문의 삼학을 돈오돈수와 돈오점수에 배대하면서 이러한 측면을 주목해 본 바 있다.

> 보조는 육조의 돈오돈수(자성정혜)만이 아니라 신수의 돈오점수(수상정혜)를 받아들이고, 오히려 자성정혜(돈오돈수)보다도 수상정혜(돈오점수)를 더욱 역설함으로써 그의 종교의식이 중·하근의 이웃들을 지향하고 있었던 것임을 보여주고 있다. 오늘날 한국불교계 일각으로부터 보조가 비판되고 있는 것도 그같은 보조의 융회·회통·조화·화쟁의 노력이 육조혜능만을 오롯이 계승하지 아니했기 때문인 것으로 보인다.〔졸고,「보조의 이문정혜에 대한 사상사적 고찰」,『한국불교학』 제14집, p.432.〕

이러한 입장을 종파적으로 이해하여 혜능이나『육조단경』에 대한 위배라고 보기보다는 중국선과 다른 한국선의 형성으로 이해하는 것이 옳으리라고 본다. 이러한 한국선의 입장이 바로 '독송용『천수경』'에도 그대로 투영되어 있는 것이다. 이사겸수(理事兼修)의 가풍이 바로 그것이다. 이와 사를 겸수하고, 자성문과 수상문을 함께 닦는다고 하는 보조선(普照禪)의 입장과 '독송용『천수경』'의 입장이 동일하기 때문에 '독송용『천수경』'이 보조선의 사상사적 후손들에 의해서 편집되었을 것으로 나는 생각하는 것이다.

〔이상,「천수경에 나타난 한국불교의 전통성」(『석림』 제26집, 1992)을 개정함.〕

보조선에서 『천수경』까지

정혜결사와 백련결사

얼마 전에 백련사(白蓮寺)를 다녀왔다. 고려 후기 백련결사의 현장을 순례하는 일은 오랜 서원이었다. 도량 자체는 별다른 환희심을 주지 못했으나, 이 도량에서 살았던 원묘국사 요세(了世, 1163~1245)스님을 추억할 수 있었다. 누가 있어, 이 도량의 역사를 다시 되살릴 것인가? 백련결사는 영영 묻히고 마는 과거완료형(過去完了形)인가? 그래도 역사의 라이벌이었던 정혜결사는 새롭게 계승·전개하고자 하는 움직임들이 없지 않은데……. 이런 저런 생각으로 늦가을의 백련사는 더욱 쓸쓸했다.

요세스님의 행적을 적은 『요세비명』(崔滋 撰)에 보면, 보조스님의 시(詩) 한 편이 전해 온다.

파도가 심하면 달이 비치지 않으며
선실(禪室)이 깊으면 등불 더욱 밝으리.

그대, 마음그릇 잘 정돈하여
감로장(甘露漿)이 쏟아지지 않게 하소.

보조스님이 공산(지금의 팔공산) 회불갑(會佛岬, 거조사가 아닐까 한다)에 있을 때 요세스님에게 보내신 시다. 보조스님이 5세 연하인 요세스님을 얼마나 아꼈는지 짐작할 수 있다. 이 시를 받은 요세스님 역시 보조스님의 권유를 받아들여 함께 참선수행을 한다. 그러니까 요세스님은 거조사 시대의 정혜결사에 동참하였던 것이다. 그러다가 정혜결사를 남쪽으로 옮길 때, 공산을 떠나면서 서로 헤어지게 된다.

여기서 우리는 하나의 의문을 갖게 된다. 왜 요세스님은 끝까지 정혜결사에 동참하지 않았던 것일까? 왜 따로 백련결사를 행하게 되는가? 이 문제에 대해서는 일찍이 고익진(高翊晉)교수의 상세한 연구가 있다. 중생의 근기에 대한 판단이 달랐으며, 그 결과 제시되는 수행법이 달랐다는 것이다.

> 요세와 지눌의 사상적 입장의 차이에서 가장 근본적인 것은 중생의 근기에 대한 의식이었던 같다. 지눌의 선사상에 나타나는 근기는 최소한 '지해(知解)' 정도는 갖고 스스로 발심할 수 있는 의욕적인 인간이지만, 요세의 천태(天台) 사상에 전제된 근기는 '죄장심후(罪障深厚)'하여 자력(自力)으로는 도저히 해탈할 수 없는 나약한 범부중생인 것이다.(고익진,「원묘국사 요세의 백련결사」)

그 결과 정혜결사는 선을 중심으로 하는 결사로, 백련결사는 참회와 정토신앙을 중심으로 한 결사로 발전했다는 것이다.

이같은 언급은 일단 양 결사의 특징적인 면을 해석한 것으로 나름의 의미가 없는 것은 아니다. 상대적인 측면에서 보면, 백련결사보다 정혜결사가 그 대상자의 근기를 높이 잡고 있었다는 점도 수긍이 된다. 그러나 우리가 주의해야 할 것은, 정혜결사 역시 나름대로 하근기 중생을 위한 법문을 시설(施設)하고 있다는 점을 간과해서는 안 된다는 점이다.

염불, 하근기를 위한 수행법

보조스님은 말법사관(末法史觀)에 입각한 염불은 호되게 비판한다. '세상은 말세다. 염불이나 하다가 죽어서 좋은 데 가자'는 식의 염불을 가차 없이 비판하는 것이다. 그러한 소견은 올바른 불법이 아니라고 하면서. 다만, 그것뿐이다. 그러나, 그것만으로 보조스님의 염불비판을 전면적인 것으로 곡해해서는 아니 된다. 전적인 부정이 아니라는 말이다. 근기에 따라서는 정토왕생을 인정하고, 염불을 인정한다.

『염불요문』이란 책은 보조스님의 저서가 아니라는 주장도 있으니까 논외로 하자. 그렇더라도, 우리는 『정혜결사문』속에서 보조스님이 정토의 법문을 중생의 근기에 맞게 중층적

(重層的)으로 시설하고 있음을 보여준다. 이를 알기 쉽게 도표로 그리면 아래와 같다.

근 기	정토법문	비 고
최상승근기		필요하지 않다
상근기	법성(法性)정토설	세간에서 보살행 실천으로
중근기(悲願이 무거운 자)	유심(唯心)정토설	직심(直心)이 곧 정토다
중근기(분별심이 무거운 자)	정혜왕생(定慧往生)설	정혜를 닦으면 왕생할 수 있다
최하근기	송경염불(誦經念佛)설	삼매에 들기 위한 방편이다

위 도표를 통해서 보면, 보조스님은 하근기의 중생을 위해서는 "나무아미타불"의 염불을 허락하고 있었음을 알 수 있다. 하근기 중생이 수행해 갈 길을 마련해 놓고 있는 것이다. 이런 점에서, 원묘스님의 백련결사처럼 정혜결사 역시 하근기를 위한 염불문(念佛門)을 시설하고 있는 것이다.

실제로 정혜결사에 참여한 대중들 가운데는 스님들 외에도 많은 재가불자들이 있었다. 그들 중에 염불문 수행을 행한 대중들이 있었음이 보고된다. 최선(崔詵) 찬술의 『조계산수선사중창기』에 의하면, 성부(性富)라는 이름의 목수는 "불법을 듣고 신심을 내어 염불을 일삼았다"고 한다.

관음, 염불하는 법

성부와 같은 목수는 소리를 내어 '나무아미타불'이라 염불했을 것이다. 그같은 방법 역시 송경염불(誦經念佛)의 칭명(稱名)으로 생각되는데, 보조스님은 그러한 수행조차도 "마침내 유심삼매(唯心三昧)에 들기 위해서"라고 말한다. 그렇다면 극락 가게 해달라고 비는 염불이 아닌, 삼매에 들기 위한 염불은 도대체 어떻게 하는 것일까? 나는 『수심결』의 다음과 같은 대화에서, 그 해답을 얻는다.

"그대는 저 까마귀 우는 소리와 까치 지저귀는 소리를 듣는가?"
"예, 듣습니다."
"그대는 듣는 성품을 돌이켜 보아라. 거기에도 무슨 소리가 들리는가?"
"거기에 이르러서는 모든 소리와 모든 분별이 없습니다."
"기특하고 기특하다. 이것이 바로 소리를 관찰하여 진리에 들어가는·관세음보살이 진리에 들어가는 문〔觀音入理之門〕이다."

여기서 '관음'은 두 가지 의미로 볼 수 있겠다. 첫째는 '진리에 들어간다'는 뜻, 둘째는 '관세음보살'의 두 가지 해석이

가능하겠다.

저 『능엄경』에서 말하는 관세음보살의 이근원통(耳根圓通)을 감안한다면, "나무아미타불" 혹은 "관세음보살"이라 염송하는 것이라고 해서 반드시 의타적·타력적 신앙인 것은 아니게 된다. 그 염송의 소리를 들으면서, 듣는 성품을 되살펴 볼 수 있기 때문이다. 이는 "이뭣고?"를 하는 선(禪)과 다름없다. 이것이 염불선(念佛禪)이다.

여기 이 구절에서 보조선은 『천수경』과 만나게 된다. 『천수경』은 『법화경』적 구세주로서의 관음신앙을 요구하는 것이 아니기 때문이다. 보조선과 『천수경』은 상통(相通)하면서 상보(相補)할 수 있게 된다(또 자성문을 중심으로 한 상통성은 졸저, 『천수경의 비밀』에서 이미 밝힌 바 있다). 중상근기는 보조선으로, 하근기는 『천수경』으로 계서화(階序化)시킬 수 있다.

보조스님 당대의 '보조선 – 정토'의 관계를 '보조선 – 『천수경』의 관음신앙'으로 창조적 변용을 가하자는 것이 나의 생각이다. 내가 그토록 『천수경』을 좋아하고 역설(力說)하는 까닭도 여기에 있다. 『천수경』을 읽고 외울 때, 『보조전서』를 읽고 외우는 일이 된다.

십선계(十善戒)를 수지(受持)하는 까닭은

【 1 】

　우리가 사는 이 시대는 무거움이 사라진 시대입니다. 무거운 것은 이제 발붙일 데가 없어졌습니다. 이념이라든가, 이성이라든가 하는 것이 이제 별 효용이 없는 듯이 보입니다. 과거에 우리 삶을 지배했던 규범 같은 것도 이제 별 위력을 발휘하지 못하는 것 같습니다. 그런 것들은 무겁고 거추장스럽기만 한 옷과 같이 되었습니다. 누구나 이제 그런 거추장스런 옷을 벗어버리고 싶어 합니다.

　규범·도덕·이성·이념 등은 누구에게나 그들을 속박하는 그 무엇으로 대접받고 있습니다. 그 같은 기분은 어느 정도 이해됩니다. 전혀 무리한 반응은 아닙니다. 규범·도덕·이성·이념 등을 유교적인 용어로 표현하면, '이(理)'라고 합니다. 조선시대는 이러한 '이'가 지배적인 이데올로기로 작용했던 시대입니다. 그러한 시대에는 인간의 자연스런 감정은 억압되기 마련이었습니다.

　그러나 그 속에서도 점차 인간의 감정·정서 등이 서서히

숨을 쉬게 되었습니다. 역사는 그렇게 흘러온 것입니다. 이러한 감정·정서 등을 유교적인 용어로 표현하면 '기(氣)'라고 합니다.

 우리의 근대화 내지 민주화는 '이의 시대'에서 '기의 시대'로 변화된 것을 의미합니다. 오늘 우리의 시대는 '기의 시대'라고 할 수 있을 것입니다. 기의 만개(滿開), 그것은 거스를 수 없는 추세로 보입니다.

 이러한 경향은 서구 역시 마찬가집니다. 우리의 '이'에 해당하는 개념인 서구의 '이성'은 종언(終焉)을 고하고 말았습니다. 하나의 중심적인 생각은 이제 없습니다. 이러한 경향을 '해체(解體)'라고 합니다. 모든 것이 해체되고 말았습니다. 이른바 '포스트모더니즘'이라는 것도 이러한 사조를 반영하는 말입니다.

 그런데, 문제는 정말 오직 기(氣)만 있어도 되는가 하는 점입니다. 우리 모두 유기론자(唯氣論者)가 되어도 좋은가 하는 점입니다. 여러분, 어떻게 생각하십니까? '이(理)만 있었던 시대'가 낳은 수많은 부조리를 인정하는 바탕 위에서 우리는 '기(氣)의 소중함'을 인정해야 합니다. 그러나 이제는 또 어떻습니까? 혹시, 이제는 정반대로 '기(氣)만 있는 시대'가 낳는 수많은 오류를 겪고 보는 것은 아닐까요? 제가 구체적인 예를 들지 않더라도, 너무 중심이 없이 우리 모두 어딘가로 떠내려가는 것은 아닌가 하고 불안해하고 있습니다. 이른바, 가치관(價値觀)이 부재(不在)합니다. 있다면, "돈이 제일이다" 혹은 "권력이 제일이다"는 식의 속화(俗化)된 모토만 널리 유행하게 되었습니다.

이런 시대적 분위기, 또 사회적 분위기 속에서 "십선계를 수계(受戒)합시다" 같은 우리의 호소가 잘 먹혀들지 않으리라는 것 역시 당연할지도 모릅니다. 계율, 그것조차 '이(理)'의 한 형태로 받아들이고 마는 것이니까요. 그렇게 볼 수 있습니다. 그렇기에, 계율이라면 속박이라 여깁니다. 현대인은 아무런 속박도 없이 그저 자유롭게만 살고 싶습니다. 그런데 계율이라니? 그런 걸 받아서, 괜히 '긁어 부스럼'을 만들 필요가 어디 있는가 하는 것입니다. 이제, 그런 시대가 아닌 것입니다.

그러나 이제 이 시대를 살아가는 개인에게나 대중에게나 모두 '이적(理的)인 것'의 필요성이 다시 요청되고 있음을 자각해야 할 것입니다. 이와 기, 이성과 감정, 규범과 자유가 조화를 이루어야 할 것입니다. 그래서 저는 이기조화론(理氣調和論)을 주장하는 것입니다. 만해스님의 시에도 있는 것처럼, '속박 속에서 해탈'을 찾아야 하는 것입니다.

【 2 】

또 하나, 우리가 명심할 것은 계율이 속박이 아니라는 것입니다. 속박은 스스로의 의지와는 상관없이 우리를 구속할 때, 그것을 속박이라 부릅니다. 그러나, 수계(受戒) 즉, 계율을 받는다는 것은 우리에게 가해지는 외부의 속박을 인정하는 것이 아닙니다. 애시당초 계율은 외부로부터 주어지는 강제적 명령이 아닙니다. 부처님은 명령자(命令者)가 아닙니다. 그럼, 계율은 무엇일까요?

스스로의 다짐이며, 스스로의 약속이자, 스스로의 자각입니다. 실존적 자각입니다. 스스로 "이렇게 살지 않겠다"는 자기 약속이며, 스스로 "이렇게 살겠다"는 자기 다짐입니다. 이것이 수계의 의미입니다.

칸트는 그의 윤리적 원칙으로서 정언명법(定言命法)을 말합니다. 정언은 무조건의 뜻입니다. 그러나 불교의 계율은 칸트식의 정언명법이 아닙니다. 정언의 반대가 가언(假言)입니다. 가언은 조건부를 말하는 것입니다. "불자라면, 이러한 것은 지키라"는 말은 불자가 아니라면 지키지 않아도 된다는 것입니다. 정말 불교의 계율 중에는 그런 것도 많습니다. 예컨대, 스님들이 지키는 계율 중의 오신채(五辛菜)에 관한 것이 그에 해당합니다. 스님이 아니면 오신채를 먹어도 아무 문제가 되지 않습니다. 불교의 계율은, 이렇게 '조건부 약속'이라는 성격이 강합니다.

이제, 계율이 속박이 아님을 알 수 있을 것입니다. 새로운 삶을 향해 출발선에 선 사람들이 행하는 실존적 자각이 계일 뿐입니다. 계를 받는 일 그 자체가 곧 나름대로의 깨달음입니다. 우리는 이렇게 알아야 합니다. "십선계를 수계하자"고 청하고 권유하는 것도 우리 다함께 이 같은 실존적 자각을 갖자는 것입니다. 어제까지의 혼돈스런 삶을 참회하고, 새로운 삶을 살도록 하자는 것입니다. 보살로서의 새로운 삶을 향하여 출발하자는 것입니다. 그것을 발심(發心)이라 합니다.

【 3 】

아마, 여러분 중에 궁금하게 여기실 분이 계실 것입니다. "도대체, 십선계(十善戒)라니? 내가 수십 년 절에 다녔는데 아직 십선계라는 계는 금시초문인데……." 그렇습니다. 아직 생소한 계율인 것도 사실입니다. 그러나 그 생소함은 십선계 수계법회가 자주 없었다는 데서 기인하는 것일 뿐, 십선계의 유래가 옅어서는 아닙니다.

십선계는 매우 중요한 계이며, 매우 좋은 계율입니다. 자, 십선계에 대해서 하나하나 말씀드리겠습니다. 이를 통해서, 왜 우리가 십선계를 다시 부흥하고자 하는지 그 이유가 해명될 수 있을 것입니다.

첫째, 십선계의 계상(戒相, 계의 조목)은 가장 보편적인 내용입니다. 십선은 보편적인 규범입니다. 특수윤리가 아니라 보편윤리입니다. 십선의 내용 하나하나는 모두 누구나 지킬 수 있는 내용입니다. 그의 종교가 무엇이든지, 그의 직업이 무엇이든지, 그의 사회적 신분이 무엇이든지 상관없이, 인간이라면 누구나 지킬 수 있고 지켜야만 하는 규범입니다.

둘째, 십선계의 계상은 간략하므로 외우기 쉽습니다. 계율은 약속이라 했습니다. 스스로와의 약속이며, 부처님과의 약속입니다. 계상은 그 약속의 내용입니다. 그런데 계상이 많으면 계상을 다 외지 못하게 되고 약속의 내용을 알지 못하고서 하는 수계는 '형식'에 그치고 맙니다. 그래서 우리는 흔히 말합니다. "앉아서 받고 서서 깨더라도 공덕이 된다"고 말입니다. 그러나 그것은 의미가 없습니다. 계는 받는 데 의의가 있다기보다는 받고 나서 지키는 데 의미가 있는 것입니다. 그런데, 계약의 내용이 너무 많으면 우선 다 외지 못합니다. 여러분, 생각해 보십시오. 보험을 가입할 경우, 약관의 내용을 알지 못하고 가입한다면 어떻겠습니까?

셋째, 십선계는 중요한 신앙운동과 결부된 계율입니다. 미륵신앙에서도 십선계를 받습니다. 미륵의 이상세계인 용화세계는 십선의 실천을 통해서만 이루어지는 것이라 했습니다. 지장신앙에서도 십선계를 받습니다. 보현행을 설하는 『화엄경』에서도 지계바라밀을 설하는 제2지(=離垢地)의 법문은 바로 십선계입니다. 오계도 아니고 보살계도 아닌 십선계입니다.

그뿐 아닙니다. 우리가 펼치는 '『천수경』 신행운동' 역시 그 계율은 십선계입니다. 『천수경』의 계율관 역시 십선계이기 때문입니다.

『천수경』의 어떤 부분에서 십선계가 설해지고 있을까요?

바로 「십악참회」입니다. 십악의 참회는 곧 십선의 실천을 다짐하는 것에 다름 아니기 때문입니다. 십선계를 수지하고 실천하는 일, 그것은 바로 『천수경』의 가르침을 실천하는 일이 됩니다. 이렇게, 십선계는 『천수경』의 관음신앙에서 행해지는 것입니다. 이런 뜻에서 우리는 '『천수경』 신행운동'의 실천 프로그램의 하나로 '십선계 수계법회'를 갖는 것입니다.

【 4 】

이렇게 중차대한 위상을 차지하고 있는 계율이 바로 십선계입니다. 우리는 경전을 통해서 그 계상을 분명히 확인할 수 있습니다. 『수십선계경(受十善戒經)』같은 경전도 있지 않습니까? 그런데, 문제는 실제 십선계를 주고받고 했다는 기록이 보이지 않는다는 점입니다. 이건, 매우 잠정적인 말씀입니다. 제가 과문(寡聞)한 탓일지도 모르겠습니다만, 너무나 아쉬운 일이 아닐 수 없습니다.

그래서 이 '십선계의 수계'를 다시 부흥하고자 저희가 발원하는 것도 그 같은 아쉬움이 크기 때문입니다. 근래, 지장신앙을 하는 보성 대원사의 현장(玄藏)스님이나 미륵신앙을 하는 법주사, 봉은사 등의 큰 사찰에서 십선계를 수계하는 것을 보았습니다.

이제 화엄적 관음신앙(『천수경』적 관음신앙)을 하는 우리 백화도량(白華道場) 역시 이 '십선계 수계의 부흥'에 일조하고자 하는 것입니다.

  수계한 뒤, 우리는 종종 '십선계 포살법회'를 열 것입니다. 포살은 수계 받은 내용을 상기하는 의식입니다. 그 동안의 행동을 반성하는 것입니다. 계상을 들으며, 우리의 양심에 거리끼는 것이 있는가를 살피는 것입니다. 양심, 그것을 우리는 계체(戒體)라고 합니다.

  이 계체가 더욱 중요합니다. 양심이 더욱 중요하다는 것입니다. 그런데, 포살은 반드시 수계를 받은 사람들이 모여서 하는 의식입니다. 선수계후포살(先受戒後布薩)입니다. 그래서 수계를 하자는 것입니다.

  오계나 보살계를 받은 분은 다시 십선계를 받으시면 됩니다. 그런데, 여러분 중에 이미 십선계를 받으신 분도 계십니다. 그분들은 어떻게 해야 할까요? 이미 받으신 분도 다시 받으십시오. 저도 마찬가집니다. 예를 들면, 이미 결혼한 사람들도 남의 결혼식에 축하하러 가서 주례사를 들으면서 마음가짐을 다잡곤 합니다. 세월이 흐르면서 잊고 살았던 혹은 잃었던 자신의 결혼 당시의 첫 마음(初心)을 회복하곤 하는 것에 비유할 수 있겠습니다.

  여러분, 이미 계를 받으신 분이 다시 한 번 더 계를 받는 것은 그만큼 복이 있고 공덕이 있기 때문이 아닙니다. 물론, 복도 되고 공덕도 됩니다.

  그러나 그것은 부차적인 것입니다. 보다 본질적인 것은 처음 수계할 때의 마음, 즉 초발심을 회복하는 일입니다. 이렇게 우리는 거듭 거듭 수계하고, 거듭 거듭 발심해 가야 할 것입니다.

　십선계를 수계 받는 날, 그날은 우리의 새해 새날입니다. 우리의 새로운 삶이 다시 시작되는 날이기 때문입니다. 그 새출발을 부처님께서 실지실견(悉知悉見)하시고, 큰스님이 인도하시는 것입니다.

광덕스님의 『천수경』 이해
― 천수반야, 천수화엄 ―

인 연(因 緣)

　2000년 겨울 방학 때 두 번째 인도여행을 갔다. 그리고 그것은 우리 가족이 함께 온전히 부처님 성지를 순례하는 기도와 수행의 여정이 되었다. 2000년 1월 27일 목요일은 우리가 '쉬라바스티(기원정사)'를 참배한 날인데, 그 날의 일기장을 옮겨본다.

승원의 기단 터에 앉아서 상념들을 기록하는데 우리의 목탁소리, 염불소리가 들린다. 우리나라 순례단이 메인템플에서 법회를 보고 있다. 우리도 그 법회에 동참한다. 도피안사 보현도량의 송암스님이 인솔하는 순례단이다. 나중에 보니 김재영법사님도 함께 하시고 계셨다. 우리 어릴 적에, 지금부터 이십 수년 전 『룸비니에서 쿠시나가르까지』를 쓰시고, 청소년 포교를 개척하신 재가 어른들 중의 한 분이시다. "와 보지도 않고 책을 썼는데, 이제야 와보게 되었다"고 감회를 술회하신다. 함께 그 버스에 동승하여 '앙굴리마라의 스투파 터'와 '수닷타장자의 집터'를 다녀왔다. 보시를 즐기는 자의 집터답게 자그마하다. 우리네 지금 형편에 견주면 국민주택 규모라고나 할 수 있을까. 스스로 가난하게 산 여력으로 '고독한 이에게 무언인가를 공급해주시는 어른[給孤獨長者]'이 되셨던 것이다. 무주상보시 바라밀의 전범(典範)이신저!

메인템플에서 법회가 끝난 뒤, 송암스님과 반갑게 인사를 나누고 스님께 "여기에 한국 절이 세워집니다. 어제 스님께서 이사했답니다. 저희는 오후에 가볼 생각입니다만, 시간이 허락하시면 함께 가보시는 것이 어떨는지요?"라고 말씀드렸다. 나중에 버스에서 "시간상 가보기는 어렵지만, 여기 성지에 한국 절이 생긴다 합니다. 그것은 내 마음에도 바라는 바입니다. 십시일반으로 동참성금을 모아서 김호성 법사 인편으로 전달했으면 합니다"라는 권선(勸善)의 말씀을 동참대중에게 해주셨다. 얼마나 고마운 말씀인지! 여기에 호응한 보현도량의 보현행자들, 동참금을 모아주신다.

　사람의 정이 살아있는 한국불교의 참모습이 아닐 수 없었다. 그리고 그것이 곧 우리 불교의 희망으로 생각되었다. 이 날 점심, 우리 가족은 도피안사의 여러 보현행자들로부터 향적(香積)을 나누어 받았다. 참으로 감사한 일이 아닐 수 없었다. 뿐만 아니다. 헤어지면서 스님께서는 책을 한 권 주셨다. 『광덕스님 시봉일기(내일이면 늦으리)』를 우리는 그렇게 해서 만나게 된다. 며칠 뒤, 1월 31일 월요일의 일기를 다시 또 옮겨본다.

　　여름보다 너무나 충분한 여장이 짐이 되어서 허덕이다가, 불필요한 것들(겨울 내의, 보지 않는 책들)을 우편으로 보내려다가 '포장센터'를 찾지 못해서, 파트나의 G.P.O(우체국)에서는 보내지 못했다. 업의 무게는 스스로 짊어질 수밖에 없다. 그 짐 중에 몇 권의 책도 있었는데, 쉬라바스티에서 송암스님에게 받은 『광덕스님 시봉일기(내일이면 늦으리)』만이 유일하게 다 읽은 책이다. '고락푸르→하지푸르' 사이의 기차 속에서, 아들과 내가 서로 뺏고 뺏기면서 다투어 읽은 책이다. 은사스님을 생각하는 마음과 광덕스님의 자비, 부처님 법을 생각하는 호법의지에 눈물이 고였다. 큰스님께서 10년만 더 주세(住世)하셨더라면 한국불교는 더욱 달라질 것이련만……. 무엇보다 내 아들이 좋은 책을 읽게 되어서 송암스님께 감사하는 마음이다.

보드가야의 한국 절 고려사를 떠날 때, 나는 『광덕스님 시봉일기(내일이면 늦으리)』를 고려사의 객실(도미터리)에 놓아두었다. 그 책을 통해서 광덕 큰스님과 인연을 맺는 형제가 생기기를 기도하면서…….

송암스님께서 '광덕스님과의 인연담'을 주제로 글을 써달라고 내게까지 부촉(咐囑)하심은 저때의 인연을 기억하셨기 때문인지도 모르겠다. 나는 송암스님 덕분으로 다시 광덕 큰스님과 이렇게 인연을 맺고 있다. 법연(法緣)을 잇고 있다.

환희용약 (歡喜踊躍)

이미 나는 약속시간을 몇 차례 넘겼다. 그래서 애시당초 썼으면 하고 생각했던 것보다는 범위를 축소할 수밖에 없게 되었다. 『천수경』 이야기만 하기로 한다. 먼저 떠오르는 생각은 『천수경』의 우리말 번역과 관련해서이다.

지금의 나는 학교 연구실에서 칩거하고 있지만, 한때 『천수경』 신행운동을 열심히 펼친 일이 있다. 1991년 1년 동안 『법보신문』에 『천수경』 강의를 연재하였다. 그리고 1992년, 그 원고를 정리하여 『천수경이야기』(민족사)라는 책을 펴내게 된다. 내 첫 저서이다. 그런 뒤 내가 맞이한 숙제는 『천수경』의 우리말 옮김이었다. 이미 여기저기에서 우리말 번역

『천수경』을 만들고 직접 법회 현장에서 활용하고 있었다. 그런데, 기존에 나와 있는 우리말 번역은 중구난방이었다. 저마다 달랐다. 혼돈이라 밖에 할 수 없었다. 이들 기존의 번역들을 점검함으로써 나는 새로운 번역을 만들어 보려는 마음을 먹었다. 여기서 가장 문제가 되는 것이 운율의 문제였다. 한문 『천수경』의 한 구절 '계수관음대비주(稽首觀音大悲呪)'의 번역 사례를 들어보면 세 가지 유형이 가능했다.

① 자비로운 관음보살
② 관음보살 구세주께 머리숙여 절합니다.
③ 관음보살 대비주께 계수합니다.

대개의 경우를 살펴보면, ②의 경우가 많았다. 이른바 4음보(音步), 즉 4박자를 취하고 있었다. 과연 그것이 옳은가? 아무래도 문제가 있는 성싶었다. 나는 당시 이 문제를 해결하기 위하여 국문학에서 말하는 율격(律格)을 공부하였다. 여러 교수들의 글을 읽었는데, 결정적인 힌트는 조동일(趙東一) 교수의 다음과 같은 글에서 얻을 수 있었다.

> 4음보격의 변형은 3음보격의 변형만큼 활발하지도 않고 다채롭지도 않다. 그 이유는 몇 가지로 생각할 수 있다. 우선, 4음보격은 3음보보다 안정되어 있고 단조로울 뿐만 아니라, 변형을 위한 분단이나 중첩에서 묘미가 생기지 않

앉다. 〔……〕 현대시를 개척한 시인들이 4음보격 보다 3음
보격에 깊은 관심을 가졌던 것은 문학사의 커다란 흐름
속에서 이해할 수 있는 현상이다. 조선왕조를 건국한 사대
부는 고려시가의 지배적인 율격이었던 3음보를 거부하고
4음보격으로 된 시조와 가사를 확립함으로써 장중한 안정
감을 위주로 한 문학을 이루었고 이와 함께 성리학의 이
념을 토대로 한 교술적 문학사조가 수백년 동안 지배적인
위치를 차지하도록 했다. 〔……〕 현대시는 교술시이기를
거부하고 서정시로 일관하고, 성리학적 구속을 벗어나 감
정의 해방을 외쳤다.(조동일 : 156~157.)

한마디로 말하면 그 음악성에 있어서 4음보·4박자보다는 3음보·3박자를 취하는 것이 옳다는 이야기이다. 더욱이 4음보는 시조의 경우에서 보듯이 조선조의 지배이념인 성리학적 가치관을 전파하는 운율이었다고 한다면, 3음보는 불교가 융성하던 고려시대의 문학에서 활발히 취해졌던 것이다. 실제로 4음보를 기본적인 운율로 취하는 '우리말『천수경』'의 경우에는 독송시간도 오래 걸리고, 늘어져서 생동감이 떨어지는 것이 사실이다. 그래, 나는 이러한 입장을 조동일 교수의 글을 통해서 확정할 수 있었다. 그리고 그에 따라서 나름대로 '우리말『천수경』'을 만들었다.〔개정판→『해설이 있는 우리말 법요집』(민족사, 2000), 47~57쪽)〕

그런데, 그러고 나서 우연히 광덕스님 번역의 '우리말『천수경』'을 구해서 보게 되었는데, 이미 3음보를 취하고 있었다.

놀라운 일이 아닐 수 없다. 하긴, 음악과 문학에 있어서 탁월한 안목으로 수많은 업적을 남기신 큰스님이 아니던가. 일찍이 찾아보지 못하고 헤매고 다니면서 고뇌하면서, 우회한 것이다.

나는 이러한 사실을 논문 「천수경 한글화를 위한 과제」(『다보』 제10호)에서 밝힌 바 있다. 물론, 나의 번역과 광덕스님의 번역은 가장 중요한 운율의 문제에서 같은 입장을 취했기에 대동소이(大同小異)할 수밖에 없었다. 이제는 적어도 『천수경』의 경우에는 3음보를 중심으로 하는 '우리말 『천수경』'이 주류를 이루고 있는 것으로 평가된다. 이는 순전히 큰스님의 음악적, 문학적 혜안(慧眼)에 힘입은 바이다.

천수반야(千手般若)

광덕스님의 법문을 한 번이라도 들어본 사람이라면, 한 편의 글이라도 읽어본 사람이라면 누구나 쉽게 그 사상의 입각지를 이해할 수 있다. 또한 이는 스님의 사상을 말하는 여러 어른들의 글에서도 이구동성(異口同聲)인 바이다. 내가 여기서 다시 정리하면 다음과 같을 것이다.

    반야바라밀로 체(體)를 삼고 보현행원으로 용(用)을 삼는다.

보현행원으로 회향되기에 반야바라밀은 묘체(妙體)이고, 반야바라밀에 입각하고 있기에 보현행원은 묘용(妙用)이 될 수밖에 없다. 이는 일찍이 큰스님께서도 옮기신 바 있으며, 우리 조계종단의 전통이 의지하는 바『육조단경』의 혜능스님께서 따로이『금강경』을 설하실 때의 사상적 입각처이기도 했다.(물론, 혜능스님보다도 훨씬 더 활발한 묘용을 전개했다는 점에서 큰스님의 실천이 더욱 불교사 안에서 그 빛을 발하게 된다.)

따라서 큰스님의 평생에 걸친 실천운동(佛光運動)에 있어서 의지하는 바 텍스트 역시 반야바라밀을 밝혀주는『금강경』과 보현행원을 역설하는『보현행원품』이 그 대종(大宗)을 이루고 있음은 췌언을 요하지 않는다. 그럴진대, 지금 내가 이야기하려는 광덕사상 안에서의『천수경』의 위상·의미는 어디에서 찾을 수 있다는 말일까? 나는 궁극적으로 이 글을 통해서 이 문제에 대한 해답을 나름으로 제시해 보려는 것이다.

반야바라밀을 체로 삼고 보현행원을 용으로 삼는 일관된 사상체계를 갖고 있으며, 기본적 소의경전으로서『금강경』과『보현행원품』이 자리하고 있다. 이러한 두 텍스트를 더욱 육화(肉化)하여 펼쳐 놓은 언어가 각기『한마음헌장』과『보현행자의 서원』이다. 쉽게『천수경』의 위상을 파악하기 어려운 실정이라 아니할 수 없다.

그런데, 절망은 없다. 우리는 스님의 저술목록 중에 『천수관음경』 (불광출판부, 1982) 1권이 있다는 사실에서 희망을 볼 수 있기 때문이다. 『천수관음경』은 『천수경』과 『관음경』의 번역을 기본으로 하고 있는, 관음신앙의 교과서이다. 이 책의 「번역하는 말」은 다음과 같다.

> 『천수경』에 이르시기를 "천수다라니를 수지독송하는 그 사람은 광명장(光明藏)이며 자비장(慈悲藏)이며 내지 해탈장(解脫藏)이며 약왕장(藥王藏)이며 신통장(神通藏)이라" 말씀하셨습니다. 그러므로 이 다라니를 수지하는 사람은 일체 부처님께서 지혜광명으로 감싸 비추시니 그 사람은 백천삼매가 항상 현전하여 일체 장애가 미치지 못하고 일체중생을 구호할 대비위신력을 갖춘다 하셨습니다. 그것은 이 다라니가 평등심이며 무위심(無爲心)이며 무염착심(無染着心)이며 공관심(空觀心)이며 내지 무상보리심이기 때문입니다. 여기에서 우리는 우리나라 불자 수행의 첫걸음이 천수경으로부터 시작되는 이유를 알겠습니다. 우리는 마땅히 이 경에서 대자비심을 배우고 무상보리심을 배우며 보살도를 닦아 일체 중생을 구호하는 큰 지혜와 힘을 배워야 하겠습니다.

이 짧다면 짧은 문장 안에서 광덕스님은 스스로 『천수경』을 어떻게 보고 있는지 약여(躍如)하게 밝히고 있을 뿐만 아니라 그의 실천운동 안에 『천수경』을 정당하게 자리매김하면서 회통하고 있는 것이다. 그리고 거기에는 불교사상사 전체를 통하여 정맥(正脈)을 확인하는 큰스님의 투철한 안목이 펼쳐진다.

　이제 하나하나 짚어보기로 하자. 위의 인용은 두 문단이다. 그 문단 나누기 역시 무작위한 것이 아니다. 두 문단이 각기 다른 맥락, 다른 이야기를 하고 있음이다.

　첫째 문단은 『천수경』의 핵심·본질을 확인하는 말씀인데, 그와같이 『천수경』을 선양(close up)함으로써 『천수경』과 반야바라밀을 연결하고 있다.(두 경전 모두 주인공은 관세음보살이다.)

　『천수관음경』의 첫머리에 번역된 『천수경』은 우리가 조석으로 의식에서 독송하는 바 '독송용 『천수경』'(=천수 지송의 범)이 아니다. 그 모태(母胎)가 되는 '원본 『천수경』'(가범달마 역)을 옮기고 있는 것이다.

　우선, 큰스님이 지금 「번역하는 말」에서 이른바, "『천수경』에 이르시기를 ……"의 말씀이 과연 '원본 『천수경』' 안에서 어떤 맥락을 차지하고 있는지를 확인할 필요가 있다. 이를 위해서 요긴한 도움을 주는 것이 과목(科目) 나누기이다.

　나는 '원본 『천수경』'의 정종분(正宗分)을 다음과 같이 과분(科分)한 바 있다.

제 2 부 『천수경』과 관음신앙 115

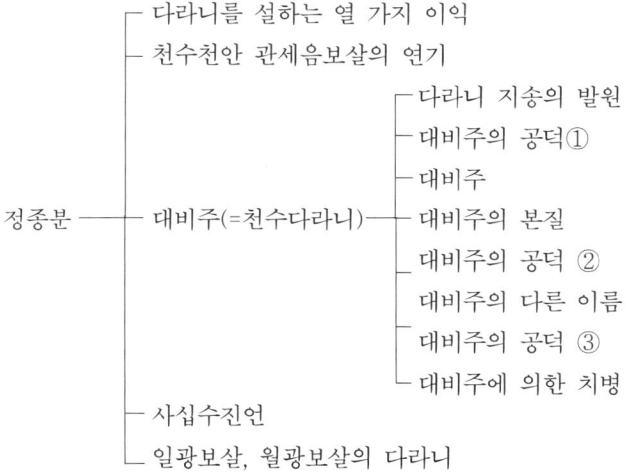

 이로써 우리는 '원본『천수경』' 전체의 흐름을 이해할 수 있게 된다. 물론, 『천수경』은 대비주(=천수다라니)를 설하는 경전이다. 그렇지만, 그러한 다라니 본문을 설하기 전에 여러 가지 이익을 말하고, 그럼으로써 독송을 요청한다. 공덕을 반복적으로 설하는 경전의 일반적 구조 역시 마찬가지다. 결과를 들어서 수행을 권하는〔擧果勸修〕형식이다. 그런데, 여기서 우리가 주목하고자 하는 바는, 광덕스님이 인용한 바 있는 내용이 어떤 맥락 속에서 설해지고 있는가, 또 그것이 어떤 의미를 갖는가 하는 점이다.
 첫째 단락은 또 두 부분으로 나누어진다. "천수경에 이르시기를 천수다라니를 수지독송하는 그 사람은 광명장(光明

藏)이며 자비장(慈悲藏)이며 내지 해탈장(解脫藏)이며 약왕장(藥王藏)이며 신통장(神通藏)이라 말씀하셨습니다. 〔……〕"라는 부분은 '대비주의 공덕②'에서 설해진 내용이다. 어찌하여 이러한 큰 공덕을 얻는가? 이러한 물음에 대한 『천수경』 자체의 대답은, 스님이 인용한 바, "그것은 이 다라니가 평등심이며 무위심(無爲心)이며 무염착심(無染着心)이며 공관심(空觀心)이며 내지 무상보리심이기 때문"이라고 말한다. 이 내용은 전체의 과목에서 보면, '대비주의 본질'에 해당한다. 이들은 모두 대비주를 설한 뒤에, 그 대비주에 대하여 해석한 부분이라 할 수 있다.

  광덕스님이 이러한 경증(經證)을 통하여 말하고 싶어 한 것은 무엇일까? "천수다라니의 본모습이 '나모라 다나다라……'운운이 아니라"는 이야기를 하고 싶은 것으로 나는 파악한다. 저 『반야심경』을 예로 들어보자. 광덕스님의 독창적 프로그램, 일찍이 부처님께서 설하셨지만 아무도 그것을 프로그램화하지 못했던 수행법이 바로 '마하반야바라밀 염송'인데, 마하반야바라밀이 무엇인가를 생각해 보자. 『반야심경』에서는 "반야바라밀다가 크게 신령한 주문이며, 크게 밝은 주문이고, 위없이 높은 주문이고, 가히 견줄 바 없는 주문임을 알라"고 말하고 있다. 그런데, 그러한 주문이 무엇인가? 우리는 '아제 아제 바라아제 바라승아제 모지 사바하'라고 하는 '반야바라밀다주'를 그러한 대신주(大神呪)·대명주(大明呪)·무상주

(無上呪)·무등등주(無等等呪)라고 알아서는 안 된다. 반야바라밀은 그것이 아니다. 반야바라밀은 "오온이 모두 공함을 비추어보는〔照見五蘊皆空〕" 지혜 그 자체이다. 그리고 그것은 언어 이전이다. 그런 의미에서 "아제 아제 바라아제 바라승아제 모지 사바하"는 사족(蛇足)일 수도 있음이다. 그런 까닭에 광덕스님은 "아제 아제 바라아제 바라승아제 모지 사바하"가 아니라 "마하반야바라밀"을 염송하라고 일렀던 것이다.

마찬가지 논리이다. '대비주(=천수다라니)'는 "나모라 다나다라〔……〕"이기도 하지만, 동시에 "나모라 다나다라〔……〕"가 아니다. 이것을 말하기 위해서 '원본 『천수경』'에서는 『반야심경』과는 순서가 틀리지만, 언어문자에 의한 대비주를 설한 뒤에 바로 다시 "무엇이 대비주인가?"를 묻고 있다. 그리고 그 답은 언어문자가 아니라고 말한다. 광덕스님이 축약하여 옮긴 그 부분을 내가 온전히 번역하면, 다음과 같이 된다.

> 크게 자비로운 마음이 이것이며, 평등한 마음이 이것이고, 함이 없는 마음이 이것이며, 염착(染着)이 없는 마음이 이것이고, 공(空)이라 관찰하는 마음이 이것이며, 공경하는 마음이 이것이고, 낮추는 마음이 이것이며, 어지럽지 않는 마음이 이것이고, 집착하지 않는 마음이 이것이며, 위없는 보리의 마음이 이것이다. 마땅히 이와 같은 마음들이 곧 다라니의 본질〔相貌〕임을 알아야 할 것이다.〔대정장 20, 108쪽〕

이렇게 대비주(=천수다라니)를 언어문자가 아니라 그것 이전에 있는, 그것 너머에 있는 우리의 본래 청정한 마음으로 보게 될 때 다라니는 이미 다라니가 아니게 된다. 천수다라니를 지송하는 일은 "나모라 다나 다라 〔……〕" 이전에 있는 일이 된다. 그리고 그것을 염송하는 일은, 그것은 참구하는 일은 반야바라밀이 되고 선(禪)이 된다.〔「밀교 다라니의 기능에 대한 고찰」, 『인도철학』 제6집, 193쪽 참조.〕

이제 불광운동에 있어서 『천수경』을 지송하는 일은 곧 반야경을 지송하는 일과 다름이 아니고, 대비주 지송은 곧 마하반야바라밀과 다름이 아니게 된다. 비록 현실적으로 후자가 더욱 긴요한 방편이긴 하였으나, 전자를 아우르고 있다는 데에서 원융가풍(圓融家風)을 우리는 확인하게 된다. 광덕스님은 이렇게 말씀하신 바 있다.

> 이 반야바라밀 한 법에 도달하지 않으면 잘못됩니다. 이제까지 우리는 관세음보살도 염하고, 지장보살도 염하고, 아미타불도 염했습니다만, 관세음보살을 염하다 보면 지장보살에게 소홀한 것같고, 지장보살을 염하다보면 아미타불에게 소홀한 것같이 느끼고 했습니다. 이런 느낌이 나는 것은 법(法)이 일체제불의 근본이라는 생각이 없어서 그런 것입니다. 반야바라밀이 근본불이요, 세존인 것입니다.〔김재영, 『광덕스님의 생애와 불광운동』, 개정판, 140쪽〕

사실 이러한 원융의 가르침과 실천법은 이미 경전 자체가 증거하고 있는 바이지만 오래도록 몰각(沒却)되어 왔다. 그러한 허물은 교판(敎判)적 사고로부터 기인하는 바 컸음을 확인하게 된다. 다시 말하면, 그 같은 오류는 대장경의 분류체계 속에서 우리가 갇혀있기 때문에 발생하는 바 적지 않다는 것이다. 대장경의 분류 체계 속에서 『천수경』은 어디에 위치하고 있는가? 다라니를 설하는 것이 목적인 경전이므로 밀교부(密敎部) 속에 존재하게 된다. 그러한 현실적 작업을 우리는 이해할 수도 있다. 그러나 밀교 그 자체 안에서 다시 세부적으로 잡밀(雜密)과 순밀(純密)로 나누게 될 때, 『천수경』은 자신의 호적을 잡밀 속에 두게 된다. 잡밀, 잡다한 모든 것을 다 빨아들이는 '블랙 홀'처럼 이것저것 다 받아들이는 밀교! 『천수경』은 오랫동안 이렇게 평가받아 왔다. 그래서 누구는 『천수경』을 기복(祈福)이라 폄칭(貶稱)하기도 했고, 누구는 『천수경』을 "읽지 말라" 감히 말하기도 했다. 나는 이러한 잘못된 평가가 억울했다. 그것은 우리 불교의 생명을 죽이는 일에 다름 아니라 판단되었기 때문이다. 설사, 독송하는 사람이 잘못 할 수도 있지만 그 본질은 그것이 아니다. 그것이 아닌 본질을 살려내는 일이 중요한 것 아닐까. 그러한 불교사상사의 평가를 올바로 바로 잡은 어른이 광덕큰스님이시다. 가히 명안종사(明眼宗師)일진저!

선밀겸수(禪密兼修)

　논술의 순서로는「번역하는 말」의 두 번째 단락이 갖고 있는 함의(含意)를 논해야 마땅하다. 그러나 나는 여기서 그 이전에 앞에서 말한 바 있는 천수반야, 즉 반야바라밀로서의 대비주 염송에 대한 사적 실제를 들어보고자 한다. 왜냐하면 다음과 같이 우리는 광덕스님 스스로 천수다라니를 지송했음을 알고 있기 때문이다. 한탑스님의 증언이다.

>　그분이 폐결핵을 앓으실 때 천수다라니를 하루에 4천독을 했습니다. 천수다라니를 하루에 천 독하기도 어렵습니다. 천수다라니 4천 독이라고 한다면, 이것도 기네스북에 오를 일입니다. 천수다라니를 외시게 된 동기는 물론 당신의 병을 고치겠다는 원력도 있습니다만, 한편으로는 그 어른의 할아버지뻘 되시는 백용성 큰스님께서 파주 보광사 위에 있는 도솔암에서 천수다라니를 독송하시다가 견성을 하셨어요. 그래서 그 맥을 이으시려는 뜻도 포함되어 있습니다."〔김재영, 앞의 책, 92쪽〕

　여기서 우리가 주목해야 할 바는 적지 않다. 첫째, 천수다라니를 통하여 치병하려고 했다 하는데, 이는 '원본『천수경』' 자체에서 설하는 공덕론에 의지해서 보더라도 가능한 일이지만, 기도가 '부처님 생명 무량공덕생명'을 드러내는 일임을 생각하면 더할 나위 없이 쉽게 납득할 수 있는 일이 된다. 불광법회에서 증명된 여러 치병이나 기도영험에 대한 상세한 실례는 여기서 재론할 필요가 없을 것이다. 『산이 다하고 물이 다한 곳에』(불광출판부)를 참조하면 될 것이다.

둘째, 천수다라니를 하루에 4천독 하는 일이 어떻게 해서 가능할까? 송암스님에 의하면, 광덕스님은 『금강경』 한 번을 읽으시는데 "불과 10분이 안 되어 끝났다"〔송암, 『광덕스님 시봉일기2(징검다리)』, 2002, 155쪽〕고 한다. "웅~ 하는 것 같은 소리는 들리는데 내용은 전혀 파악되지 않았다. 그 당시 내가 이해하기로는 아마도 삼매력으로 경을 읽는 것 같았다"〔같은 쪽〕고도 전한다. 실제 위에서 우리가 살펴 본 바, 천수다라니의 핵심이 언어문자에 있는 것이 아닌 이상 언어문자를 읽는 것이 아니라 언어문자 이전의 그 자리를 읽는 것이라고 한다면 그 자체가 삼매 아님이 없을 것이다. 물론, 처음에는 입으로 소리를 내는 것이겠으나 마침내 마음으로 그 실상자리를 염하게 되면 이미 거기에는 '웅~' 이상의 다른 언어가 나올 수 없게 된다. 다른 언어가 있게 되면, 그것은 알음알이〔知解〕일 수 있는 것이다. '웅~' 이외에는 아무 것도 없을 수밖에 없게 된다. 그것이 삼매다. 어찌 선이 아니겠는가. 이렇게 『천수경』을 여법(如法)하게 지송하는 그 사람은 "선정장(禪定藏)임을 알라. 모든 삼매가 언제나 현전하기 때문이다"〔대정장 20, 109쪽〕라고 '원본 『천수경』'은 명백히 말씀하고 있는 것이다.

셋째, 여기서 다시 우리는 한탑스님이 말한 바, 광덕스님의 천수다라니 지송이 용성스님의 가풍을 잇고 있다는 점을 살펴볼 필요가 있다. 앞의 둘째에서 이야기한 바와 아울러서 '선과 밀교가 둘이 아님'의 원융가풍을 재확인할 수 있게 될 것이다. 만해(萬海)가 찬술한 「용성대선사사리탑비명」에 의하면, 용성 스님의 천수다라니 지송에 대하여 다음과 같이 소개되어 있다.

> 19세에 가야산 해인사에 들어가서 화월(華月)화상을 의지, 낙발(落髮)한 뒤에 의성 고운사의 수월장로(水月長老)를 참방하였다. 여쭈어 가로되, "죽고 사는 일과 사대는 무상하여 신속하니, 어떻게 해야 견성할 수 있을지 의심되옵니다." 장로가 가로되, "세상이 상법(像法) 내지 말법(末法)에 속하여 법은 멀고 근기는 둔하므로 뛰어넘어서 바로 들어가기는 어렵다. 먼저 「대비주」를 외워서 업장이 스스로 소제되면 마음 빛이 몰록 발해지리라" 하였다. 스님(용성……인용자)이 이를 믿어서 스스로 「대비주」를 외우되, 입으로는 소리를 내면서 외우고 마음으로는 묵념하다가, 뒤에 양주 보광사 도솔암에 이르러 더욱더 용맹정진을 더하였다. 어느 날 "삼라만상이 모두 본원(本源)이 있는 나의 이 견문각지는 어느 곳에서 나는 것일까?" 의심하여 의심하기를 열이틀이 되었다. 그러다가 일념을 깨닫기를 통밑이 빠지는 것과 같았다.

이렇게 하여 용성스님은 '제1차의 깨달음'을 얻게 된다. 그런데, 그러한 깨달음을 위해서 긴요한 수행법이 되었던 것은 천수다라니 지송이었다. 천수다라니 지송 사실을 중심으로 용성스님과 광덕스님의 입장을 비교해 보면 다시 몇 가지 사실로 정리될 수 있다.

첫째, 선수행을 본격적으로 행하기 전에 천수다라니 지송을 한 것으로 평가된다. 물론 두 분 다 본격적인 깨침의 계기가 된 것은 참선 수행으로 보아야 할 것이다. 그러나 그 과정에서 깨침의 장애가 될 업장소제에 천수다라니 지송을 먼저 했다고 하는 점이 적지 않은 도움이 되었음은 두말 할 나위없을 것이다.

둘째, 그렇다고 해서 수월스님이 말한 것처럼, 광덕스님이 말법이니까 다라니를 하자는 태도를 용납했다고 보기는 어렵다. 그런 증거는 어디에도 보이지 않는다. 오히려 그 반대라 할 것이다. 광덕사상에서 볼 때, "언제나 정법이며 언제나 불국토"(常時正法 常時佛國)인 것이지 결코 '말법 운운'은 존재할 수 없는 것이다. 언제나 마하반야바라밀 아니던가. 이렇게 정리해 두고서, 다시 우리는 광덕사상의 실천수행론 중에서 선과 밀교, 화두와 염송이 어떻게 그 관계가 정립될 수 있는지를 살펴보기로 하자. 송암스님이 전하는 법어를 들어본다. 한 납자의 '화두 바꾸기'에 대한 지도 속에서 이렇게 말씀하신다.

천칠백 공안이 있다고 하지만 문구마다 해석을 하려고 하고 분별을 하려고 하면 도는 십만 팔천리나 멀리 도망가려고 하는 거야. 자네가 가지고 있는 도의 그릇에 도를 통째로 들이붓는 것이 화두야. 화두는 이론이나 상황, 방법을 뛰어넘은 한계 밖의 소식인 거야. 그렇기 때문에 화두를 대하매 내가 지금까지 얻어들어서 쌓아놓았던 지식과 알음알이의 철갑 옷을 철저히 벗어 던지고, 내 몸 안에 망념의 독소를 내포한 세포 하나하나까지 몰살시켜서 없어질 때, 화두는 진정한 나와 하나 되어 주체적으로 파악이 되는 거야. 그렇게 되면 눈을 들어 보이는 것, 귀를 열어 들리는 것 모두가 화두 아닌 것이 하나도 없는 거야.〔송암, 앞의 책, 2001, 520쪽.〕

이렇게 본분종사로서 명명백백 일러주고 있다. 그러나, 광덕스님의 삶은 육조스님의 그것과 다르다. 앞서, 내가 사상의 맥으로 볼 때 그 체용(體用)을 같이한다고 지적하였으나 그 실천에 있어서는 다르다고 하였다. (용성스님과의 거리는 많이 좁혀졌다고 보아야 할 것이다.) 그 다름의 원천은 선방에서 납자를 제접하는 것으로 시종한 선사의 삶을 선택한 것이 아니라는 점에서도 있다. 그러나 다음과 같이 '오직 화두'만을 말하고 있지 않는 데에는 그 이상의 이유가 있음이 틀림없으리라. 위에서 인용한 바, 말씀에 이어지는 말씀이다.

그러나 화두를 받아서 제대로 공부가 되지 않는 사람을

위해서, 혹은 여건상 선방에 가지 못하는 대부분의 대중들에게 나는 '마하반야바라밀'을 염하라고 하고 있어. 어쩌면 평생 화두를 붙잡고 씨름하다가 세월만 보내는 것보다는 좀더 쉬운 방법일지도 몰라. '마하반야바라밀'을 일심으로 염해서 지혜를 깨달아서 보살행에 이르게 하는 길 말일세.〔상동〕

여기서 우리는 주의해야 한다. 광덕스님의 실천수행론에 있어서 선과 밀교, 화두와 염송은 그 원리상 다를 바가 없다. 그러한 사실은 이미 우리가 확인한 바이다. 양자를 회통(會通)하고 있다. 그러나 그 회통의 전략은 여느 경우와는 다른 것으로 판단된다. 흔히 선을 주로 하면서 밀교를 종으로 하는, 화두를 주로 염송을 종으로 하는 것하고는 다르다. 먼저, 화두에 대해서 말한 것은 '화두바꾸기'를 고뇌하면서 물어온 납자에 대한 대기설법(對機說法)일 뿐이다. 오히려, 광덕스님의 악센트는 후자에 있다. '마하반야바라밀' 염송을 더 권유하고 있는 것이다. '여건상 선방에 가지 못하는 대부분의 대중'들을 주된 청법대상으로 삼아서 법을 설하고 있다는 점에서도 한 이유가 있을 것이지만, 보다 더 큰 이유는 '보살행에 이르게 하는 길'에는 화두보다 염송이 더욱 용이하다고 보기 때문이 아닌가 한다. 보현행원과의 만남을 위해서는 화두 보다는 염송이 더욱 수월하다고 보신 것으로 나는 평가하는 바이다.

자, 이제 우리가 확인할 바는 이러한 논리구조에 있어서 '마하반야바라밀' 염송 자리에 '천수다라니'를 대체할 수 있는가 하는 점이다. 논리적으로는 가능한 것으로 생각하신 것 아닐까 생각되지만, 실제적으로 '마하반야바라밀' 염송을 더욱 역설한 것으로 보아서 그 효과면에서 천수다라니 보다는 마하바야바라밀을 더욱 선호하신 것으로 평가된다. 그러나 그렇다고 해서 내가 섭섭할 것은 아니다. 나 같은 천수행자(千手行者)에게 고마운 것은, 큰스님이 『천수경』에 의지하여 전개되어온 한국불교의 전통성을 존중하고 있다는 사실이며, 현금 한국불교의 수행과 의례 등에 있어서 『천수경』이 갖고 있는 중요성을 있는 그대로 긍정하고 드높여 주고 있다는 점이다. 어차피, 수행이야 제각각 그 근기에 따라서 법문을 달리할 수 있는 것 아니던가.

천수화엄(千手華嚴)

이제 우리는 다시 『천수관음경』의 「번역하는 말」 둘째 단락에 나타난 광덕스님의 『천수경』 이해를 확인할 차례이다. 먼저 그 부분을 다시 읽어본다.

> 여기에서 우리는 우리나라 불자 수행의 첫걸음이 천수경으로부터 시작되는 이유를 알겠습니다. 우리는 마땅히 이

경에서 대자비심을 배우고 무상 보리심(無上菩提心)을 배우며 보살도를 닦아 일체 중생을 구호하는 큰 지혜와 힘을 배워야 하겠습니다.'

앞의 첫 단락이 『천수경』과 『반야경』을 이어주는 안목이라고 한다면, 이 단락은 『천수경』과 『보현행원품』을 이어주는 안목이라 할 수 있을 것이다. 이러한 말씀은 참으로 놀라운 선언이 아닐 수 없다. 지금까지 사람들은 '관세음보살' 기도를 하면, 관세음보살에게 무엇인가를 해달라고 요구하는 것으로 이해하고 있다. 『천수경』에서도 관세음보살이 등장하니까, 『천수경』 역시 그런 경전으로 알고 있을 뿐이다. 만약 그렇다면, 우리가 『천수경』을 읽고 공부하는 것이 하등 대승적인 보살행의 실천과는 무관한 일이 되고 말 것이다. 이는 우리가 부처님을 위해서, 관세음보살님을 위해서, 그리고 『천수경』을 위해서 슬퍼해야 할 일이다. 그런데, 광덕스님의 이 짧은 말씀은 바로 『천수경』을 통하여 우리가 배워야 할 것이 관세음보살님의 자비와 그 실천임을 가르쳐 주고 있는 것이다. 그리고 그것은, "보살도를 닦아 일체중생을 구호하는" 일이 곧 보현행원임을 쉽게 짐작 가능케 하는 것이다. 나는 사실 『천수경』을 통하여, 이 점을 드러내고 싶었다. 그래서 내가 여기저기 다니면서 『천수경』을 강의하던 시절, 꼭 『천수경』을 강의하면서 의상(義相)스님 저술로 알려진 『백화도량발원문』을 같이 이야기했던 까닭이다.

과문한 탓인지 모르겠으나, 아직까지 나는 광덕스님의 저술에서 『백화도량발원문』에 대한 언급을 들은 바는 없다. 그러나, 나는 광덕스님의 『천수경』 이해가 화엄적이라는 점에서 의상스님을 떠올리게 된다. 일찍이 해동화엄(海東華嚴)의 초조 의상스님은 『백화도량발원문』을 지은 것으로 전한다. 그것은, 실로 내가 그렇게 활용하였거니와, 『천수경』 신행의 발원문, '천수행자의 서원'이라 할 수 있으리라. 이제 그 내용 중에서 『천수경』과 관련한 맥락만을 읽어보기로 한다.〔전문은 『천수경의 비밀』, 195~196쪽 참조.〕

오직 원하옵나니
세세생생 관세음보살님을 염하며
스승으로 모시겠습니다.
관세음보살이 아미타부처님을 정대(頂戴) 하는 것과 같이(①)
제자 역시 관세음보살님을 정대하여
십원육향(十願六向), 천수천안과 대자대비는
관세음보살님과 같아지며
몸을 버리는 이 세상과 새몸 얻는 저 세상에서
머무는 곳곳마다
그림자가 물체를 따르듯이 언제나 설법하심을
듣고 교화를 돕겠습니다.(②)
널리 온 누리의 모든 이웃들에게
대비주를 외게 하고
관세음보살님을 염송케 하여
다 함께 원통삼매에 들게 하소서.(③)

괄호 안의 원(圓)문자는 설명의 편의를 위하여 내가 임의대로 붙인 것이다. 이 『백화도량발원문』이 『천수경』과 직접적으로 관련되는 발원문임은 ②와 ③을 통해서 충분히 알 수 있게 된다. ②에서 '십원육향, 천수천안', ③에서 '대비주'는 바로 『천수경』을 그 출전으로 갖고 있기 때문이다. 그런데, 우리의 맥락에서 주목해야 할 바는 ②이다. 다시 ②는 '같아지며' 이전과 그 이후 '돕겠습니다' 이전까지의 두 부분으로 나누어서 살펴볼 수 있다. 전자는 "우리도 관세음보살님처럼 되겠다"는 발원이며, 후자는 "우리는 이제 관세음보살님을 돕겠다"는 발원이다. 이들은 모두 『화엄경』적 관음신앙을 표방하는 것이다. 전자의 부분은 ①과도 맥락이 연결된다. "관세음보살은 누구인가?"라는 질문에 이 부분은 "우리의 스승이다."라고 답하는 것이다.

스승과 제자의 관계는 구제자와 피구제자의 관계와는 다르다. 스승과 제자의 관계는 제자가 자라서 마침내 스승을 뛰어넘고 스승이 되는 관계이다. 결코 영원히 합동(合同)할 수 없는 관계가 아닌 것이다. 『화엄경』 입법계품의 관세음보살과 선재동자 사이의 관계는 스승과 제자의 관계이다. 선재가 묻고, 관세음보살이 답하기 때문이다. 묻는 자는 제자이고, 답하는 자가 스승이다. 선재는 마침내 물음으로써 스승이 된다. 관세음보살이 된다.

스승이 된 제자가 할 일은 무엇일까? 바로 스승의 일을 돕는 것이다. 스승의 유업을 잇는 것이 스승을 돕는 일이 된다.

어차피 스승은 그 원력을 다 성취한 것은 아니기 때문이다. 아! 그러기에 중생계는 너무나 넓은 것이다. 이제 스승을 도와야 한다. 『백화도량발원문』은 그러한 '스승 돕기, 관세음보살 돕기' 운동을 천명하고 있는 발원문이다. ②에서 "교화를 돕겠습니다"라고 서원하는 것이다. "관세음보살을 돕다니?" 지금까지 우리는 관세음보살님께 무엇인가를 구하기만 해왔는데, 이제는 우리가 관세음보살을 돕겠다고 서원하는 것이다. 어떻게? 관세음보살의 일을 도와야 할 터인데, 그분의 일은 무엇인가? 바로 "자비행〔大悲行門〕"이라고 『화엄경』에서 관세음보살은 말씀하시고 계신다. 그렇다면, 관세음보살님의 자비행을 우리가 함께 해야 하는 것이다. 그것은 관음행(觀音行)이자, 보현행(普賢行)이다. 그리하여 의상스님은 해동화엄 초조로서 화엄사상가이지만 『천수경』 신앙을 역설하고 있으며(『투사례』에서도 의상스님은 천수관음신앙을 말하고 있으므로 의상스님이 천수행자임은 부인할 수 없다.), 관음보살을 노래하고 있는 것이다.

　이렇게 『천수경』과 『화엄경』을, 관세음보살과 보현보살을 멋들어지게 하나로 아우른 것은 의상스님 이후에, 저 『백화도량발원문』에 주석을 쓴 고려시대의 체원(體元)스님 같은 분이 없었던 것은 아니지만, 우리 현대불교사에 이르러서는 광덕스님이 자리하고 있는 것이다. 천수화엄의 계보는 끊어졌다 이어졌다 하지만 '의상→체원→광덕'의 계보를 그릴 수 있게 하였음에 실로 감사하지 않을 수 없고, 찬탄하지 않을 수 없는 일이다. 그리고 그것은 우리 불교의 내일을 열 출발점이라, 나는 믿는다. 내가 애써 『백화도량발원문』에 시민권(市民權)을 찾아주고자 하였던 것도, 대학교수의 직(職)을 담당하라는 부처님의 '보직변경' 명령 이전에 '백화도량'을 설립, 운영하였던 것도 이 같은 뜻이 있었기 때문이었다.

참 회(懺 悔)

교수로서, 학자로서 나의 모든 연구업적은 "한국학술진흥재단"에 학술정보로서 등재되어 있다. 그러나 거기에 등재되지 못한 글이 몇 편 있다. 그 중에 하나가 『어린이 천수경』(불광출판부, 1994)이다. 비록 학술진흥재단에 등재된 학술저작은 아니지만, 불교학자 이전에 불자이고, 교수 이전에 한 사람의 천수행자일 수밖에 없는 나로서는 남몰래 뿌듯해 하는 책이다.

이 책을 불광출판부에서 펴내게 된 데에는 남동화 보살의 도움이 없지 않았으나, '광덕스님의 『천수경』 이해'를 이해하지 못하고서야 어찌 가능한 일이었으랴. 뿐만 아니다. 나는 불광교육원에서, 이른바 '명교사 교육', '바라밀교육', 또 법륜부 교육 등을 통하여 여러 번 『천수경』 강의를 하였다. 그때가 다 전임교수로 '보직변경' 받기 전의 천수행자(千手行者) 시절이고 『천수경』 법사 시절의 일이었다. 한번은 큰스님께

인사를 드린 적이 있었다. 그때의 모습은, 이미 송암스님이 묘사한 그대로였다.

> 스님이 쪼그리고 앉아있는 모습은 마치 한 마리 학과 같다. 등은 굽고 몸은 야위었고 눈은 빛나고 얼굴은 밝고 목은 유난히 길다. 불편한 온 몸을 동그랗게 구부리고 앉으면 두 무릎은 어깨를 넘었다.(송암, 앞의 책, 2001, 468쪽)

삼배를 드리니까, 마치 학처럼 쪼그리고 앉은 그 모습으로 조용히 몇 마디 말씀을 주셨다. 송구스럽게도, 나는 그 말씀의 내용을 여기서 직접화법으로 옮기지 못한다. 『천수경』이 갖는 위상을 조용히 일러주신 것으로 느껴질 뿐이다. 다만 이 글이 내가 지금 온전히 기억하지 못하는 큰스님의 말씀에 대한 나의 해석·여시아문(如是我聞)이라 할 수 있을 것이다. 과연 잘 들었는지, 잘 못 들었는지? 큰스님으로부터 어떤 염려를 들을지는 알 수 없다.

그런데, 그것보다 더 송구스럽고 부끄러운 일은, 그래서 더욱 나 스스로 슬픈 일은 따로 있다. 대학에 들어온 뒤에도, 불광사를 비롯하여 여러 신행단체나 사찰에서 "『천수경』 강의 좀 해주세요"라는 전화가 걸려온다. 그때마다 나는 이런저런 이유로 "못 해드립니다"라고 대답하고 있다. 아, 내 죄가 크다.

『천수경』과 현재의 한국밀교
— 회당(悔堂)사상과의 비교 —

문제의 제기

오늘날에도 '독송용 『천수경』'은 여전히 우리 불교문화의 저변을 차지하고 있다. 상층부에서는 선이나 화엄을 운위하고 있지만 하층부에서는 '독송용『천수경』'과 같은 하나의 독송용 의식경전〔儀軌〕이 자리하고 있는 것이다.

새벽의 산사를 일깨우고 잠든 우리의 불성을 일으키는 도량석 때 '독송용『천수경』'을 외운다. 매일 사시(巳時)에 올리는 불공(佛供) 역시 '독송용『천수경』'으로부터 시작한다. 재(齋) 의식 중 가장 보편적인 관음시식에서도 신묘장구대다라니는 독송된다.

망자를 위한 시다림(尸多林)에서도 '독송용『천수경』'을 독송한다. 뿐만 아니라 현재 전통적인 불교문화 유산의 하나로서 전승되고 있는 범패·바라춤·나비춤은 모두 신묘장구대다라니를 노래하며 춤추고 있는 것이다.

그런데, 『천수경』은 불교사상사의 분류 기준에 의하면 어디에 소속되는 것일까? 일단 기본적으로 밀교부 경전이라고 할 수 있다.

현존 '독송용 『천수경』'의 모본이 되는 '원본 『천수경』', 즉 『천수천안관자재보살광대원만무애대비심대다라니경』(伽梵達摩 번역, T.1060)이 밀교경전이기 때문이다. 여기서 나는 하나의 의문에 사로잡힌다. 기본적으로 『천수경』이 밀교 경전임에도 불구하고 왜 현재 한국의 밀교계 종단에서는 전혀 읽히지 않거나, 아니면 부분적으로 읽히고 있을 뿐인가? 그 이유는 무엇일까?

나는 이러한 문제의식에서 현행 '독송용 『천수경』'의 성립사를 추적·검토한 일이 있었다.〔졸고, 「천수경 신행의 역사적 전개」, 『미래불교의 향방』〕

그 결과 '독송용 『천수경』'이 오늘의 밀교계 종단에서 독송되지 못하는 이유를 그 스스로 갖고 있음을 알 수 있었다. 『천수경』이 화엄과 선의 입장에서 수용 혹은 재편집되면서 현교와 밀교의 회통(會通), 선과 밀교의 겸수(兼修) 등을 보여주고 있었기 때문이었다. 이제 나는 방법론을 달리해서 그러한 문제를 재검토해보기로 한다. 그것은 '독송용 『천수경』'과 현재 한국의 밀교를 직접적으로 비교하는 방법이다. 밀교종단 중에서도 가장 영향력이 있는 진각종의 종조인 회당 손규상(悔堂 孫珪祥, 1902~1963)의 입장을 비교의 대상으로 삼는다.

육자진언을 통해서 본 차이성

 현교와 밀교가 겸해져 있는 '독송용『천수경』'의 현밀겸수(顯密兼修)적 특성을 파악하기 위해서는 먼저 '독송용『천수경』'의 구성을 살펴볼 필요성이 있다. 전통적으로 경전은 서분·정종분·유통분의 셋으로 분류해서 이해되어 왔는데, 이러한 방법에 따르면 '독송용『천수경』'은 다음과 같이 세분화해서 볼 수 있다.

```
┌ 서분 ─── 개경
│           ┌ 대비주(2-7)
├ 정종분 ─┤
│           └ 준제주(8)
│           ┌ 총원(9)
└ 유통분 ─┤
            └ 총귀의(10)
```

 삼분은 다시 오단(五段)으로 세분화된다. 이렇게 '독송용『천수경』' 전체를 삼분오단으로 나누어 놓고 보면, 그것은 밀교 다라니인 대비주와 준제주를 중심으로 편집된 경전임을 알 수 있게 된다.
 또한 정종분을 구성하는 대비주와 준제주 부분을 더욱 세분해서 살펴볼 수 있는데, 다음 표와 같이 된다.

136 『천수경』과 관음신앙

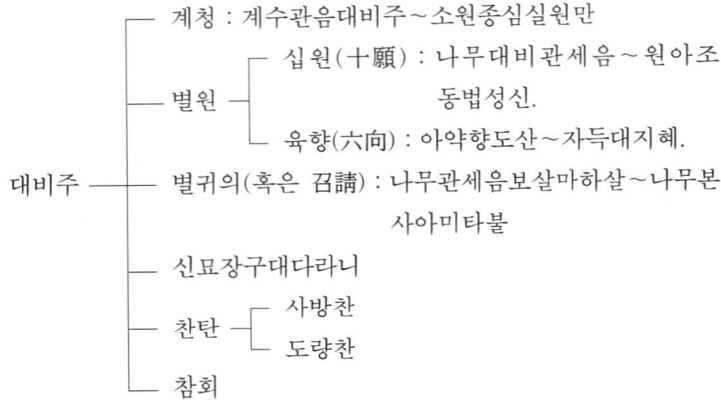

계청과 별원은 신묘장구대다라니를 독송하기 전에 행하는 기도문과 발원문으로 볼 수 있고, 별귀의 혹은 소청은 다라니의 독송 전에 개별적으로 불보살님께 귀의하는 것으로 볼 수도 있으며 독송을 위한 증명법사로서 청해 모시는 것으로 볼 수도 있다. 모두 신묘장구대다라니를 외우기 위한 사전의 의례로서 행해진다. 다음, 사방찬과 도량찬은 찬탄으로 함께 묶었는데, 도량찬 속에서 "아금지송묘진언"의 진언은 신묘장구대다라니를 의미하는 것으로 보고서 대비주라는 범주 속에서 함께 묶었다. 마지막으로 참회가 문제인데, 이는 신묘장구대다라니에도 참회의 기능이 있다는 점에 착안하여 공히 그러한 기능을 하고 있다는 점에서 대비주 속에 넣었다. 그러니까, 신묘장구대다라니의 독송을 통한 참회와 더불어 참회 부분에서 참회의 의미를 갖는 게송과 진언 등을 한번 더 외우도록 편집된 것으로 보인다. 이리하여 계청 부분부터 참회 부분까지 모두 대비주와 관련되는 것으로 보았다.

다음 준제주 부분 역시 이와 유사한 성격을 갖는 것으로 파악되는데 다음과 같이 과목을 나눌 수 있었다.

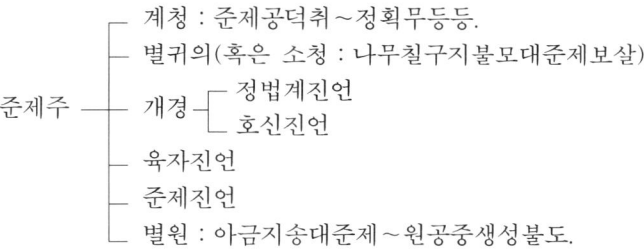

이러한 과목 나누기를 통해 우리는 정종분을 이루고 있는 대비주와 준제주의 구성요소가 유사하다는 점에 주목하게 된다. 계청·별귀의(소청)·별원 부분을 공유하고 있는 것이다. 따라서 양자 모두 신묘장구대다라니와 준제진언을 중심으로 해서 이루어진 별도의 독송용 경전으로 볼 수 있다는 것이다. 그러한 두 가지 다라니(혹은 다라니경)를 중심으로 따로이 성립하여 별도로 유통될 수도 있지만, 하나의 '독송용『천수경』'속에 합편(合編)되어 있다는 점은 주목해야 할 것이다.

다음 준제주 부분에 대하여 몇 가지 더 생각할 것이 있다. 우선, '독송용『천수경』'에서 준제진언은 "옴 자례 주례 준제 사바하 부림"이라고 되어 있으나, 사실 "부림"은 별도의 진언인데 함께 외우고 있는 것이다. 『현밀원통성불심요집』에서는 대륜일자주(大輪一字呪)라고 하였으며, 『밀주원인왕생집(密呪圓因往生集)』에서는 일자륜왕주(一字輪王呪)라고 하였다.

또한 준제주 부분, 즉 '준제 4대주'라고 불리는 정법계진언→호신진언→육자진언→준제진언의 순서로 편집되어서 함께 독송된 전통은 어디에서 그 연원이 있는가 하는 점이다. 이는 요나라 도신(道殿?-?)의 『현밀원통성불심요집』에서부터이다. 도신은 현교와 밀교의 회통을 이루기 위해서 이 책을 집필하였는데, 화엄을 현교 중의 원교〔顯圓〕으로 보고 준제주를 밀교 중의 원교〔密圓〕로 보고 있는 것이다. 현원과 밀원은 그 궁극적 경지가 같다고 본다. 이렇게 밀원을 말하는 중에 준제 4대주를 함께 말하고 있는 것이다. 여기서 우리의 주목을 끄는 것은 육자진언이 준제진언을 중심으로 하는 '준제4대주'의 구조 속에 그 일부로서 포섭되어 있다는 점이다. "준제주는 모든 진언을 다 포함하지만, 모든 진언은 준제주를 포함하지 못한다. 마치 큰 바다는 백가지 강을 포함하지만, 백 가지 강은 큰 바다를 포함하지 못하는 것과 같다"고 말하면서, 준제주를 가장 중심적인 진언으로 교판한다. 그리고 그속에 육자주 역시 존재하고 있는 것이다. 이러한 점은 앞서 살펴본 '독송용 『천수경』'의 과목 속에서 육자진언이 준제주 속에 포섭되어 있었다는 점과 동일한 입장이라 할 수 있다. 그도 그럴 것이 『현밀원통성불심요』의 이러한 체계는 망월사본 『진언집』(1800)을 거쳐서 '독송용 『천수경』'으로 흘러들었기 때문이다.

이러한 역사적 사실을 추적함으로써 우리는 '독송용 『천수경』'안에서 육자진언이 독립적 위상을 갖는 진언이 아니라는 점은 나름의 전통 위에 근거하고 있음을 알 수 있게 된다. 그러나, 회당의 심인불교는 이와는 다르다. 회당의 육자진언관은 세 가지로 정리해서 말해질 수 있다.

첫째, 육자진언의 위상에 있어서 '독송용 『천수경』' 안에서의 그것과는 다르게 평가한다. 준제진언에 종속되는 맥락 속에 육자진언을 위치지우기를 거부하고 오히려 육자진언의 위상을 가장 높은 것으로 교판(敎判)한다. 이런 측면에서 볼 때, 회당이 만약 '독송용 『천수경』'을 알고 있었다고 한다면, 나름대로 '독송용 『천수경』' 그 자체에 대한 비판적 인식을 갖고 있었을 것으로 추정된다. 따라서 우리는 회당의 육자진언관은 『현밀원통성불심요집』의 사상적 입장과는 다른 전승으로부터 수용되었을 것으로 볼 수 있다. 그렇다면 그 사상적 계보를 어떻게 말할 수 있을까?

육자진언이 하나의 수행법으로 성립된 것은 10세기 말 이후이다. 중국에서도 역시 10세기 말 이후에는 지송되었을 것이다. 우리나라의 경우 늦어도 11세기 말에는 『대승장엄보왕경(大乘莊嚴寶王經)』(天息災 譯, T.1050)이 전래되었을 것이며, 이 시기에 육자진언 신앙도 수용되었을 것으로 보고 있다. 회당 역시 이 『대승장엄보왕경』이 전승하는 육자진언을 수용하였을 것이다. 이 점은 현재 진각종의 소의경전 중 하나로 『대승장엄보왕경』이 자리하는 사실을 통해서도 알 수 있다. 『대승장엄보왕경』은 제3권과 제4권에서 육자대명다라니와 그 공덕을 역설하고 있다. 물론, 제4권의 마지막에 이르러 준제진언이 제시되고 있으나 어디까지나 육자주가 중심이 되고 있다. 이러한 점으로 보아서 『대승장엄보왕경』은 『현밀원통성불심요』의 입장과는 다름을 알 수 있다. 준제진언보다 육자진언이 위주가 되어 있기 때문이다. 회당은 바로 이러한 측면을 잇고 있는 것으로 보인다.

둘째, 육자진언만 전수(專修)하자는 입장이다. 이는 위에서 말한 육자진언의 위상에 의해서 저절로 연역되고 있다. 육자진언이 최상의 진언이므로 육자진언만 오롯이 관념하자는 것이다. "금강진언 세워두고/ 다른 태장 잡진언을/ 염송하지 못함같이/ 육자진언 세워두고/ 다른 염송 못할지라."〔『진각교전』, p.82.〕 당연히 신묘장구대다라니 독송은 금지된다.

셋째, 독송의 방법론 역시 다르다고 할 수 있다. 독송의 방법론에는 다라니 자체만을 염송하는 방법과 다라니를 염송하면서 불보살이나 종자(種字) 등을 관념하는 두 가지 방법이 있다. 이 역시 각기 나름의 전통이 있는데, 김무생(金武生)은 다음과 같이 말하고 있다.

『현밀원통성불심요』 계통의 육자진언의 염송법이 하나의 의식작법의 주송(呪誦)으로 상승되고 있는 반면에 육자선정의 육자관념은 수행염송의 법으로 더욱 심화되었다고 하겠으며〔金武生, 「육자진언 신앙의 사적 전개와 그 특질」, 『한국밀교사상연구』, 1986. p.591.〕

"더욱 심화되었다"는 표현은 김무생의 교판이겠으나, 양 전통의 독송방법론의 차이를 말하고 있다는 점은 타당한 것으로 보인다. 여기서 언급되는 육자선정은 광해군 13(1629)년 개간된 편자 미상의 『성관자재구수육자선정(聖觀自在求修六字禪定)』을 가리킨다. 이 문헌은 육자진언을 관상(觀想)하면 오불(五佛)의 성취, 육취(六趣)의 구제, 육바라밀의 성취 등을 하게 된다는 내용으로 이루어져 있다.〔金武生, 앞의 책, p.555.〕

김무생이 말한 바, '의식작법의 주송'을 나는 염송(念誦)으로 '수행염송의 법'을 관념(觀念)으로 부르고자 한다. 『현밀원통성불심요』를 잇고 있는 '독송용 『천수경』'은 염송적(念誦的)이다. 비록 '독송용 『천수경』'의 신행사(信行史)에 있어서도 화천수(畫千手)와 같이 각 구절마다 불보살의 수인(手印)을 염하는 것으로 그려져 있는 것으로 볼 때, 관념·관상의 방법이 전연 없었던 것 같지는 않다. 또 독송하는 수행자가 '독송용 『천수경』'의 어떤 다라니들을 외울 때 어떤 불보살을 염하면서〔意密〕 독송하는 수도 있겠으나, 텍스트의 전승사(傳承史)에서는 염송이 위주가 되었다고 평가된다. 순밀(純密)의 전통에서 의밀(意密)과 신밀(身密)을 배제한 채 진언 독송이라는 구밀(口密) 한 가지만 하는 경우는 매우 드물다〔許一範, 「만다라를 통해본 회당사상」, 『회당학보』 제1집, pp.145.〕는 점을 생각하면, '독송용『천수경』'은 그 독송의 방법에 있어서까지 현교를 포섭하고 있는 것이다.

다음, 회당의 육자진언 독송법은 어디에 속할까? 『대승장엄보왕경』 자체에서는 아직 육자에 오불을 배대하는 등의 상징화가 이루어지고 있지는 않다. 비록 육자진언을 육자대명왕관행(六字大明王觀行)이라〔T.1050.20, p.60c.〕 말하고 있지만 말이다. 그럼에도 불구하고, 회당은 "옴은 비로자나불·마는 아축불·니는 보생불·반은 아미타불·메는 불공성취불·훔은 금강보살"〔『진각교전』, p.53.〕이라고 노래하면서 육자진언의 관념적 독송을 주장하고 있다. 이는 아마도 『성관자재구수육자선정』의 영향일 것이다.

참회관을 통해서 본 동일성

위에서 살펴 본 바와 같이, 육자진언에 대해서는 '독송용『천수경』'의 입장과 회당의 심인불교는 그 입각지를 달리하고 있다. 그렇다면 참회관은 어떨까? 역시 다르다고 보아야 할 것인가?

우선 '독송용『천수경』' 전체에서 참회가 차지하는 비중이

제 2 부 『천수경』과 관음신앙 143

매우 크다고 하는 사실이 지적되어야겠다. 참회게에서 참회진언까지는 전부 참회에 관한 내용이다. 정종분의 대비주에 포섭되어 있는 참회를 다시 세분하면 다음과 같다.

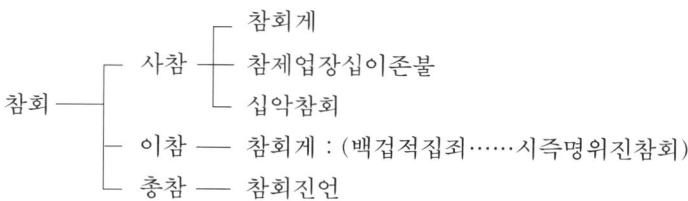

첫째, '독송용 『천수경』'의 참회관은 이참과 사참을 겸하도록 되어 있다. '독송용 『천수경』'의 참회가 이참과 사참을 겸수하고 있음은 원효의 『대승육정참회』와 보조지눌의 『계초심학인문』에 나타난 참회관을 잘 잇고 있는 것이라 할 수 있다. 그런데 이러한 참회관에서 보다 중요한 것은 이들 이참과 사참이 각기 나름의 인간관과 불교사상사에 그 뿌리를 잇대고 있다는 점이다. 불교에서의 이(理)는 성(性)과 동의어이다. 그리고 심(心)과도 동의어이다. 이=성=심이다. 불교가 인간에 대해서 긍정적인 견해를 갖는 것도 인간을 이렇게 심성의 차원에서 바라보기 때문이다. 인간은 자성청정심이며, 불성은 언제나 청정한 것이다. 이를 선적(禪的)인 부정의 언어로서 나타낼 때 본래무일물(本來無一物)이 되는 것일 뿐이다. 자성청정심과 불성상청정은 둘 다 화엄사상을 언표하는 것이다. 이러한 사상적 배경 속에서 이참이 가능한 것이다. 또한 밀교에서 즉신성불이 가능하다고 보는 것 역시 인간을 긍정하는 이러한 이의 차원에서이다. '독송용『천수경』'이 회통의 경전이라는 것은 성(性)과 상(相)의 융회를 보여주기 때문이다. 겉을 상이라 했는데, 다른 말로는 사(事)이고 수(修)이다. 전통적 불교술어로는 상종(相宗)=상문(相門)=수문(修門)이다. 그런데 중요한 것은 이 사를 두 가지 차원에서 해석할 수 있다는 점이다. 첫째, 유식의 입장에서 볼 수 있다. 그러나, '독송용『천수경』'은 이러한 관점을 취하지 않는다. 둘째, 화엄의 입장에서 볼 수 있다는 것이다. '독송용『천수경』'에서 사참의 참회게는『화엄경』보현행원품(40화엄)의 중송(重頌)에서 나오기 때문이다. "중생계가 다하고 중생의 업과 번뇌가 다하더라도 참회행은 다하지 않는다"는 보현보살의 비원(悲願) 그 자체가 자리이타의 보살행이다. 결코 스스로의 번뇌를 다하기 위해서 3아승지겁에 걸쳐서 닦겠다는 유식(唯識)의 깨닫기 전에 행하는 점수론(漸修論)은 아닌 것이다.

둘째, '독송용『천수경』'에서 참회의 사회성을 살펴볼 수 있다. 십악참회가 바로 그것이다. 십악참회의 의미는 과거에 지은 열 가지 악업만 뉘우치는 것이 아니라, 앞으로도 열 가지 악업을 짓지 않겠다, 즉 열 가지 선업을 행하겠다는 것이다. 십선업을 행하겠다는 스스로의 맹서〔自誓·自戒〕이다. 그리고 이러한 십선업의 문제는 단순히 개인윤리적 차원에서만 문제되는 것은 아니다. 사회윤리적 의미까지 담겨져 있는 것이다. 그것은 미륵신앙에서 보듯이 십선업을 통하여 정토세계의 건설 역시 가능하다는 입장이다. 이러한 십선업은 『화엄경』의 십지품 중 제2 이구지(離垢地)에서 설해지고 있으므로, 십선계(十善戒)의 실천이 보살행으로서 승화된 것임을 알 수 있다. 그러한 입장에서 '독송용『천수경』'의 십악참회를 이해할 수 있는 것이다.

셋째, '독송용『천수경』'의 참회관의 또 다른 특징은 다라니와 참회의 겸수에서 찾을 수 있다. '독송용『천수경』'의 성립사에서 다라니와 참회가 결부된 것은 백파(白坡)의 『작법귀감』에서 처음으로 보인다. 그보다 앞서 서산(1520~1604)은 『선가귀감』에서 다라니의 용도의미가 업장참회, 그것도 숙업의 참회에 있음을 명시하였다.〔韓佛 7-640a.〕 '원본『천수경』'에서 신묘장구대다라니의 다른 이름으로 파악업다라니(破惡業陀羅尼)를 들고 있음에서도 알 수 있는 것과 같이, 악업의 파괴를 위해서 쓰인다고 했다. 이처럼 다라니의 독송과 참회를 함께 닦는 것은 '독송용『천수경』'의 성립사 속에서는 이미 오랜 전통을 갖고 있었다. 바로 통일신라 말기에 오대산에서 있었던 화엄결사에서 나타는 것이다.『삼국유사』의 대산 오만진신(臺山 五萬眞身)조에 의하면, "관음방〔圓通社〕에서는 낮에는 금경·인왕반야·천수주(=대비주)를 지송하고 밤에는 관음예참(觀音禮懺)을 행하도록 했다"는 것이다. 낮과

밤으로 나누어서 다라니 지송과 참회를 함께 행했다는 이야기다. 이러한 전통이 '독송용『천수경』' 속에서 내재되어 있는 것이다. 예참의 형태 역시 참제업장십이존불에 잔존하고 있는 것이다.

그렇다면, 회당은 참회를 어떻게 생각하고 있을까? 그 스스로 회당(悔堂)이라 부른 데에서도 그의 깊은 참회의식은 짐작할 수 있을 것이다. 뿐만 아니라 다음과 같은 진각종의 초기역사는 바로 회당의 심인불교가 참회운동에서 시작하고 있음을 웅변하고 있다.〔지현, 「회당의 생애」, 『회당학보』 제1집, 1992. p.90.〕

    1947년 9월 25일 : 교화지를 월성군 강동면 양동으로 옮겨 교당명으로 참회원(懺悔園)으로 제정하시다.
    1948년(47세) 8월 3일 : 교명을 교화단체 참회원으로 정하시다.
    1951년(50세) 7월 29일 : 교당명을 심인불교 참회원으로 정하시다.

회당사상의 강조점은 참회사상→심인사상→진각사상으로 변했다〔박희택, 「회당사상 정립의 방법론」, 『회당학보』 제1집, p.18.〕고 한다. 그러한 변화를 인정하더라도 회당의 참회의식이 약화된 것으로 보기는 어렵지 않은가 한다. 여전히 중요하다고 본다. 그 점은 바로 진각종의 의식에서 참회의식이 차지하는 비중을 통해서 알 수 있다.

『진각교전』에서는 금강정유가삼십칠존례(金剛定瑜伽三十七尊禮)에 이어서 참회가 나오고 있는 것이다. 이에 의하면 삼밀행(三密行)을 시작할 때 먼저 교리참회를 행하고, 삼밀행을 마칠 때에는 회향참회를 하는 것이다. 또한 도량에서 공식으로 둘째시간을 마칠 때 실천참회를 행하는 것으로 되어 있다.〔『진각교전』, p.46.〕 삼밀행을 참회로 시작하고 참회로 끝내는 것이다.

이 중에서 먼저 나는 회향참회와 실천참회의 내용을 분석해 보고자 한다. 이들 참회문은 공통적으로 귀명(歸命)과 참회(懺悔)로 이루어져 있다. 실천참회의 경우에는 발원의 내용까지 담고 있는데, 참회의 내용은 다음과 같다.

> 탐하고 성내고 어리석은 마음 없애고 부모에게 복업 짓고
> 〔……〕 입으로 악한 말과 몸으로 악한 행동은 결정코 끊어 없애겠으며……. 〔상동〕

> 무시(無始) 광대겁(廣大劫)으로부터 금일에 이르기까지 무아에 어두워서 탐심과 진심과 사견으로 말미암아 몸과 입과 뜻으로 지은 죄를 다 드러내어 참회하나이다.〔진각교전, p.47.〕

이들은 모두 '독송용『천수경』'에 편입된 참회게, 즉『화엄

경』 보현행원품 중송의 내용과 다르지 않다. 실천참회의 내용은 참회게를 그대로 옮긴 것에 불과하다. 또 『진각교전』에는 십악참회 역시 설해져 있다. 이 참회게와 십악참회는 바로 앞에서 살핀 바와 같이 사참이라는 것을 알 수 있는데, 그렇다면 회당은 오직 사참만을 설하는 것일까? 이참은 없는 것일까? 여기서 우려는 교리참회를 검토해 볼 필요를 느낀다.

> 육대(六大) 사만(四曼) 삼밀(三密). 우주 본체인 지·수·화·풍·공·식 육대를 체(體)로 하고, 대만다라·삼매야만다라·법만다라·갈마만다라 사만을 상(相)으로 하고, 신·어·의 삼밀을 용(用)으로 하여 유위·무위 일체 일과 이치에 지혜가 밝고 대비결정(大悲決定)코 용예(勇銳)하여 육행(六行)으로 내 종지(宗旨)를 굳게 세워 마군을 항복받고 외도를 제어하여 구경성불 하겠나이다.〔p.46.〕

육대가 체, 사만이 상, 삼밀이 용이라고 했는데, 이는 무엇의 체·상·용일까? 법신불의 삼대인 것이다. 따라서 이 교리참회를 외운다는 것은 결국 법신불을 염하는 것이 된다. 그런데 이 법신이 우리 속에 있다는 것이 회당의 심인불교다. 즉 회당은 자성법신설(自性法身說)을 종지로서 건립하는 것이다. 이런 점에서 그는 충실하게 순밀(純密)의 전통을 계승하고 있다 할 것이다.

비로자나 부처님은 시방삼세 하나이라 온 우주에 충만하여 없는 곳이 없으므로 가까이 곧 내 마음에 있는 것을 먼저 알라.〔p.65.〕

이 자성의 법신을 육자진언을 통하여 중생들 스스로의 마음에 환기(換起)하는 것, 즉 인(印)치는 것을 심인이라 한다. 따라서 이 심인, 즉 법신 비로자나불의 인을 내 마음에 인한 것을 염하는 것에서는 아예 일체번뇌라는 것이 있을 수 없다. 자성에 본래 번뇌가 없으며, 허물이 없는 것을 이참이라 하였다. 그렇다면 이 교리참회에서 우리는 회당의 심인불교가 제시하는 이참의 모습을 볼 수 있을 것으로 생각한다.

자성법신의 차원에서 행하는 자성문의 참회, 즉 이참은 깨침이다. 회당의 깨침 자체는 참회와 결부되어져서 설명되는데, 경정은 "종조님께서 깨침을 얻으실 때 주조되는 심정의 변화는 참회와 은혜이다. 여기서 '참회'와 '은혜'는 ― '참회심'과 '은혜심'의 자각, 즉 깨침이다. 내면적 심성의 근원적인 변화이다"〔敬淨, 「초기 진각종사를 말한다」, 『진각종보』, 225호 (1993. 11. 1)〕라고 하였다. 내면적 심성의 근원적 변화는 바로 자성문의 입장이고, 회당의 참회가 그러한 자성문의 참회 즉 이참임을 나타내는 것이다. 또한 회당의 참회가 자성문에 터하고 있음을 증명하는 데 간과하지 말아야 할 일이 있다.

그의 초기 교화에서 『금강경』의 무주상법(無住相法)을 강조했다는 점이다.〔위의 글〕 무상은 아상·인상·중생상·수자상의 상이 없음을 말하는데, 상이 없다는 것은 곧 자성을 의미한다. 나는 회당의 자성참회를 이렇게 이해하고 있거니와, 회당 스스로는 또 다음과 같이 말하고 있다.

> 본심진언 옴마니반메훔을 오나가나 항상 외우고 하루 열 번 이상 자성참회만 하면 탐진치는 물러가고 본심이 일어나게 된다.〔p.84.〕

자성참회를 곧 본심이 일어나게 되는 것으로 보고 있는 것이다. 본심의 일어남을 깨침이라 해도 좋을 것이다. "옴 마니 반메 훔"을 통하여 자성의 법신불을 자각하는 것이 깨침이리라. 이는 '독송용 『천수경』'과 회당의 자성참회관이 다르지 않음을 알 수 있게 한다. 교리참회에서는 "유위 무위 일체 일과 이치에 지혜가 밝고 대비결정코 용예(勇銳)하여 육행으로 내 종지를 굳게 세워"라고 하여 자성참회한 뒤의 보살행으로서 사참이 제시되어 있는 것이다.

나는 '독송용 『천수경』'의 사참이 화엄적임을 언급하였다. 그런데 회당 역시 "대비결정코 용예하여 육행으로 내 종지를 굳게 세워"라고 하면서 지혜가 밝게 된 후 육바라밀을 실천해야 한다는 것이다.

여기서 우리는 먼저 깨닫고 뒤에 참회한다는 회당의 참회관을 다시 한번 확인할 수 있는 것이다. 자성참회인 교리참회가 처음에 놓여 있으며, 사참인 회향참회와 실천참회가 마침에 놓여 있다는 것 자체에 깊은 의미가 있는 것이다. 이상은 회당의 참회관 첫 번째 특징인 이참과 사참의 겸수에 대해서 살펴본 것이다.

둘째, 또 하나 지적해야 할 것은 참회의 사회성이다. 앞서 '독송용『천수경』'의 참회관 역시 사회윤리적 의미를 갖는다는 것을 밝힌 일이 있으나, 회당의 경우 보다 적극적인 맥락을 갖고 있는 것으로 생각된다. 그의 사회윤리적 의식은 보다 구체적이다.

회당은 불교는 교리 자체가 자기반성과 자기비판으로 참회와 실천이 주목적이기 때문[p.8.]이라 말하고 있는데, 이는 박희택이 도덕정치의 출발로 이해하고 있는 것[박희택,「회당사상의 시대적 배경」,『회당학보』제1집, p.103.]처럼, 보다 현세적인 의식이 표출되어 있는 것이다. 회당의 심인불교가 지향하는 현세정화라는 것도 참회의 사회윤리적 실천이라는 맥락에서 검토되어야 할 것으로 보고 싶다.

셋째, 다라니의 지송과 참회의 겸수 문제이다. 이 점에서도 회당의 참회관은 '독송용『천수경』'과 구조적 동일성을 갖고 있다는 점이다. 회당의 경우, 참회에서 심인으로 그 중심점이 변화하면서 ― 이는 그의 사상이 정립되는 과정에서 필연적인 것으로 보인다 ― 참회와 육자진언의 겸수가 확립되었던 것으로 생각된다.

> 어느 때나 그 마음을 다라니에 전일(專一)하여 오불(五佛)에게 귀명하며 지성으로 참회하고〔p.62.〕
> 외계(外界)에는 법계법신(法界法身) 본존으로 받들어서 행자 항상 본존에게 예참공양함이니라. 예참공양이라 함은 그것이 곧 삼밀이라.〔p.78.〕

겸수에서 한 걸음 더 나아가 예참(禮懺)과 삼밀(三密)이 둘이 아니라고 말하는 것이다. 결국, 회당의 심인불교는 내적으로는 육자진언과 참회의 겸수이고, 외적으로는 참회의 사회윤리적 실천으로서 이타적 현세정화를 양대 지주를 삼는 것으로 평가할 수 있을 것이다.

차이성과 동일성의 회통

이상으로 우리는 '독송용『천수경』'과 회당의 심인불교 사이에 존재하는 차이성과 동일성을 검토하여 보았다. 그 결과 육자진언관에서는 차이성을 확인할 수 있었고, 참회관에 있어서 동일성을 확인할 수 있었다. 그렇다면 우리는 이제 '독송용『천수경』'과 회당의 심인불교가 보여주는 차이성을 어떻게 이해할 것인가? 양자의 관계는 모순적인가? 나는 반드시 그렇지는 않다고 생각한다.

회당의 경우, '독송용 『천수경』'을 알고 있었다 하더라도 일정한 비판의식을 가지고 있었을 것으로 생각되고, 그 결과 '독송용 『천수경』' 전체가 아닌 육자진언만을 독송한다. 그렇다면 회당은 '독송용 『천수경』'의 다른 부분, 즉 현교적인 부분에 대해서 비판의식을 가지고 있었던 셈이 된다. 결국 현교와 밀교의 문제로 돌아가게 된다. 과연 이러한 현교와 밀교를 어떻게 회통할 수 있을까? 여기서 우리는 보다 성숙한 현밀의 관계를 생각해야 할 과제를 안게 된다.

나는 『천수경』이 의상(義相, 625-702)을 비롯한 화엄사상가의 입장에서 처음으로 수용되었다고 본다. 우리 불교사에서 화엄사상이 밀교, 즉 순밀의 수용기반이 되었음은 고익진(高翊晋)도 지적하고 있는 바다.

> 새로운 밀교는 원효사상과는 말할 필요도 없고 당시 신라불교를 주도하고 있던 화엄사상과도 원리적인 면에서 심히 통하는 것이라 할 것이다. 그렇다면 화엄사상 또한 새로운 밀교의 신라 전래에 중요한 사상기반이 된다고 볼 수 있다.〔高翊晉,「신라 밀교의 사상내용과 전개양상」,『한국밀교사상연구』, p.196.〕

신라불교를 주도하던 화엄사상은 의상계(義相系) 화엄이다. 그런 의상이 '원본 『천수경』'을 신라 사회에 수용하였을 뿐만 아니라, 그의 대표적 저술인 『법계도』에서도 다라니라는 말을 쓰고 있는 것이다. 이기영(李箕永)은 이를 들어서 "결국 밀교의 바탕은 이미 『화엄경』 속에 있었던 것이며, 밀교의 연원은 선불교의 경우와 같이 『화엄경』에서 비롯되고 있는 것이다"〔이기영, 「석마하연론의 밀교사상」, 『한국밀교사상연구』, pp.108-109.〕라고 하였던 것이다. 나는 앞서 이참을 설명하면서 선·화엄·밀교가 모두 자성문(自性門), 화엄적 술어를 쓴다면 법성(法性)에 입각하고 있음을 언급한 바 있다. 화엄의 구래성불론, 선의 견성성불론, 그리고 밀교의 즉신성불론은 모두 이 몸 이대로 금생에 성불할 수 있다는 점에서 궤를 같이하는 것이다.

이렇게 본다면, 밀교의 입장에서도 현교라고 해서 전적으로 배제하거나 부정해야 할 대상은 아니라고 보아야 한다. 소승은 대승을 낳고, 대승은 밀교를 낳은 것이다. 또한 대승이 소승을 지양하면서도 소승을 포용하여 일승으로 나아갔던 것처럼, 이제 밀교는 현교를 포용하여 새로운 불교로 나아가야 할 것이다.

다음, 또 하나의 문제는 진언의 독송법에 대해서 회통을 모색해야 한다는 점이다. 하나는 겸수와 전수의 회통이다. '독송용 『천수경』'은 겸수의 입장이며, 회당은 전수의 입장인데, 이를 회통시킬 논리는 없는가?

『현밀원통성불심요』는 근기가 좋아하는 바〔隨根所樂門〕에 따르면, 좋아하는 바가 같지 않으므로 모두 독송할 수 있다. 겸수의 입장이다. 그러나 빨리 성취하고자 하는 바〔疾得成就門〕에 따르면 하나의 진언만을 전수해야 한다는 것이다.〔대정장 46, pp.995c~996a.〕 그러므로 가장 바람직한 것은 다양한 진언을 시설하면서도 수행자 개인에게는 근기·취향·적성에 맞추어서 한 진언을 지속적으로 지송토록 하는 것이라 생각한다.

다른 하나는 염송과 관념의 회통이다. '독송용 『천수경』'은 염송의 입장이며 회당은 관념의 입장이다. 이는 겸수와 전수의 차이보다 더욱 심각한 차이라고 생각되지만, 여기서는 회통의 문제만 생각해 보기로 한다. 다라니를 지송하는 궁극적인 목적은 무엇인가? 바로 삼매의 체득을 통한 즉신성불에 있는 것 아니겠는가?

그렇다고 한다면, 동일한 목적을 위해서 이 두 가지 방법은 모두 기능하고 있는 것으로 볼 수 있다. 염송이나 관념이나 모두 선정에 이르는 도구로서의 용도의미(用度意味)가 있다는 점에서 같다고 볼 수 있다.

이러한 점에서 양자는 또한 회통의 가능성을 남기고 있다고 나는 본다.

〔이상, 「천수경과 회당의 심인불교」(『회당학보』 제3집, 1994)를 개정함.〕

기도·희구(希求)에서 명상(冥想)까지

【 1 】

　나는 발원문에 깊은 관심을 가져왔다. 특히, 우리와 같은 범부의 입장에서 출발한 옛사람의 발원문을 주의 깊게 살피고 있다. 한글로 옮겨서 법회에서 읽고 외우며 강의도 하고 있다. 이런 중에 기도와 발원의 개념에 대해서 고민이 깊어져 갔다. 발원은 자력적이고 기도는 타력적이라고 정의한다면 발원문 속에도 타력적인 요소들이 보이기 때문이다.

　흔히 기독교는 기도의 종교이며, 불교는 명상의 종교라고 말해진다. 그러나 정작 현실적으로 불교에서도 기도를 하고 있는 것이 아닌가? 재가불자의 경우를 보면, 스스로 불교 신앙의 중심으로 명상〔참선〕을 택하는 경우보다는 기도를 택하는 경우가 훨씬 많다. 그럼에도 불구하고 현재 행해지고 있는 기도들에 대해서 교리적인 설명을 충분히 해주고 있지 못한 것 같다. 가장 근본적인 의문은 "과연, 불교에서도 기도는 있을 수 있는가? 무신론이고 깨달음의 종교인 불교에서 기도라는 것이 타당한가?"라는 질문이다.

　이러한 질문에 대해서 연역적인 대답을 기대하는 것은 곤란하다고 생각한다. 『국어사전』에 나와 있는 기도의 개념으로, 아니면 기독교신앙에 나타나 있는 기도의 개념으로 불교에서 행해지는 기도를 규정할 수는 없다는 점이다. 오히려 귀납적으로, 불교에서 행해지는 기도·축원·발원 등을 분석함으로써 불교의 기도 개념을 재구성해야 하리라고 본다. 여기서는 현재 전하는 향가 중 기도문이라 생각되는 작품을 중심으로 이 같은 일을 시도해본다.

【 2 】
　기도의 사전적 의미에 가장 근접한 것은 '소원을 빌어서 성취를 바란다'는 것일 터이다. 소원을 비는 기도 역시 불교에서도 행해지며, 그 결과 영험도 얻고 있는데 향가인 「도천수관음가」에서 그 분명한 예를 볼 수 있다.

> 무릎을 세우고 두 손바닥 모아
> 천수관음 앞에 비옵나이다.
> 일천 손과 일천 눈 하나를 내어 하나를 덜기를
> 둘 다 없는 이 몸이오니 하나만이라도 주시옵소서.
> 아아! 나에게 주시오면
> 그 자비 얼마나 크실 것인가.

이 「도천수관음가」는 신라 경덕왕 때 한기리(漢岐里)에 사는 희명(希明)이라는 여인이 지은 기도문이다. 그녀에게는 딸이 하나 있었는데, 다섯 살 때 갑자기 앞을 볼 수 없게 되었다. 그래서 희명은 아이를 안고 분황사의 천수관음에게 가서 아이를 시켜 이 기도문을 지어 천수천안의 관세음보살님께 고하게 하였다는 것이다. 그 결과 밝음을 얻었다는 것이다.

「도천수관음가」의 교리적 배경은 『법화경』의 관세음보살보문품에 나타난 관음신앙이다. 관세음보살보문품에 의하면 관세음보살은 현세적인 고통과 고뇌의 해결자로 등장한다. 누구든지 어떤 어려움에 처할지라도 일념으로 관세음보살님의 이름을 부르며 기도하면, 관세음보살님은 그 고통의 소리를 보시고〔觀世音〕즉시에 해탈시켜 주신다는 것이다. 이같은 기도를 나는 '희구(希求)로서의 기도'라고 부르고자 한다. 희구로서의 기도는 타력적·현세이익적·자리적 성격의 기도라고 보아야 할 것이다. '희구로서의 기도'는 기도를 하는 사람의 상황이 절체절명인 경우가 대부분이며, 우리는 심정적으로 이 같은 기도에 공감할 수 있다. 그러나 불교의 기도는 '희구로서의 기도'로만 끝나지 않는다.

【 3 】

자기 스스로 자기의 이익을 바라는 기도만이 아니라 다른 사람의 행복을 빌어주는 기도도 가능하겠다. 부처님께서 『아함경』에서 "모든 중생들이여, 안락 있으라. 평화 있으라. 행복 있으라"라고 말씀하셨을 때, 그것은 희구라기보다는 축원으로 보아야 할 것이다. 이러한 기도를 나는 '축원으로서의 기도'라고 부르고자 하는데, 현존하는 향가 중 「제망매가」에서 그 뚜렷한 예를 볼 수 있다.

　　죽고 사는 길이, 여기 있으매
　　나는 간다는 말도 못하고 가느냐.
　　어느 가을 이른 바람에 여기저기 떨어지는 잎과 같이,
　　한 가지에 나서 가는 곳을 모르는구나.
　　아! 미타찰(彌陀刹)에서 너를 만나볼 나는
　　도 닦으며 기다리련다.

　이 「제망매가」는 신라 경덕왕 때 불교시인 월명(月明)스님의 작품이다. 본문만을 잘 읽어보면, 기도문이라는 느낌이 들지 않을 것이다. 그러나 『삼국유사』에는 '죽은 누이동생을 위해서 재를 올릴 때에 지어 부른 노래'라고 하는 설명이 있고, 제목에서도 나타나 있듯이, 이 향가는 제문(祭文)이며 축문(祝文)이다. 즉 '축원으로서의 기도문'이라고 할 수 있는 것이다. 내용적으로 「제망매가」를 한 번 더 살펴보자.
　"미타찰(彌陀刹)에서 만날 나는/ 도 닦으며 기다리련다."는 구절은 자기의 정토왕생에 대한 스스로의 확신과 발원이 나타나 있는 것이기도 하지만, 거기에는 죽은 누이와 극락에서 만날 수 있다는 뜻과 함께, 그것은 곧 누이의 왕생을 비는 것이라고 볼 수 있다. 축원의 의미를 명시적으로 드러내지 않고 은유하고 있다는 측면에서 이 「제망매가」는 그만큼 문학성이 높은 작품이라고 생각된다. 따라서 우리는 「제망매가」 역시 기도문으로 보아서 무리가 없을 것으로 생각된다.

　'축원으로서의 기도'는 타력적·현세이익적이라는 점에서는 '희구로서의 기도'와 그 성격을 부분적으로 같이 하지만, 그 현세의 이익이 스스로에게 내리기를 비는 것이 아니라 제3자를 위한 기도라는 측면에서는 이타적이라고 생각된다.

【 4 】

　'희구로서의 기도'와 '축원으로서의 기도'는 불교만이 아니라 기독교에서도 볼 수 있다. 이들만이라면 사실 불교의 기도가 갖는 독창성은 드러나지 않는다. 불교의 기도 개념 속에는 타력적이 아닌 자력적 성격 역시 포함된다. 이를 기도라고 부르는 것이 좋은가 하는 질문이 제기될 수도 있겠다.

　그러나 발원 역시 기도의 차원에서 행해지기도 하며 발원문과 기도문은 공집합(共集合)을 갖고 있기 때문에, 나는 발원을 기도와 엄격히 구분하는 것에 많은 무리가 따른다고 생각한다. 이를 '발원으로서의 기도'라고 부르고자 한다. '발원으로서의 기도'의 현저한 예를 역시 향가인 「원왕생가」에서 살펴볼 수 있다.

　　　달아! 서방까지 가시나이까?
　　　무량수불(無量壽佛) 앞에 말씀 아뢰소서.

> 다짐 깊은 부처님께 두 손 모아
> 원왕생(願往生) 원왕생 그리워하는 사람 있다고 아뢰소서.
> 아아, 이 몸 남겨두고 사십팔원이 이루어지실까.

이 「원왕생가」는 신라 문무왕 때의 광덕(廣德)스님이 지은 노래이다. 두 손 모아서 '왕생을 원하옵니다. 왕생을 원하옵니다'라고 발원하는 광덕의 모습을 통해서, 발원과 기도의 공통부분을 느낄 수 있다.

흔히, 기도는 '……-해 주십시오'라고 말함에 대하여 발원은 '……하겠습니다'라고 말한다고 한다. 그러나, 사실은 기도문이나 발원문 모두 신앙적인 문학의 형식을 띠고 있기 때문에, 그 같은 차이는 본질적인 차이라고 할 수는 없을 것같다. 오히려 자력주의적 의지로 행하기로 다짐·약속드리는 것이지만, 신앙적인 차원에서는 부처님의 은혜로 돌리는 ― 회향하는 ― 경우가 많기 때문이다. 예컨대『백화도량발원문』에서 발원 뒤에 귀의가 반복되는 것도 그 같은 의미에서 이해된다.

'발원으로서의 기도'는 자력적·초세간적·자리이타적 성격을 띠는데, 이러한 측면에서 '희구로서의 기도'나 '축원으로서의 기도'와는 구별된다.

【 5 】

위에서 살펴본 세 가지의 기도는 모두 불교의 기도이다. 우리는 분명 이들 중의 어느 하나 이상의 방법에 따라서 기도를 하고 있을 것이다. 이것만 보더라도, 불교에서의 기도는 기독교의 기도보다도 훨씬 폭넓은 의미망(意味網)을 갖고 있음을 알 수 있으리라. 더욱이 불교의 기도는 여기에서 그치지 아니하고 한 걸음 더 나아간다. 바로 '명상으로서의 기도'이다. 기도가 명상이 되고, 명상이 기도 속에 포섭된다.

위의 세 가지 기도가 유의미(有意味)의 표백(表白)을 통한 기도라고 한다면, 이 경우는 무의미(無意味)의 집중(集中)을 통한 기도라고 볼 수 있다.

다라니를 지송함으로써 삼매에 이를 수 있음은 근세의 선지식인 수월(水月)·용성(龍城)스님의 경우에서 볼 수 있다. 그들은 모두 천수다라니 즉 신묘장구대다라니를 지송함으로써 삼매에 이르러 깨침을 얻었던 것이다. 이때의 깨침은 화두를 통한 깨침과 다르지 않다. 그것은 그들이 한 기도가 '명상으로서의 기도'였기 때문이다.

이처럼 불교의 수행법에는 기도와 동일시되는 명상, 명상과 동일시되는 기도가 가능하다. 양자는 서로 모순 되는 개념으로 파악되지 않을 수 있다. 그 한 예를 우리는 수월과 용성의 경우에도 보았거니와, 그것과는 다소 다른 '명상으로써의 기도'가 또 있을 수 있다. 전자가 집중이라면 후자는 회귀(回歸)이다. 이는 보조국사 지눌(1158~1210)의 『수심결』에서 제시된다.

> "그대는 저 까마귀 우는 소리와 까치 지저귀는 소리를 듣는가?"
> "예, 듣습니다."
> "그대는 듣는 성품을 돌이켜 보아라. 거기에도 무슨 소리가 들리는가?"
> "거기에 이르러서는 일체의 소리와 일체의 분별이 없습니다."
> "기특하고 기특하다. 이것이 바로 관세음보살이 진리에 들어간 문·소리를 관찰하여 진리에 들어가는 문〔觀音入理之門〕이다."

우리가 '관세음보살, 관세음보살……'이라고 염불을 할 때, 우리는 그 소리를 듣는다. 보조스님 말씀은 염불을 하면서 그 소리를 듣는 성품을 되살펴 보라는 이야기이다. 그것이야말로 관세음보살이 원통(圓通)에 이른 길이며, 우리가 관세음보살 염불을 통해서 원통에 이를 수 있는 길이기도 하다.

이러한 '명상으로서의 기도'는 자력적·초세간적 성격을 갖는 것이긴 하지만 자리적이라고 할 수 있다.

【 6 】

 이상으로 우리는 불교의 기도 개념을 재정립해 보았다. 이를 간략히 도표로 정리하면 다음과 같이 된다.

	힘	이 익	사 례
희구	타력	현세적 - 자리	도천수관음가
축원	타력	현세적 - 이타	제망매가
발원	자력	초세간적 - 자리이타	원왕생가
명상	자력	초세간적 - 자리	수심결

 이제 불교를 단순히 '명상의 종교'라고만 할 수는 없음을 이해할 것이다. 불교는 '명상과 기도의 종교'이다.
 '희구로서의 기도'는 누구나 쉽게 행할 수 있는 것이고, '축원으로서의 기도' 역시 많이 행하고 있다. 예컨대, '대학입시 백일기도' 등이 바로 그러한 예이다. 그러나 아직 '발원으로서의 기도'를 하면서 스스로 '명상으로서의 기도'를 행하는 사람들은 그렇게 많지 않은 것 같다. 발원으로서의 기도와 명상으로서의 기도를 행하는 사람이 점점 많아졌으면 한다. 그것이 나의 발원이다.

『반야심경』, 관음신앙의 소의경전

【 1 】

"『반야심경』은 관음신앙의 소의경전(所依經典)이다."

이 명제(命題)를 듣고서 얼른 납득할 수 있는 사람이 얼마나 될까? 아마도 별로 없으리라고 본다. 나 역시 그랬기 때문이다. 그렇다면, 그 이유는 어디에서 찾을 수 있을까? 그 명제 자체가 틀리지 않았다는 것을 전제한다면, 종래 우리가 갖고 있었던 관음신앙의 정의에서 어떤 문제점을 찾아야 할 것이다. 우리에게 관음신앙은 어떤 것이었던가?

"관세음보살님에게 무엇인가 소원을 빌면서 그 이름을 부르면서 기도한다면, 자비로운 관세음보살님께서는 반드시 그에 응하여 소원을 이루게 해주신다."

물론, 이러한 차원의 관음신앙은 그 나름으로 경전적 근거를 갖고 있다. 바로 『법화경』 관세음보살보문품이다. 그러한 경설(經說)의 영향력으로 말미암아서 우리에게 관음신앙은 관세음보살님에게 무엇인가를 요청하고, "……을 해주십시오"라고 하는 신앙으로 정형화(定型化)되고 구조화(構造化)되었던 것으로 나는 본다.

　그러니, 비록 『반야심경』에서 관자재보살로 불리우는 관세음보살이 등장하고 있음을 모르는 것 아니지만, 우리는 한번도 "『반야심경』이 관음신앙의 소의경전이라"고 생각해 오지 못했던 것이다. 더욱이 『반야심경』에서 관자재보살은 "깊은 반야바라밀다를 행할 때에 오온이 모두 공함을 비추어 보시고 모든 괴로움에서 벗어났다"고 말해질 뿐이 아니던가. 얼핏 거기에는 중생에 대한 자비로운 구제를 행하는 분으로서의 이미지가 나타나 있지 않은 것처럼 보인다. 그도 그럴 수 밖에 없는 것이 반야사상은 지혜를 닦아서 자기완성을 지향하는 것으로 이해되곤 하기 때문이다.

　물론, 관음신앙을 설하고 있는 『천수경』에 나오는 다라니를 반야경의 입장에서 행하는 것이 가능하며, 『천수경』과 『반야경』이 회통(會通)될 수 있음을 모르는 바 아니었다. 그것은 광덕스님을 통해서 배운 바 있었다. 그러나 그것은 어디까지나 관세음보살님 그 자체에 대해서라기보다는 다라니에 대한 신앙적 맥락에서였다.〔나는 이 두 가지 입장을 구분해서 생각하고 있다.〕 비록 광덕스님은 "관자재보살도 이 반야바라밀다로 '관자재'를 이루었고 우리도 또한 반야바라밀다로 수행하여 이 위신력을 이룰 것이며 일체 불보살과 함께 하게 될 것이다"〔『반야심경 강의』, 불광출판부, 2002, p.51〕라고 함으로써, 『반야심경』을 "관세음보살 되기 운동"의 맥락에서 파악하는 것은 분명하지만, 그렇다고 해서 "『반야심경』이 관음신앙의 소의경전이다"라고 말하는 것은 아니다.

　여기에는 『반야심경』 이해의 관점에서 관세음보살을 말하는 것과 관음신앙의 맥락 속에서 『반야심경』을 위치지우는 것은 다른 차원이라는 점이 전제되어 있다. 그리고 이전에는 전자는 있었지만, 후자는 없었던 것이다. 티베트불교를 전공하는 양승규 선생에게 문의한 결과, "티베트불교에서는 관음신앙과 관련하여 『반야심경』을 이해하거나 주석한 사례는 없는 것으로 안다"라는 대답을 들었다.

　따라서 "『반야심경』은 관음신앙의 소의경전(所依經典)"이라고 하는 말을 우리가 얼른 납득하지 못하는 것도 무리가 아니다. 그것은 그만큼 새로운 해석의 관점을 우리에게 제시해 주고 있는 것으로 평가해서 무리는 아니라고 본다. 그렇다면, 어떤 맥락에서 이 명제가 이해될 수 있을 것인가?

【 2 】

　지난(2004) 11월 5일 중국의 관음성지 보타락가산을 참배하였다. 푸른 바다를 연해 있는 불긍거관음전(不肯去觀音殿)은 우리에게는 의상스님이 건설한 우리의 관음성지 낙산 홍련암을 연상케 하는 바 있었던 까닭일까, 더욱 친근감이 갔다. 그날 잔잔했던 바다만큼이나 우리 모두의 마음 역시 평화로웠다.

불긍거관음전 앞에서 가이드는 여러 가지로 설명해 주기에 바빴다. 그러나 나로서는 그의 그러한 여러 가지 이야기보다도 더욱 인상적이었던 것이 불긍거관음전에서 정면으로, 즉 입구 쪽에서 뒤쪽에 세워져 있었던 석경(石經)이었다. 〔사실, 사찰의 정문 건너편에 벽을 세우고 거기에 글씨나 경전을 새겨두고서, 참배를 마치고 나오는 사람들로 하여금 읽을 수 있도록 하는 것은 중국 사찰의 한 양식적 특성인 듯싶다. 보타산의 법우사(法雨寺)나 항주 영은사(靈隱寺)에서 그러한 모습을 확인할 수 있었다.〕 아니, 인상적이라기보다는 충격적이었다. 까만 오석(烏石)에 노랗게 금니(金泥)로서 세로로 새겨져 있었던 경전은 세 가지였다. 바로 『반야심경』・『천수경』의 신묘장구대다라니, 그리고 『능엄경』의 대세지보살 염불원통장(念佛圓通章) 부분이었다.

보타산〔중국의 보타락가산은 보타산이라는 섬과 그보다 훨씬 작은 낙가산이라는 두 개의 섬으로 이루어져 있었다.〕은 관음신앙의 성지이며, 이 불긍거관음전은 9세기 중엽 보타산이 본격적으로 관음성지로 형성될 때 그 최초의 이야기・설화・영험담을 남기고 있는 곳이다. 따라서 관음성지로서 보타산의 중심을 이루고 있는 것으로 평가된다. 그런 도량의 정문 앞에 세워놓은 세 가지 경전은 관음신앙을 이야기하고 있는 소의경전으로서 평가되었기 때문이라고 보아도 무리가 없을 것이다. 적어도 보타산에 살고 있는 스님들은 관음신앙을 함에 있어서 가장 중요한 3대 소의경전으로서 『반야심경』・『천수경』(신묘장구대다라니), 그리고 『능엄경』을 생각했던 것으로 보인다.〔그렇다고 해서 보타산에 보문품이 읽히지 않는다고 말하는 것은 아니지만 말이다.〕

  이는 그들이 내린 관음신앙에 대한 해석이며, 거기에는 독창적인 새로움이 인정된다. 석경의 상태로 보아서 근래에 이루어진 것 같다. 왜냐하면 1960년대의 문화혁명의 광풍(狂風)은 이 조그만 섬이라고 해서 비켜가지 않았기 때문이다. 여기서 생각해 볼 것은 "과연 누가 그러한 탁월한 해석을 이끌어냈던 것일까" 하는 점이다. 여기서 생각해 볼 수 있는 가능성은 두 가지다. 하나는 언제부터인지 모르지만 전통적으로 그렇게 보타산의 불교인들은 평가해 오고 있었을 가능성이다. 다른 하나는 석경의 건립연대가 현대라는 점에서 그러한 해석 역시 현대에 이르러 행해졌을 가능성도 있다. 만약 후자의 입장이 맞다고 한다면, 그러한 해석학적 안목의 소유자로서 1989년 보타산의 방장으로 취임한 보달묘선(補怛妙善) 스님일 가능성이 높다고 본다. 보타산의 여기저기에 걸린 현판 등에서 그가 쓴 글씨를 쉽게 볼 수 있었는데, 그것은 보타산의 불사 전체에 관심을 갖고 관여했음을 증언해 주고 있기 때문이다.

  애시당초 누구의 해석이었던가 하는 점을 현재로서는 확인할 수 없지만, 『반야심경』을 관음신앙의 소의경전으로 보았던 것은 현재 보타산에서 관음신앙을 행하는 불교인들의 생각임은 분명하다. 『천수경』은 말할 것도 없지만, 『능엄경』의 염불원통장 역시 관음신앙의 맥락에서 이해될 수 있다. 그것은 관세음보살과 중생의 관계를 어머니와 아들의 관계로 유비하면서, 염불하는 법을 설하고 있기 때문이다. 그러나, 『반야심경』을 관음신앙의 맥락 속에 위치지우는 것은 가히 혁명적 해석이 아닐 수 없는 것이다. 모택동의 혁명 이래로 불교가 탄압당했던 중국에서 이렇게 불교사상사의 혁명적 해석이 나올 수 있었다는 것은 참으로 놀라운 일이라고 나는 생각하고 있다.

【 3 】

이제 어떠한 논리에 의해서 『반야심경』이 관음신앙의 소의경전이 될 수 있는지 생각해 보기로 하자. 우선 요구되는 것은 우리가 갖고 있는 기존의 선입견을 버리는 일이다. 즉 관세음보살님께 "도와주세요"라고 요구하는 것만이 관음신앙의 전부라고 생각하는 것이 잘못임을 깨닫는 일이다. 물론, 우리로서도 『법화경』 관세음보살보문품에서 설해지고 있는 관음신앙을 부정하는 것은 아니다. 다만, 불교 경전 중에는 다양한 이미지의 관세음보살님이 그려지고 있다는 점을 재인식해야 한다는 점이다.

예컨대, 『화엄경』 입법계품에서 선재동자가 찾아뵈온 53선지식 중에서 28번째의 선지식이 관세음보살이다. 관세음보살을 찾은 선재동자는 보살행의 방법론에 대하여 질문한다. 이러한 선재동자의 질문에 대하여 관세음보살의 대답은 "자비를 실천하라"였던 것이다. 여기서 '관세음보살과 선재동자'의 관계는 『법화경』 관세음보살보문품에서 보이는 '관세음보살과 중생'의 관계와는 서로 다른 점을 간과해서는 안된다. 후자는 '구제자와 피구제자'의 관계이며, 전자는 '스승과 제자'의 관계이다. '구제자와 피구제자'의 관계에서 피구제자는 어쩌면 영원히 구제의 대상일 뿐일지도 모른다. 한번 도움을 받아서 구제된 뒤에 다시 구제자가 될 수 없는 까닭은 다시금 구제자의 도움을 받아야 할 일이 또 생기기 때문이다. 구제를 바라는 우리의 마음속에 그러한 욕망이 끊어지지 않는 까닭에서이다. 만약 구제를 받아서 구제된 뒤에 스스로 구제자가 될 수도 있겠지만, '구제자와 피구제자'의 관계 속에서 보이는 신앙의 논리에는 그러한 관세음보살 돕기를 강조하는 측면은 존재하지 않는다. 그러나 '스승과 제자'의 관계는 그렇지 않다. 제자는 성장하여 다시 스승이 되어간다. 그래서 제자에게 가르침을 베푼다.

　여기서 입법계품에 나타난 '스승과 제자'의 관계를 좀 더 자세히 들여다 볼 필요가 있다. 거기에는 두 가지 흐름의 관음신앙이 나타나 있기 때문이다. 제자가 다시 다른 사람의 스승이 될 수 있음에서 우리는 관세음보살 되기로서의 관음신앙을 확인할 수 있게 된다. 종래 우리가 갖고 있었던 바, 관세음보살로부터 도움이나 구제를 받는 관음신앙을 '제1류(類)의 관음신앙'이라 하고, 스스로 관세음보살이 되고자 하는 관음신앙을 '제2류의 관음신앙'이라 부르기로 한다. 이렇게 관세음보살이 되고자 하는 것 역시 관음신앙에 있어서 또 하나의 흐름이라고 인정할 수 있다면 "『반야심경』이 관음신앙의 소의경전"임을 인정하기에는 어렵지 않으리라 본다.

그런데, 사실 관세음보살 되기로서의 관음신앙을 나는 보타산 불긍거관음전 앞의 석경에서 비로소 만났던 것은 아니다. 이미 의상스님의 『백화도량발원문』 속에 그러한 입장이 다음과 같이 나타나 있었기 때문이었다.

> 제자 역시 관세음보살님을 정대(頂戴)하여
> 십원육향(十願六向), 천수천안과 대자대비는 관세음보살님
> 과 같아지며

"관세음보살님과 같아지며"라고 하는 것은 분명히 제2류의 관음신앙을 말하고 있는 것 아닌가. 그럼에도 불구하고, 이러한 사유를 『반야심경』과 연결시키지 못했다는 점에서 한계를 갖는 것이었다. 그러기에는 이 『백화도량발원문』의 문맥이 『천수경』과 관련된 것으로 한정되어 있었던 것이다. 그런 까닭에 관세음보살 되기 운동이라는 제2류의 관음신앙이라고 하

는 동일한 맥락을 갖는 것으로서 『백화도량발원문』(이 안에 『화엄경』 입법계품과 『천수경』의 입장이 함께 투영되어 있으므로, 이들 세 가지 텍스트 모두)은 『반야심경』에 의하여 보충될 필요가 있게 된다.

『반야심경』에 있어서 관세음보살 되기 운동의 요체는 경전 편집자가 제시한 다음과 같은 대강(大綱) 속에서 분명히 제시된다.

> 관자재보살은 깊은 반야바라밀다를 행할 때에 오온이 모두 공함을 비추어 보고서 모든 괴로움을 건넜느니라.(觀自在菩薩, 行深般若波羅蜜多時, 照見五蘊皆空, 度一切苦厄.)

관자재보살, 즉 관세음보살이 되기 위해서는 우리가 오온이 공함을 통찰할 수 있어야 함을 이 『반야심경』의 대강은 말하고 있다. 오온(五蘊)이 공(空)하다? 과연 어떻게 이해할 수 있을까? 나는 이 구절이야말로 불교 이전이든지 그 이후이든지를 막론하고 불교 이외의 대부분의 철학·사상·종교와 근본적으로 다른 입각지를 불교는 갖고 있음을 보여주는 것으로 이해한다.

유사 이래로 수많은 사람들이 살아왔고, 살고 있으며, 또 살아갈 것이다. 그들은 세계를 살면서 수많은 행위를 하게 된다. 모두가 행복을 바라면서……. 즉 그들에게는 공통적인 전제 하나가 있다. 하나의 전제 위에서 그들은 살면서 이 세계 속에서 행복을 추구해 간다는 말이다. 그것은 무엇일까? 바로 "나는 존재하고 있다"라는 설정(設定)이다. 데카르트는 "나는 생각한다, 고로 나는 존재한다"고 말하였다. 그 존재의 이유를 '생각함'〔思惟〕에서 찾은 것일 뿐, 정확히 우리들이 갖고 있는 하나의 공통된 전제가 "나는 존재한다" 임을 보여준다. 물론, 데카르트만이 아니다. 유신론의 종교에서 말하는 신이라고 하는 것 역시, "나는 존재한다"는 이 존재를 달리 말하는 것에 지나지 않는다. 보라! 지금 이 세상에서 우리는 모두 그 무엇이 되고 싶어하고, 그 무엇으로서 존재해 간다.

그런데, 『반야심경』에서 말하는 "오온은 모두 공하다"는 선언은 바로 그러한 하나의 공통된 전제로서의 존재 자체를 부정한다. 신과 같은 영원한 형이상학적 존재만 부정하는 것이 아니다. 그러한 형이상학적 존재는 부정되지만, 데카르트와 같이 "나는 생각한다"라고 할 때의 그렇게 생각할 수 있는 일상적 존재는 있다고 말해서도 아니 된다. 그렇게 이해 혹은 오해하는 경우를 우리는 적지 않게 보거니와, 나는 그러한 이해는 오해에 지나지 않는다고 본다. 불교의 무아설(이를 『반야심경』에서는 오온개공이라 말하고 있을 뿐이다)은 신과 같은 형이상학적 존재는 물론이고 그러한 일상적 자아라고 할 수 있는 것, 가아(假我)조차 사실은 상정(想定)된 것으로서 망상이며 집착일 뿐, 존재하지 않는다는 것을 말하고 있다. 나는 그렇게 생각한다. 그렇게 나라는 존재는 애시당초 존재가 없는 것이며, 정말로 아무 것도 아닌 것이다.

아무 것도 아니다. 존재라고 하는 것을 전제하지 않는다. 그렇게 말하면, 사람들은 "허무주의가 아닌가" 물을지도 모른다. 허무주의를 두려워하는 것은 염세주의를 두려워하기 때문이다. 자기존재의 존재성, 전제를 부정하는 것은 감상적 허무주의나 염세주의와는 전혀 다르다. 오온이 공하다는 경지에 이르게 되면, 더 이상 감상이 존재할 수 없다. 따라서 허무주의라고 해서 안 될 것은 아니라고 본다. 굳이 말하자면, 절대적 허무주의라고나 할까?

오온이 공하다는 것을 절대적 허무라고 한다면, 그러한 허무 속에서 우리에게는 어떤 일이 일어날까? 염세주의에 빠져서 어떠한 능동적 생산성도 일어나지 않을 것인가? 그렇지 않다. 나의 존재를 전제하고서 행해지는 행복추구의 모든 노력이 사실은 잘못된 방법론임을 알게 된 까닭에 모든 속박으로부터 벗어난다. 당연히 "모든 괴로움으로부터 벗어나게 된다."

그러면 어떻게 될까? 기쁨으로 가득 차게 된다. 감사로 가득 차게 된다. 스스로 행복의 지극함을 누리는 것이다. 그래서 반야사상은 곧 쾌락주의이다.

소요자재(逍遙自在)의 극락이 추호의 공간이동도 없이, 찰나의 시간지연도 없이 바로 그 자리에서 전개된다. 그래서 관자재보살, 즉 관세음보살 되기 운동은 완성된다. 곧 관음신앙의 자력성을 말할 때, 그것은 단순히 염불자의 의지나 노력의 선행(先行)을 의미하는 선에서 그쳐서는 아니 된다. 그러한 이해는 너무나 엷은 이해이다. 김영태(金煐泰)는 앞서 우리가 인용한 『반야심경』의 대강 부분을 인용한 뒤, "반야심경의 첫 부분에서, 관음(자재)보살이 열어놓은 지혜의 세계(반야바라밀)를 통하여 인간 내부의 무한한 자력적 개발의 가능성을 공감하게 한다고 할 수가 있을 것이다"[김영태 1989, 「관음신앙의 자력성에 대하여」, 29~30.]라고 말하고 있다. 그런데, 문제는 바로 이렇게 중생이 부처나 보살이 될 수 있다는 점만을 자력신앙으로 말할 수 있음에도 불구하고, 위와 같은 언급은 마지막에 마치 삽입 부분처럼 말할 뿐이고, 전체의 논조는 가피를 받는 선행요건으로서의 칭념과 자력적인 지심(至心)이라고 하는 두 가지 점을 더욱 더 크게 부각하고 있다는 점이다. 내가 보건대, 그러한 두 가지 점은 기독교와 같은 타력신앙의 종교에서도 그대로 요구하고 있는 사항일 뿐인 것으로서, 결코 '자력성' 운운할 계제는 못되는 것이다. 그러한 점을 자력성 여부의 판단기준으로 한다면 아무런 의미가 없는 것이다. 문제 해결의 힘이 다른 존재에게서 나오는 한 우리는 그것을 타력신앙이라고 하는 것이다. 결론적으로 말하면, 『법화경』 관세음보살보문품에서 말하는 관음신앙은 철저하게 타력신앙일 뿐이다. 그리고, 자력성의 신앙은 『반야심경』에서만 확인가능할 뿐이다. 우리가 관세음보살 되기로서의 관음신앙을 생각할 때, 『반야심경』이 그 소의 경전으로서 역할을 할 수 있음을 인정하는 까닭이다.

【 4 】

오온이 공함을 인식하게 된다면 어떻게 될까? 앞에서 스스로 기쁨에 가득 차게 된다고 말했다. 그러나 그것만은 아니다. 『화엄경』 입법계품에서 선재동자가 관세음보살님으로부터 얻은 대답은 "자비를 실천하라"는 것이었다. 그런데, 주지하다시피 입법계품에서 53선지식은 저마다 자기의 공부, 자기의 학문, 자기의 수행 등 자기 일을 선재에게 전수해 준 것이 아니던가. 따라서 자비를 실천하는 일은 곧 관세음보살 자신의 일임을 알 수 있게 된다. 그렇다고 한다면, 선재동자가 행하는 자비는 곧 관세음보살님의 일을 돕는 것임에 지나지 않음을 알 수 있으리라. 여기서 다시 한번 관음신앙은 혁명을 맞이하게 된다. "관세음보살님, 도와주세요"라고 하는 것만을 관음신앙이라고 알았던 우리는 "관세음보살님, 제가 도와드리겠습니다"라고 하는 데에서 가히 충격을 경험하지 않을 수 없는 것이다.

몸을 버리는 이 세상과 새 몸 얻는 저 세상에서
머무는 곳곳마다 그림자가 물체를 따르듯이
언제나 설법하심을 듣고 교화를 돕겠습니다.

『백화도량발원문』의 한 구절이다. "교화를 돕겠습니다"라고 분명히 말하고 있다. 이렇게 『화엄경』 입법계품과 『백화도량발원문』은 공히 관세음보살 돕기 운동을 관음신앙의 한 흐름으로서 소개하고 있는 것이다. 이를 나는 '제3류(類)의 관음신앙'이라고 이름한다. 그같은 흐름이 『천수경』과 연결지어지면서, 『천수경』적 관음신앙의 정종분(正宗分)을 이루게 된다. 놀라운 일이 아닐 수 없다.

그렇다면, 제3류의 관음신앙 역시 『반야심경』에서 확인할 수 있을까 하는 문제가 제기되지 않을 수 없다. 여기서 나는 보타산에서 두 번째 큰 사찰인 법우사(法雨寺)에서 만난 주련의 한 구절을 생각하게 된다. 관세음보살을 모신 법당(우리와 달리 특이하게도 '대웅보전'이라고 하였다) 입구의 주련이었다. 세로쓰기로 써내려간 다음과 같은 내용을 읽으면서 나는 이내 무릎을 치지 않을 수 없었다.

五蘊皆空卽衆生而觀自在
(오온이 모두 공함을 인식한다면 중생 그대로 관자재보살 이리라.)

이 주련의 의미는 정확히 앞에서 말한 제2류의 관음신앙, 즉 관세음보살 되기를 표현하고 있는 것이다. 오온이 공하다는 것을 통찰한다는 의미는 우리가 모두 전제하고 있는 "나는 존재한다"라는 생각·망상을 지우는 일에 지나지 않는다.

내가 있다고 하는 그 사실로부터 우리는 다른 사람의 존재·자아와 대립하게 되고, 갈등하게 되고, 투쟁하게 된다. 그래서 다들 불행해 한다. 그 불행으로부터 행복으로 전환하는 방법은 오직 존재한다는 전제를 버리는 것 외에 길이 없다는 것을 부처님은, 또 『반야심경』은 가르쳐주고 있는 것이다. 따라서 그러한 자아·존재의 포기로서 오온개공을 깨닫게 되면 곧 우리는 대자적(對自的)으로는 기쁨으로 충만하며, 대타적(對他的)으로는 사랑·자비로 가득 차게 된다.

그러므로 이 주련의 의미는 제3류의 관음신앙의 입장에서도 해석될 수 있다. 그 두 가지 의미를 겹쳐서 갖고 있는 것으로 파악해서 잘못됨이 없을 것이다. 그렇게 생각해 보면, 다시 『반야심경』의 대강에서 등장하는 "모든 괴로움을 건넜느니라(度一切苦厄)"라고 하는 구절의 의미를 새롭게 해석할 수 있는 실마리를 얻게 된다. 범본 『반야심경』과 대조해 보면, 이 구절은 범본에는 없는 부분이다. 중국에서 역경가들이 이 부분을 집어넣은 것이다. 그렇게 보역(補譯)할 수 있는 것은 『반야심경』에서 반야바라밀의 공덕을 말하는 부분(보리살타……;삼세제불…….)과 대강 부분을 의미상 동일시하게 될 때, 대강 부분에서 보충해줘야 할 필요를 느끼게 된 것으로 나는 생각한다. 왜냐하면, 관자재보살·보리살타·삼세제불을 주어로서 동일시하고, 반야바라밀다에 의지하는 것과 오온이 공함을 비추어 보는 것을 동일시하게 될 때, 그 이후의 결과

·공덕 부분 역시 동일하지 않을 수 없는 것이다. "마음에 거리낌이 없고, 거리낌이 없으므로 공포도 없으며, 전도된 몽상을 멀리 여의어서 곧 구경의 열반이다"라는 부분과 "아뇩다라삼먁삼보리를 얻는다"는 부분에 공히 동일시되는 의미를 "도일체고액"으로 역경가들은 대강 속에서 표현해 주었던 것이리라. 참으로 탁월, 창조적 오역이 아닐 수 없었다. 원전의 의미를 백분 살려주고 있기에.

그런데, 앞에서 살펴본 것처럼 만약 제3류의 관음신앙의 입장에서 『반야심경』을 해석하는 것이 가능하다고 한다면, "도일체고액"은 "(스스로의) 모든 괴로움을 건넜느니라"는 의미만이 아니라 "(다른 사람의) 모든 괴로움을 건너주었느니라"는 의미로도 읽힐 수 있을 것이다. 전자의 의미는 색즉시공(色卽是空)에서 나타나 있다면, 후자는 다시 공즉시색(空卽是色)에서 나타나 있는 것이다. 이 후자의 흐름을 크게 강조한 해석자들이 바로 우리의 소천스님과 광덕스님이라는 점은 우리의 자부심을 높여주게 된다.

【 5 】

이렇게 해서 나는 "『반야심경』은 관음신앙의 소의경전이다"라고 조견(照見)한 보타산 불교인들의 해석에 공감하게 되었으며, 새로운 해석학적 지평을 열어준 것에 감사하는 마음으로 영파(寧波)로 향하는 작은 쾌속선에 몸을 실을 수 있었다. 그리고, 거기에는 내가 좋아하는 중국의 여가수 등리쥔(鄧麗君)의 노래가 흘러나오는 쾌락이 있었다.

성숙한 관음신앙의 길

보살이 출현하는 까닭

우리 불교에는 수많은 보살님이 계십니다. 예불을 드릴 때, 우리는 대표적으로 문수보살·보현보살·관음보살·지장보살님께 예배합니다. 이 외에도 중요한 보살로는 미륵보살·대세지보살 등이 있습니다. 왜 이렇게 많은 보살이 있는 것일까요?

대승불교의 큰 특징 중 하나는 많은 부처님이 존재한다는 것입니다. 석가모니 부처님 당시에는 부처님이 한 분밖에 안 계셨습니다만, 대승불교에 이르자 수많은 부처님이 등장하게 됩니다. 한번 생각을 해보세요. 만약 부처님이 단 한 분뿐이라면, 나머지 모든 중생들은 어떻게 됩니까? 영원히 그 부처님만을 섬기는 '영원한 중생'으로 존재할 수밖에 없지 않겠습니까. 그렇다면, 그것은 소승입니다. 어쩌면, 더 심하게 기독교와 같은 유신론의 종교와 비슷하게 될지도 모릅니다. 수많은 부처님의 존재는, 바로 수많은 중생들이 그렇게 수많은 부처님이 될 수 있음을 나타내는 것입니다. 그래서 대승경전에는 수많은 부처님이 존재하는 것입니다. 보살 역시 마찬가지입니다. 장차 수많은 부처님이 될 존재, 그렇게 되도록 애써 노력하는 사람들을 보살이라 합니다. 그러니까, 이 보살은 '미래의 부처'를 말하는 것이며, '실제의 보살〔實菩薩〕'이라고도 합니다.

그런데, 이와 다른 보살이 또 있습니다. 자, 생각해 봅시다. 부처님은 어떤 존재입니까? 깨달음을 얻어서 부처가 된 분이죠? 그럼 어떻게 됩니까? 단순히, 깨달음을 얻은 사람을 부처라고 합니까? 만약 그렇다면, 저 소승의 독각(獨覺)도 나름대로 깨달음을 얻었으니, 부처라고 할 수 있지 않겠습니까. 그러나 그렇지 않습니다. 부처님은 스스로 깨달음을 얻었을 뿐만 아니라 수많은 중생을 제도하기 위하여 교화하는 분입니다. 포교하는 분이 부처님이라는 말입니다. 이미 스스로 깨달음을 얻어서 부처님이 되었지만, 중생을 제도하기 위한 행동을 하시는 어른을 또 보살이라 부르기도 합니다. 이런 보살을 '방편의 보살〔權菩薩〕'이라 합니다.

그렇다면 관세음보살과 같은 어른은 어떤 보살일까요? '실제의 보살'일까요, 아니면 '방편의 보살'일까요? 진짜는 부처님인데 중생을 제도하기 위한 방편으로 보살노릇을 하시는 방편의 보살입니다. 실제, 경전에서는 관세음보살이 원래 어떤 부처님이었는지를 밝혀 주는 내용이 많이 있습니다. 『천수경』에는 정법명여래(正法明如來)라 하였으며, 『능엄경』에서는 관세음불(觀世音佛)이라 하였던 것입니다.

어머니 같은 존재, 관세음보살

그렇다면 관세음보살은 어떻게 해서 있게 되는 것일까요? 관세음보살님과 같은 분이 존재하지 않았던 석가모니불 당시의 불교, 이를 '원시불교'라고 합니다. 원시불교 당시의 불교를 한마디로 정의하면, '지혜의 종교'입니다. 석가모니 부처님께서 펼치셨던 불교는 지혜의 가르침입니다. "우리는 괴로운 인생을 살고 있다. 왜냐 하면, 무명과 갈애 때문이다. 그러한 괴로움은 없애야 하는데, 그것은 팔정도의 실천을 통해서 이룰 수 있는 것이다." 이것이 바로 사성제(四聖諦)입니다. 거기에는 현실에 대한 냉철한 판단과 그 원인의 분석이 있습니다. 지혜의 작용이 있다는 말입니다. 또 팔정도(八正道)의 실천 역시 자력적인 수행으로서 지혜의 종교임을 여실히 나타내고 있습니다. 팔정도에 "신에게 기도하라, 신에게 제사를 지내라"는 이야기는 없습니다. 모두 스스로의 힘으로 수행해 가야 하는 것입니다. 이 같은 원시불교의 특징을 '지혜의 종교'라고 하는 것입니다.

그러나 지혜의 종교인 불교 역시 세월 앞에서는 장사일 수 없었습니다. 시대가 변하면서 바뀌었다는 뜻입니다. 부처님 법 역시 무상의 법에 종속되는 것입니다. 세월이 흐르자, 중생들의 근기가 엷어집니다. 이제 스스로, 지혜를 닦아서 해탈에 이르고자 하는 사람들이 줄어듭니다. 뭔가, 새로운 것을 찾게 되었습니다. 그것이 자비입니다. 물론, 그렇다고 해서 석가모니 부처님의 불교에서는 자비가 없었다는 이야기가 아닙니다. 『아함경』 안에도 자비를 강조하는 가르침이 많이 있습니다. 다만 전체적으로, 일반적으로 볼 때 그 특성이 자비보다는 지혜 쪽에서 찾아진다는 말입니다.

우리는 석가모니 부처님을 '삼계도사 사생자부'라고 합니다. 자부(慈父), 자비로운 아버지라는 뜻입니다. 석가모니 부처님은 아버지입니다. 반면, 관세음보살은 '대성자모(大聖慈母)'라 합니다. 큰 성인이시고 자비로운 어머니이신 관세음보살이라는 말입니다. 석가모니 부처님은 아버지이고, 관세음보살은 어머니입니다. 그러니까, 대승불교에 이르러 관세음보살이 출현하신 것은 석가모니불의 완성이라 볼 수도 있습니다. 아버지에게 어머니의 존재는 아버지를 완성시켜 주는 의미가 있습니다.

그럼 아버지 어머니의 문제를 아이들의 입장에서 생각해 봅시다. 요즘, 우리 가정들이 많이 흔들리고 있습니다. 옛날에는 얼굴 한번 못 보고 시집 장가를 가도 50년·60년 잘만 살았는데, 요즘은 죽고 못 산다고 시끌벅적하게 연애하고 결혼을 하건만 이혼하는 사람들은 점차 늘고 있습니다. 왜 그렇습니까? 사랑도 무상하기 때문입니다. 아니, 진정으로 아내를, 남편을 사랑하지 않았다는 반증(反證)입니다. 사랑을 사랑하고, 욕망을 욕망하는 것입니다. 당신을 사랑한다 하면서도, 실제로는 당신보다 나를 더 사랑하기 때문입니다. 내가 없을 때, 무아(無我)가 될 때 비로소 당신을 사랑할 수 있는 것입니다. 이렇게 세속의 사랑도, 도를 닦아서 무아에 통달하지 않고서는 불가능한 것입니다.

부부가 이혼을 하게 되면, 제일 큰 문제는 아이들입니다. 그래서 어른들은 서로 '내가 키운다' 하며 싸웁니다. 그럴 때 보면, 아이들을 진정으로 사랑하는 것 같습니다. 아이들을 그렇게 사랑하는데 이혼을 하는 겁니다. 말이 안 되지요. 그렇게 사랑하는 아이들은 부모의 이혼을 바라지 않습니다. 아이들 입장에서는 아버지 어머니 둘 다 필요합니다. 중생들에게는 지혜의 가르침을 주시는 석가모니 부처님과 자비의 손길을 주시는 관세음보살이 둘 다 필요한 것입니다. 그래도 부부가 이혼해야 한다면, 아이들은 사실 어머니가 키우도록 하는 것이 좋습니다. 그것이 차선입니다. 아이를 위해서도, 어머니를 위해서도 좋습니다. 혹 어머니가 재혼하는 데 방해가 될지는 알 수 없습니다만, 아이가 어리면 어릴수록 어머니가 필요합니다. 아니, 어른이 다 되었다고 해도 자식들에게는 어머니가 더욱 필요한 것입니다. 관세음보살 역시 중생에게 바로 그러한 어머니와 같은 존재입니다.

　이제, 여러분은 대승불교는 원시불교를 완성하는 것이며, 관세음보살은 석가모니불을 완성하는 것이라는 점을 아셨을 것입니다.

모든 소원 들어주시는 관세음보살

　예로부터 '엄부자모(嚴父慈母)'라 했습니다. 아버지는 엄하게 키우려 하지만, 어머니는 감싸줍니다. 아버지께 혼나면 어머니 치마 뒤에 숨습니다. 어머니는 무슨 일이든지 아이를 위해서 헌신합니다. 무슨 요구든지 다 들어주려고 합니다. 용돈도 어머니한테 받을 때가 더 많지 않습니까? 이러한 어머니의 모습을 설하고 있는 것이 관세음보살을 말하는 여러 경전들입니다. 대장경 안에는 많은 경전이 있습니다. 관세음보살님께서 참으로 많은 중생들을 위하여 고통을 제거해 주신다 했습니다. 못하실 일이 없는 분으로 그려집니다. 육백만불의 사나이·원더 우먼·배트맨·맥가이버 등은 비교도 안 됩니다. 그들을 다 합쳐도 관세음보살님의 신통력에는 미치지 못합니다. 그러나 여기서 주의할 것이 있습니다. 경전에서 관세음보살님에게 그렇게 위대한 신통력이 있다고 말하는 사실이 곧 우리가 그러한 신통력을 우리에게 베풀어 달라고 말해야만 한다는 것을 의미하는 것일까요? 우리는 신앙의 현장에서 많은 관세음보살님으로부터 얻은 신통력을 경험한 사람들의 이야기를 많이 접할 수 있습니다. 과학적으로 설명하기 어려운 것인지도 모르지만, 신앙적 차원에서 있을 수 있는 사실입니다. 저는 그러한 점을 부정하지 않습니다. 특히 불교신앙에 처음 입문하는 사람들이나 아주 극한적인 어려움에 처한 사람들이나 경전(특히 밀교 경전)에서 설하는 관세음보살님의 신통력을 생각하면서 고통으로부터 해탈을 염원할 수 있을 것입니다.

『천수경』 역시 관음신앙의 경전입니다.『천수경』에 '소원종심실원만(所願從心悉圓滿)'이라 되어 있지요? 원하는 바는 모두 그 마음대로 이루어지게 된다는 것입니다. 그런데 이때의 '마음'은 중생의 마음을 가리키는 것이 아닙니다. 중생심이 아니라 불심입니다. 부처님 마음과 같은, 우리가 갖고 있는 본심에서 우러나는 원은 다 이루어진다는 뜻입니다. 남을 저주하는 원이 이루어지면 되겠습니까? 조선시대 숙종 때 장희빈은 인현왕후가 죽었으면 하는 바람을 가졌습니다. 그러나 그 원은 이루어지지 않습니다. 오히려 자기가 사약을 받고 죽는 결과를 낳았습니다.

우리가 소원성취를 하고 싶으면, 먼저 그 원이 올바른 마음에서 우러난 것이어야 합니다. 우리는 아무 일도 하지 않고, 단순히 관세음보살님께만 모든 것을 요구해서는 안 되는 것입니다. 먼저, 우리 마음을 바꾸어야 합니다. 그런 뒤에 기도하는 것입니다. 가정이지만, 만약 인현왕후를 죽이겠다는 원을 세운 장희빈이 무당을 통해서 저주하지 않고, 스님들과 함께 관세음보살님께 기도했다면 어떻게 되었을까요? 더 나아가 스님에게만 맡기지 않고, 장희빈 스스로 관세음보살 기도를 열심히 했다고 한다면 아마도 인현왕후를 저주하는 마음이 사라졌을 것입니다. 이는 우리가 세속적인 욕심에서 관세음보살의 이름을 부르면서 기도하더라도, 기도하는 순간 관세음보살의 위신력을 입어서 그 마음이 바뀔 수 있음을 의미하는 것입니다. 그것이야말로 진정한 구원이 아닐까요. 그 같은 위신력이 관세음보살에게는 있습니다. 관세음보살님은 자비를 베푸시는 분입니다. 마음속에는 자비종자가 심어져 있기 때문입니다.

『화엄경』적 관음신앙

여기서 생각해 보아야 할 일이 있습니다. 매월 관음재일이 되면, 전국 거의 모든 사찰에서 관음재일 법회를 갖습니다. 재일(齋日)은 '스스로를 경계하고 계율을 지키는 날'이라는 뜻입니다. 그렇게 관음재일을 보내는 분들도 물론 계시겠지요. 그러나 대부분은 그렇지 못한 것 같습니다. 혹시라도 관음재일을 관세음보살님께 무엇을 해달라고 요구하는 날로 보내는 것은 아닙니까? 물론 관세음보살님을 어머니라고 했습니다. 그리고 우리 중생은 어린 아이로 비유했습니다. 처음 불가에 입문한 사람들이나, 혹은 절체절명의 고난 속에 놓여 있을 때 관세음보살님을 찾으며 도와달라고 하는 것은 이해됩니다. 저 역시도 극단적인 어려움에 빠지게 되면 그렇게 기도를 합니다. 그것은 불교 역시 종교인 한 어쩔 수 없습니다.

그런데 제가 앞에서 관세음보살님께 기도를 하면서 도움을 바라는 신앙을 입문과정에 비유하였습니다. 그런데, 절에 다닌 지 10년·20년·30년이 되었는데도 아직도 관세음보살님께 '청구서'를 보내서야 되겠습니까? 몇 년 전, 제가 일본 교토에서 공부하고 있을 때의 일입니다. 한국에서 성지순례단이 와서 안내를 해드린 적이 있습니다. 일본 천태종의 총본산인 비예산(比叡山)에서인데, 한 보살님이 이렇게 말씀하시는 것이었습니다.

관세음보살님도 참 힘드시겠어요.

저는 이 이야기를 잊지 못합니다. 바로 거기에서 성숙된 관음신앙의 모습을 보고, 그 가능성을 보기 때문입니다. 어린 아이는 자랍니다. 자라면 어머니를 정성껏 봉양하며 소원을 들어드립니다. 어머니로부터 도움을 받아야 할 어린이에게는 그 어머니의 도움을 부정할 수 없지만, 우리가 어린이를 교육할 때 어떻게 해야 하겠습니까? 빨리 성장하여 어머니를 돕고 어머니를 봉양하여 효를 다해야 한다고 교육해야 하는 것 아닐까요? 그와 마찬가지입니다. 우리가 관세음보살을 믿고 따르고 배우고 사랑하고 하기를 10년·20년·30년이 되었다고 합시다. 그렇다면, 이미 어린이를 넘어서서 청년으로 장년으로 성장하고 있어야 할 것입니다. 그래서 이제는 우리가 관세음보살을 도와 드려야 하는 것 아닙니까? 물론, 그렇다고 해서 아주 극한적인 어려움에 처했을 때에까지 혼자 힘으로 다 해결하라는 것은 아닙니다. 그럴 때는 어머니와 상의를 하고, 어머니의 도움을 받을 수 있는 것처럼 관세음보살님께 그렇게 도움을 요청할 수도 있습니다.

이러한 관음신앙에 대한 이야기는 『화엄경』에 나옵니다. 「입법계품」에서 선재동자가 찾아뵌 53선지식 중 28번째 선지식이 바로 관세음보살님입니다. 선재동자가 여러 선지식을 찾아다니면서 문답을 나누는 이야기가 「입법계품」 임은, 여러분들도 다 아시는 바 입니다. 그때, 무엇을 물었습니까? 간략히 말하면, "어떻게 보살행을 행하며, 어떻게 보살행을 배워야 하겠습니까?"라는 것입니다. 이에 대하여, 53선지식은 각기 하나의 법문을 설해 줍니다. 그런데, 그 법문들은 대개 그들이 익히고 배워서 아는 것입니다. 관세음보살이 선재에게 설해 주신 법문은 곧 '대비행의 법문(大悲行門)'입니다. 큰 자비행을 행하라는 것입니다. 이와 같은 문답이 관세음보살과 선재 사이에 있었던 것입니다.

이처럼 『화엄경』의 관세음보살은 스승입니다. 선재의 스승,

중생의 스승입니다. 스승이란 물음을 받고 대답하는 자입니다. 구함을 받는 자는 구제하는 자가 되기 어렵습니다. 그러나 스승에게 가르침을 받는 제자는 스승처럼 되어야 합니다. 될 수 있습니다. 청출어람(靑出於藍)이라는 말처럼, 제자가 스승의 어깨를 밟고 넘어서는 것, 스승보다 더 훌륭한 스승이 되는 것이야말로 진정한 스승의 기쁨입니다. 이럴 수 있을 때 스승의 은혜를 비로소 갚게 되는 것이겠지요. 『화엄경』 입법계품은 우리에게 관세음보살님이 되기를 요구하고 있습니다. 이제, 우리의 관음신앙은 '관세음보살 되기 운동'이 되는 것입니다.

화엄적 관음신앙의 또 다른 측면은 '관세음보살 돕기 운동'입니다. 앞에서 한 보살님이 말씀하신 것처럼, 참으로 중생제도에 힘드실 관세음보살님을 이제는 우리가 좀 도와 드려야 한다는 것입니다. "아니, 관세음보살님이 무엇이 불쌍하다고 관세음보살을 돕는다는 말인가?" 그렇게 생각할 수 있습니다. 그러나 꼭 불쌍해서 돕는 것이 아닙니다. 전국 수많은 사찰에서 모두 관세음보살의 자비를 원하니 그 자비 실천을 우리가 대신해 눈코 뜰 새 없이 바삐 움직이실 관세음보살의 일손을 조금이나마 덜어드리자는 것입니다. 그것이 곧 관세음보살님을 돕는 일입니다. 「입법계품」에서 관세음보살이 말씀하셨습니다. "자비행을 실천하라." 이렇게 스승의 일을 돕는 자가 제자입니다. 우리는 관세음보살님의 제자가 아닙니까.

성숙한 관음신앙

 이러한 화엄적 관음신앙은 『화엄경』입법계품에 나옵니다만, 이를 잘 계승한 것이 바로 우리 한국 화엄의 초조(初祖) 의상(義相) 스님입니다. 그 분은 『백화도량발원문』이라는 발원문 속에서, '관세음보살 되기, 관세음보살 돕기'의 관음신앙을 발원하고 있습니다. 또 사실 알고 보면, 『천수경』의 관음신앙도 그 같은 화엄적 관음신앙의 모습을 띠고 있습니다. 저는 관음신앙을 하며, 관음신앙의 소의경전의 하나인 『천수경』을 좋아합니다.
 이러한 『천수경』연구나 해설을 통하여 궁극적으로 뜻하는 바는 관세음보살님께 우리를 도와달라는 관음신앙보다, 우리 스스로 관세음보살이 되어가고 또 그분을 도와달라는 신앙이 있음을 정립시키려고 발원하고 있습니다. 이것이 저의 관음신앙입니다. 물론, "관세음보살님, 도와주세요"라고 하는 관음신앙이 반드시 잘못되었다거나, 혹은 필요 없다는 것이 아닙니다. 그렇지 않다는 점은 이미 앞서 말씀드린 바 있습니다. 다만, 이제는 우리의 관음신앙을 좀더 '성숙한 관음신앙'으로 승화시켜야겠다는 생각입니다. 관세음보살의 삶을 본받으며, 관세음보살님처럼 큰 자비행을 실천하는 보살이 되시기 바랍니다.

중국 보타락가산 참배기

보타산 가는 길

어제(2004. 11. 4)의 여정은 전투적 강행군 그 자체였다. 장가계(張家界)를 감탄한 뒤 밤 비행기로 상해까지 돌아왔기 때문이다. 호텔에 투숙한 것이 아마도 새벽 2시는 되었을 것이다. 첫날의 4시간 보다 1시간이 줄어든 3시간이 취침시간으로 주어졌다. 아무도 불평이 없다.

오늘은 보타락가산 가는 날이다. 상해 노조항(蘆潮港)에 도착해 보니, 다리를 건너지 못하게 막는다.

"배도 들어오지 않았는데, 왜 이렇게 일찍 가는가?"

그렇게 말하는 것 같다. 버스를 대놓고, 한참을 쉰다. 바닷바람이 상당히 쌀쌀하다. 화장실을 가려는데, 선착장에서 운영하는 것임에도 돈을 내란다. 다들 참는다. 이렇게 오래 배를 기다릴 줄 알았으면 천천히 출발해도 되지 않았을까. 부족한 잠 때문인지 그런 생각이 잠시 지나간다. 그러나, 사실은 여기 와서 기다리는 것이 좋지. 배를 놓치기라도 한다면, 이번 여행은 완전히 망치는 것 아니겠는가.

배를 기다리는 데 한국의 스님들이 인솔하는 성지순례단 2팀이 더 온다. 부산에서 오셨다고 한다. 우리가 타고 갈 배는 수 백 명이 탈 수 있는 큰 배다.

출발!

드디어 관세음보살님이 계시는 보타락가산을 향하여 파도를 맞받으며 나아간다. 모두들 배멀미를 겁냈는데, 막상 배는 그냥 평지에 서있는 것 같다. 그만큼 파도가 잔잔하다. 누구는 보타락가산을 네 번이나 가려했는데, 상해까지 와서도 한 번 밖에 가지 못했다 했는데 말이다. 아무튼 감사할 일이다.

내 자리에 앉아서 눈감고 기도를 시작한다. 사실, 나는 관음신앙을 하고 있다. 보타락가산은 관세음보살님께서 계시는 곳이라 하니, 그만큼 각별한 마음이 든다. 섬 어딘가에 정말 관세음보살님이 계실 것이다. 그렇게 믿고서, 푹 기도나 하고 싶다. 그렇게 할 수 있었으면 좋겠다. 마치 고향을 찾은 아들이 어머니 품안에서 낮잠도 자고 하는 것처럼. 그렇게 휴식하는 것처럼 말이다. 정말, 내게는 그런 휴식과 기도가 필요하다. 그러나 단체여행이라는 것이 어디 그렇게 자유로울 수 있겠는가. 가이드의 인도에 따라서 이리 우루루 저리 우루루 뛰어다녀야 하니 말이다. 장점이 있는 만큼 단점도 있다. 그래서 배 타고 가는 시간만이라도 기도를 하기로 했다.

"교수님, 기도 열심히 하는 데 우리는 놀기만 해서 방해했네요."

"아닙니다. 오히려 제가 기도를 해서 노는 사람들 방해를 했지요."

그런 줄 알면서도 기도는 내게 그만큼 절실하였다. 업을 바꾸자! 그리고 새롭게 건강한 삶을 시작하자. 그런 염원이 있었기 때문이리라.

눈을 감고 신묘장구대다라니를 수없이 반복하여 암송한다. 점점 속력을 붙여 간다. 가속도가 붙을수록 명확한 발음이 불가능해진다. 신묘장구대다라니 위의 공간을 지나가는 내 머릿속의 의식이 내 입으로 행하는 발음의 속도를 저 멀리 앞서가기 때문이다. 이 불일치를 줄여가는 길은 다라니의 소리들을 다 따라서 읽지 않는 길이다. 어쩌다가 호흡을 쉬는 단계에서 만나는 글자만 소리 내어서 한 번 읽는다. 그렇게 모처럼 발음되는 글자들은 마치 징검다리에서 돌이 차지하는 역할을 할 뿐이다. 나중에는 첫 글자 '나'와 마지막 글자 '하'만을 발음하면서 의식을 집중하여 그 사이에 하나의 선분을 그어갈 뿐이다. 그렇게 하다 보니 마치 선(禪)에서의 의식집중과 유사해지는 느낌이다. 주변에서 사람들이 끊임없이 말하고 있지만, 그런 소리들은 거의 토막 나 버린다. 온전히 문장으로 들리지 않으니 또 다른 망상을 낳지 않는다. 이런 방식의 염송방법은 누구에게서 배운 것이 아니라 그저 행하다 보니 그렇게 된 것이다.

신묘장구대다라니 염송을 마치고 "관세음보살" 염불을 한다.

이 역시 목탁을 치면서 할 때와 같은 정상속도가 아니다. 속도를 빨리 하다 보니 망상이 틈입할 여지도 줄어드는 것 같다. 이러는 중에 땀이 흘러내린다. 반신욕을 할 때처럼 말이다.

그렇게 기도를 하다 보니 하마 보타산에 다 왔다. 상해에서 약 3시간 정도 걸린 것 같다. 나중에 『절강도(浙江圖)』를 보니, 우리의 느낌처럼 옆으로 간 것이 아니라 동남방을 향해서 내려갔음을 알 수 있었다.

관세음보살님은 어디에

보타산은 작은 섬이다. 아마도 자전거를 빌려 타면 한 나절에 섬을 일주하는 것이 가능할지 모른다. 섬을 둘러싼 바다는 잔잔하고, 섬 안의 산들은 나직하니 포근하다. 평화로운 정경이다. 산이 낮아서 좋다. 나는 높은 산을 그렇게 좋아하지 않는다. 장가계와 같은 절경을 보는 것도 좋아하지만, 살라고 하면 못 살지도 모른다. 아마도 내 성품과 맞지 않는 모양이다. 내가 교토에서 그렇게 편안하게 산 이유도 주변을 둘러싼 산들이 나직했기 때문으로 생각하고 있다. 역시 자연경관만으로도 보타산은 충분히 성지라 할 만하다.

이 보타산은 관세음보살님이 계신 성지이다. 여기 와서 보니까 보타산과 낙가산의 두 섬으로 보타락가산이 이루어져 있음을 알게 되었다. 그렇지만, 경전에는 보타락가산이라고 되어 있다. 『화엄경』 입법계품에 의하면, 보타락가산에 관세음보살님께서 계신 것으로 되어 있다. 그런 곳에 우리는 왔다. 정말 나는 뜻하지 않게, 불교대학원 교학부장이라는 소임을 하는 덕분으로 졸업여행 인솔자로서 따라 오게 되었다. 아마도 관세음보살님의 가피(加被)가 있었음에 틀림없으리라.
 "정말 관세음보살님께서는 이 보타락가산에 머무시고 계시는 것일까?"
 이 주제에 대해서 잠시 생각해 본다. 내 대답은 "알 수 없다"는 것이다. 계시는지도 모르겠고, 아니면 외출하고 안 계신지도 모르는 일이기 때문이다. '주처'라는 말은, 주소지라는 의미보다는 고향이라는 의미가 아닐까 한다. 우리의 경우에도 고향에서만 사는 것은 아니지 않은가. 고향을 떠나서 사는 경우가 더 많을지도 모른다. 중생에게 자비를 베푸시느라 바쁘실 관세음보살님께서 편안하게 고향에 머무시고 계실 것인가. 그렇게 중생제도에 여념이 없으실 관세음보살님의 입장에서 헤아려 본다면, 도대체 고향이니 주처니 하는 말들이 모두 무슨 의미를 갖겠는가. 중생이 있는 곳이면 어디든지 곧 고향일 수 있겠기 때문이다.
 "보살님께 무슨 고향이 있어? 사람도 아닌데?"
 그렇게 반문할 사람이 있을 것도 같다. 정말, 그렇다. 위에서 이야기한 바대로, 부처님이나 보살님은 주처가 없다〔無住處〕고 해야 옳을 것이다. 그런데, 왜 경전은 보타락가산이라는 공간을 관세음보살의 고향으로서 설정하였던 것일까? 관세음보살님의 '존재함'을 분명히 하기 위한 장치다. 모든 사람들은 다 고향이 있다. '존재함'의 증거로서 고향이 없을 수 없게 되는 것이다. 고향을 설정함으로써 관세음보살의 존재가 현실로 증명되기 때문이 아니었을까. 진실로 관세음보살이 존재한다면, 고향 역시 있어야 한다. 물론, 태어나는 시간도 있어야 한다. 언제 출가했는지……구체적인 사건의 시간이 설정되는 것도 마찬가지 맥락이라고 나는 생각한다. 호텔에서 구입한 『남해관세음보살』(舟山市普陀山管理局 발행)이라는 사진 책은 1999년 10월 27일(음 9월 19일)을 관세음보살의 출가기념일로 생각하면서, 그것을 기념하기 위하여 출판함을 기록하고 있다. 이러한 일을 어떻게 설명할 수 있을까.

우선 대승불교에 이르면 수많은 부처님과 보살님이 등장하는데 그 모델은 석가모니 부처님이라는 점을 주목해야 한다. 석가모니 부처님은 탄생·출가·성도 그리고 열반의 모든 과정이 역사적인 사실로서 묘사되고 있다. 따라서 대승의 여러 불·보살님들이 석가모니불을 모범으로 삼을 때, 대승의 불·보살님들 역시 석가모니불과 마찬가지로 시간적·공간적으로 형상화될 수밖에 없었을 것이다.

다음으로 생각해 보아야 할 것은, 사실성 여부이다. "그렇다면 그것은 사실이 아니지 않은가"라고 사람들이 물을지도 모르기 때문이다. 그러나 이러한 신앙과 관련한 여러 가지

일들은 사실(fact)의 차원에서가 아니라 현실(reality)의 차원에서 이해되어야 한다는 점을 잊어서는 안 된다. 관세음보살의 출가기념일이나 고향의 설정 등은 "역사적으로 정말 그랬는가"라는 차원에서 문제되어야 할 대상이 아니라 "관세음보살을 믿는 사람들의 마음속에는 그러한 것들이 현실로서 받아들여졌다"는 점에서 이해되어야 한다.

불교를 조금 공부한 사람들은 이렇게 말할지도 모른다. "관세음보살님을 뵈오려고 하는 사람들의 마음속에 관세음보살님이 계신다"고 말이다. 이 말은 절반 정도밖에 맞지 않는 것같다. 관세음보살님께 무엇인가를 기대하는 사람들은 관세음보살이 될 수 없기 때문이다. 관세음보살님께 무엇인가를 기대하는 이상 언제나 관세음보살님에게 구제받는 대상으로 머물 수밖에 없지 않겠는가. 그럴진대 어떻게 중생을 제도할 수 있는 관세음보살이 될 수 있다는 말인가. 오히려 관세음보살님께 어떤 것도 기대하지 않고서 다른 이웃들을 도우려고 하는 자비심을 갖고 있는 사람이라면, 그 사람의 마음속에는 관세음보살님이 계신다고 해도 좋을 것이다.

"방하착(放下着), 즉 욕망을 버릴 수 있을 때 비로소 관세음보살님이 출현할 것이다."

어쨌든 우리가 보타산에서 참배한 큰 절들에서 우리는 금빛 옷을 입고 계시는 관세음보살님을 많이 뵈올 수 있었다. 사진으로 보는 아버지 어머니가 아버지 어머니가 아닌 것이 아닌 것처럼 분명 관세음보살님임에는 틀림이 없다.〔물론 사진의 아버지 어머니가 진짜 아버지 어머니가 아닌 것만큼 상으로서의 관세음보살이 진짜 관세음보살이 아닐 수도 있다. 不一不異!〕 그러나, 이미 『법화경』 관세음보살보문품에서 말씀하고 있는 것처럼, 관세음보살님이 우리 앞에 나타나실 때에는 지금 우리가 법당 안에서 뵙고 나온 그 모습 그대로 나타나시는 것은 아닐 것이다. 보관을 쓰시고, 보배 영락을 주렁주렁 늘이시고 금빛 찬란한 모습으로 뵈올 수 있는 것은 분명 아닐 것이다. 어쩌면 가장 허름한 행색으로 나타날지도 모르고……. 관세음보살님을 만나고서도 만난 줄 모르고 지나칠 수도 있을 것이다. "오직 부처님과 부처님만이 진리의 참모습을 다 알 수 있다"고 하신 『법화경』의 말씀처럼, 우리가 관세음보살님이 될 수 있을 때, 비로소 우리는 관세음보살님을 알아차릴 수 있을 것이며 만나 뵈올 수 있을 것이다.

이런저런 생각을 하면서 보타산의 3대 사찰을 두루 둘러보았다. 크기와는 역순으로 우리는 세 번째라는 혜제사(慧濟寺)부터 두 번째라는 법우사(法雨寺)를 들러서 제일 크다는 보제사(普濟寺)의 순서로 참배하였다. 지난(2001) 번 중국여행에서도 그런 것을 느꼈지만, 오랫동안 종교의 자유가 없었다고 하는 중국에서도 종교적 신심은 쉽게 사라지지 않았음을 확인한다. 스님들이나 신도들의 신심 역시 대단한 것 같다. 혜제사 입구에서는 한 경건한 보살님이 삼배일보를 하고 있었으며, 불긍거관음원(不肯去觀音院)에서도 내리막의 계단을 내려가면서 삼배일보를 하는 한 노스님을 만날 수 있었다. 〔계단에서의 절은 진행방향이 아니라 옆으로 방향을 틀어서 한다.〕

"어디서부터 저렇게 해오고 있는 것일까?

삼배일보, 그것이 우리에게는 저항의 코드처럼 되어버린 감이 없지 않은데……. 바라보는 우리마저 숙연한 마음이 인다.

다만, 나로서 별로 편하지 않는 것은 향연(香煙)이었다. 중국에서는 절이든 도교사원이든 크고 길다란 향을 몇 개씩 한 묶음으로 묶어서 불을 붙여서 공양하는데, 그 연기가 좋지 않다. 거기다가 무슨 종이도 태운다. 그런 공양물을 절 입구에서는 잔뜩 쌓아두고 판다. 그렇게 큰 향을 많이 피워야 복을 많이 받는다고 생각하는 것일까. 연기가 무서워서 얼른얼른 피해 다닌다. 부처님이나 관세음보살님은 그런 매캐한 연기를 좋아하실까. 법당 안의 부처님을 배려한 때문인지, 우리와 달리 법당 안에서 향을 피우지 않고 법당 밖에서 태운다. 그래도 연기는 날아들 것 아니겠는가.

"한 줄기 맑은 향(一炷淸香)."

그 속에서 향기로운 우리의 삶을 꿈꾸어 보는 것이 더 낫지 않을까. 그래서 그런지, 보타산의 사원들 풍경이 사실은 번잡스런 느낌이다.

"경건한 맛이 없어요."

"어수선하긴 하네요. 관광지 사찰이라서 그럴 것입니다.〔성지가 관광지가 되는 운명의 길, 그 길을 지금 보타산 역시 걸어가고 있다.〕하지만, 향을 켜 들고 절하는 사람들의 마음은 경건하지 않겠어요."

그렇다. 우리가 찾아가 본 보제사·법우사, 그리고 혜제사와 같은 큰 사찰에서는 경건한 맛을 찾기가 쉽지 않았다. 그러나 보타산에서 일박한 이튿날 새벽 내가 행문(行文)스님과 함께 산책길에서 만난 은수암(隱秀庵) 같은 작은 절은 참으로 한적하였다. 그런 작은 절이 수십 개라고 한다.

불긍거관음(不肯去觀音)

관음성지로서 보타산의 중심은 3대사찰이 아니라 불긍거관음원에 있다고 해야 한다. 불긍거관음원이야말로 보타산이 관음성지로 조성되는 인연이 되었기 때문이다.

"불긍거관음이라고? 금시초문인데……."

비록 관세음보살에게는 수많은 이름과 변화된 모습이 있다고 하더라도, '불긍거관음'은 처음 듣는 이름이 아닐 수 없다. 그러니 이상한 느낌이 드는 것도 당연하리라. 불긍거관음에 대한 궁금증을『여행안내책자(導游手冊) ― 보타산』(西安地圖出版社)는 다음과 같이 풀어주고 있다.

당나라 함통(咸通) 4년(863), 일본의 고승 혜악(慧鍔)이 오대산으로부터 관세음보살 성상(聖像)을 모시고 귀국하는데, 배가 보타산 앞 바다에 이르러 풍랑을 만나 신라초(新羅礁)에 좌초되었다. 관음이 기꺼이 일본으로 가려고 하지 않으므로 마침내 성상을 머물게 하였는데, 산민(山民) 장씨(張氏)가 집을 내어서 공양하여 받들어 모셨으므로 '불긍거관음'이라 칭하였다. 오대 후량(後梁)의 정명(貞明) 2년(916)에 불긍거관음원을 건립하였으니, 보타산 관음도량의 시작이 되었다.

왜 관세음보살님께서는 일본으로 가시려고 하지 않았던 것일까? 어디든지 중생이 요구하는 곳이라면 기꺼이 가실만 한 분이 관세음보살님이 아니던가. 궁금한 일이 아닐 수 없다. 이 이야기를 좀더 상세하게 들여다보고 싶어진다. 마침 내가 호텔에서 구입한 『보타락가산의 불교고사(普陀洛迦山佛敎故事)』에 좀더 자세한 유래가 있었다. 좀 길지만, 거칠게나마 그 내용을 옮겨보면 다음과 같다.

> 당나라 함통 연간에 혜악이라는 일본의 스님이 중국에 와서 여러 고찰을 순례하다가 오대산에 이르렀다. 오대산의 방장과 함께 경을 외우며 법을 이야기하고, 참선을 하고 바둑도 두면서 막역한 사이가 되었다.
> 어느날 혜악은 대웅전 뒤에 있는 전단향 나무로 조성된 관음상을 보았다. 그 관음상이 풍기는 느낌이 너무나 편안

하고 균형 잡혀 있어서 마치 살아계신 듯하였다. 혜악은 이 관음상 앞에 서서, 보고 또 보며 찬탄을 거듭해 마지않았다. 방장이 이러한 모습을 보고서 곧 물었다
"스님, 이 관음상이 어떻습니까?"
혜악이 연신 칭찬하여 마지않았다.
"좋습니다, 좋습니다. 제가 이 나이까지 보아온 관세음보살상 중에서 그 조각이 가장 교묘하여서 마치 관음대사(觀音大士)의 마음이 살아나오는 듯 합니다. 정말 한 분의 살아있는 대자대비의 관세음보살님입니다!"
방장이 그가 그렇게 기뻐하고 좋아하는 것을 보고서는 곧 웃으면서 말하였다 :
"만약 스님께서 좋아하신다면 스님께서 모시고 가서 공양하도록 하시지요."
혜악이 이 말을 듣고서는 황망히 열 번의 절을 하였다. 그는 일본으로 돌아가서 절을 지어서 모시고 일본의 중생들이 모두 와서 참배토록 할 생각이었던 것이다.
혜악은 오대산을 떠나서 구화산을 거쳐서 마지막으로 천태산으로부터 하산하여 영강구(靈江口)에서 돛을 올려서 귀국하고자 했다.
이 날 배가 보타산 앞 바다에 이르자 홀연히 큰 바람이 일어나더니 배가 좌우로 기우뚱 거리며, 제 자리에서 뱅뱅 돌기만 하였다. 혜악이 방법이 없어서 배를 보타산의 한 해변으로 몰고 가서 닻을 내리고서는 큰 바람이 자기를 기다려서 다시 출발하고자 하였다. 이튿날은 바람이 자고 파도가 잔잔하였으므로 혜악은 돛을 올리고 출항하였다.
배가 해변을 떠나자마자, 바다 위에서는 홀연히 한 무더기

의 회백색 안개가 일어나더니 마치 큰 천이 내려와서 배의 앞면에 버티어 선 것처럼 갈 길을 막았다. 혜악은 선상에 서서 망망대해를 바라보았다. 머리 위에는 한 조각 파아란 하늘이었고, 좌우를 둘러보아도 안개의 양쪽에는 청명한 바다였을 뿐이다. 혜악은 배를 잘 저어서 안개를 둘러서 앞으로 나아가고자 했다. 그런데, 배가 왼쪽으로 가고자 하면 안개도 왼쪽으로 가고 배가 오른쪽으로 가고자 하면 안개도 오른쪽으로 이동하였다. 바다 위의 배는 이리저리 돌기만 하다가 마지막에는 보타산 앞 바다에 도달할 뿐이었다. 혜악은 달리 방법이 없었으므로 다시 보타산의 해변으로 배를 대고서는 돛을 내리고 안개가 걷히기를 기다려서 다시 출발코자 하였다.

사흘째 날 이른 아침에는 붉은 태양이 바다 위로 솟아올랐다. 혜악이 배를 출발시켰는데, 구름 중간에 우뚝 솟은 화려한 누각이 있어서 선녀가 왕래하였다. 보배 구슬이 빛나서 사람들의 눈을 부시게 하였다. 그는 마음으로부터 기뻐하면서 열 번 정례(頂禮)를 한 뒤, 돛을 올리고 출항하였다. 이상하게도 배가 출발하자, 하늘 위에서 보이던 기이한 광경이 홀연히 사라지고 새구름〔鳥雲〕이 태양을 가리고 바닷바람이 큰 파도를 일으켰다. 혜악은 마음이 급해졌다 :

"이런 일로 몇 날 며칠을 허송해서야 어떻게 관세음보살님을 일본으로 모셔갈 수 있겠는가. 여기는 바람, 여기는 파도, 신경쓸 게 무엇이람. 출발, 빨리 출발!"

혜악이 사공들을 재촉하여 해변을 나서자 파도가 배 앞을 가로 막았다. 바람은 다시 맹렬해지고 파도도 더욱 높아졌으나, 혜악의 마음만은 당황하지 않고 뜻은 어지럽지 않으며 뱃머리에 서서 경을 외우고 염불하였다. 바람과 파도는 비록 잠잠해졌으나, 배가 앞으로 나아가려고 하더니 멈추어 버렸다. 그가 바라보니, 바다 위에는 철로 된 연꽃〔鐵蓮〕이 동동 떠오는 것이 아닌가. 둘러보니 보타산 앞바다에는 철로 된 연꽃이 가득하였으며, 배는 그 사이에 포위되어 버렸던 것이다. 혜악은 생각하였다.
"두 번이나 걸쳐서 출발하고자 하였으나 모두 풍랑이 일어서 못 갔는데, 오늘 또 철로 된 연꽃이 배를 봉쇄하였으니 관세음보살님께서 일본으로 가시지 않으려고 하는 것일까."
그는 선실 안으로 들어와서는 관세음보살님 앞에 꿇어앉아서 기도하면서 고하였다 : "만약 일본의 중생들이 부처님을 뵈올 인연이 없다고 한다면, 저는 보살님께서 정해 주시는 방향에 따라서 절을 짓고 공양 올리겠습니다."
이 말이 떨어지기 전에 홀연히 "첨벙"하는 소리가 들리더니, 바다 밑에서 한 마리의 철로 된 소〔鐵牛〕가 솟아 나와서 헤엄쳐 다니면서 철로 된 연꽃을 다 먹어치워 버렸다. 그러자 바다 위에는 한 줄기 길이 열리고, 꼭 배가 지나가기 좋았다. 배는 철로 된 소를 뒤따라서 갔다. 오래지 않아서 또 "첨벙"하는 소리가 들리더니 철로 된 소는 바다 속으로 들어가 버렸으며, 바다를 그득 메우고 있던 철로 된 연꽃들이 자취도 없이 사라져 버렸던 것이다. 혜악이 바라다보니 배가 다시 보타산의 해변으로 돌아와 있었던 것이다.
구름은 사라지고 하늘은 맑았으며 태양은 높이 떠서 하늘을 비추었다. 이때 장씨(張氏)라는 성을 가진 어민이 산으로부터 내려와서 혜악에게 말하였다.
"이 며칠 간의 사정을 저는 다 보았습니다. 당신은 가실 수가 없습니다. 우리 마을에서 며칠 머무시다가 다시 떠나십시오."
혜악이 그의 열정을 보고서는 그렇게 하자고 답하였다. 혜악은 손으로 관음상을 받들고서 어민을 따라서 보타산으로 올라가서 보니까, 금빛이 빛나는 모래사장 위로 바닷물이 들어왔다가 나가며, 산봉우리 주위로는 나무가 울창하며 망망대해가 펼쳐져 있었다. 새벽에는 일출을 보고 밤에는 조수의 소리를 듣는 것이 오대산과 비교해 보더라도 정말 대단한 풍광(風光)이었던 것이다. 그는 "기왕 관세음보살님께서 일본으로 가시지 않으려 하니, 이 마을에 절을 지어서 관세음보살님께서 보타산에 머물러 계시도록 해야겠다"라고 생각하였다. 장씨 성을 가진 어민은 절을 지으려 한다는 말을 듣자, 대단히 기뻐하면서 자기네 집을 내어서 간략히 수리한 뒤에 조그마한 암자를 이루었다.
암자가 조성되고 관음상을 모시게 되자 혜악은 아침저녁으로 참배하였다. 이로부터 전단향 나무로 조성된 관음상이 이 보타산에 머물러 있게 되었다. 저 작은 암자를 '불긍거관음원'이라 부른다.

감동적이다. 재미있기도 하고……. 물론, 현대인이 이 이야기를 듣는다면 웃어버리고 말 수도 있지만 거기에는 진실이 담겨 있다. 우선 우리가 이 이야기를 통해서 만날 수 있는 것은 한 사람의 진실한 신앙인의 모습니다. 간절히 우러러 보면서 찬탄하고, 공양 올리고자 하는 혜악스님의 마음 말이다. 그러면서도 관세음보살님의 뜻에 따르고자 한다.

다음으로 생각해 보고 싶은 것은 기어이 일본으로는 가시지 않으려 했다는 관세음보살님의 뜻이다. 물론 혜악이 생각한 것처럼 그때까지 "일본의 중생들이 관세음보살님을 뵈올 인연이 없었다"고 해석하는 것도 무리는 아닐 수 있지만, 그것보다는 더욱더 이 보타산에 머무시고 싶으셨다는 이야기를 담고자 했던 것은 아닐까. 그래서 보타산을 관음성지로 만들고 싶었던 것이리라. 관세음보살님을 이 곳에 머물지 않게 하고서는, 보타산을 관음성지로 변신시키는 것이 불가능하기 때문이다. 애시당초 이 이야기·설화의 작자는 그런 것을 의도했던 것으로 나는 생각해 본다. 이 이야기를 만들어 낸 사람들이 중국 사람이라는 점을 생각하면 "우리 땅에 관세음보살님께서 계시고자 하였다"는 이야기를 좀더 극적으로 구성한 것이 "일본이든 어디든 다른 나라로는 가시고 싶어 하지 않으셨다"는 이야기로 표현된 것이리라. 이런 생각은 사실 어디에도 있었다. 우리의 신라에서도 여러 가지 이야기로 "우리나라 신라는 부처님께서 계시는 불국토이다"라는 점을 만들어내지 않았던가. 그와같은 맥락에서 이 이야기를 이해할 수 있다.

지금 우리가 중국이니 일본이니 한국이니 하지만, 관세음보살의 본의에는 그런 국경이 있을 수 없겠기 때문이다. 하여튼, 일본 사람들은 자기들과의 인연을 소중히 하면서 불긍거관음원을 특별한 곳으로 만들었다. 현재 일본의 관서지방 서른 세 곳의 관음도량과 네 곳의 특별도량을 합하여 서른일곱 군데의 사찰에서 서른일곱 분의 석조 관음상을 조성하여 불긍거관음원의 오른쪽 회랑에 모시고 있다. 물론 일본불교계의 시주가 다만 거기에만 머물지는 않았을 것이다.

그런데, 여기에 또 다른 이야기가 있다. 우선 그 실마리는 불긍거관음원의 분위기에서 찾아진다. 낙산사 홍련암을 가본 사람이 불긍거관음원을 가서 본다면 이구동성으로 "닮았다"는 느낌을 지을 수 없을 것이다. 홍련암이나 불긍거관음원이나 공히 바닷가에 있다는 점은 물론, 의상대와 같이 바다를 향해 서있는 정자(澹澹亭)와 바닷물이 들어오고 나가는 사이에 관세음보살이 존재한다고 하는 동굴(潮音洞)의 존재 등이 유사함을 더해 준다. 마침 고려말 원나라를 방문했던 나옹(懶翁)스님은 이 보타산 조음동을 방문하여, 시 한 수를 남기고 있다.

> 원통(圓通)의 경계를 누가 알리오?
> 예나 지금이나 처음부터 잠시도 끊어짐이 없는 것을.
> 바닷물이 들어와 철썩 뒤치면서 동굴에 가득 차니
> 범음(梵音)이 그윽한 기틀을 드러내누나.

圓通境界孰能知　今古初無間斷時
大海潮飜來滿洞　梵音開發妙玄機
(「題東海寶陀窟」)

　간단없이 이어지는 집중 속에서 비로소 관세음보살의 원통삼매를 얻을 수 있음을 말한 뒤에, 조음동의 물소리가 곧 관세음보살의 범음으로서 선(禪)의 소식을 전하고 있음을 노래한다.
　다시, 이야기를 불궁거관음원과 우리의 홍련암 사이의 영향관계로 돌려보자. 과연 어느 쪽이 영향을 받았던 것일까? 그야 당연히 의상스님에 의한 낙산사의 건립이 먼저이므로 영향을 받았을 가능성은 중국의 보타산쪽이다. 사실, 의상스님이 당나라로부터 귀국(670)하신 뒤에 세운 낙산사의 명칭 역시 보타락가산의 줄임말임이 분명하다. 이때 의상스님은 중국의 보타락가산(=보타산)을 본받은 것이 아니며, 인도의 보타락가산(potalaka)을 우리 땅에 구현코자 한 것이다. 〔그러한 의지는 『삼국유사』에 분명히 표명되어 있다.〕 그리고 그에 대한 정보는 현장(玄奘)스님의 『대당서역기』에 이미 보인다.〔의상스님 저술로서 『백화도량발원문』이 있는데, 이 때 '백화도량'은 그대로 보타락가산의 번역어이다.〕 그렇다면 이러한 의상스님의 움직임이 중국으로 역수입될 수 있었던 것일까? 나는 충분히 가능한 일이라고 본다. 우선 의상스님이 갖고 있는 중국 불교계 안에서의 비중이다. 장안 근방 종남산 지상사에서 함께 공부하였던 18세 연하의 사제(師弟)인

현수법장(賢首法藏)이 자기 저서를 보내서 감수를 요청하고 있었던 사실은 당시에 의상스님은 귀국 이후에도 중국과의 교류관계를 지속하고 있었음을 증언한다. 뿐만 아니라 신라와 당나라 사이에는 오늘날 우리가 생각하는 것 이상으로 활발한 문화교류가 행해졌다. 신라 하대로 들어와서 장보고가 등장하면서는 한·중·일 삼국간의 해상관계는 모두 장보고의 영향 아래에서 행해졌다고 볼 수 있을 정도이다. 그렇다면 의상스님 이후 상당한 시간이 지났다고 하더라도 우리에게 존재하던 보타락가산 조성운동의 소식이 저쪽에 전해졌을 수도 있었을 것이다.

과연 의상스님의 낙산사 건립은 중국의 보타산이 관음성지로 형성되는 데에 어떤 영향을 미쳤을까? 마침 이러한 우리의 의문에 대해서 우리 학교 사학과의 명예교수이신 조영록 선생님의 논문이 있다. 「중국 보타산 관음도량과 한국……보타산 불긍거관음전은 제2의 낙산 홍련암……」(『한중문화교류와 남방해로』, 국학자료원, 1997.)이 그것이다. 위에서 우리가 살펴본 혜악(惠萼, 鍔은 잘못이라 한다.)스님 관련 이야기가 등장하는 문헌자료는 『보경사명지(寶慶四明志)』(1225~27)와 『불조통기(佛祖統紀)』(1269) 등이 있다 한다. 이러한 자료들에 의해서 불긍거관음원의 연기설화는 일본승려 혜악의 믿음을 중심으로 형성되어 갔던 것이다. 그러나, 이들 문헌과는 다른 기사를 전하고 있는 사료가 있다. 바로 송나라 인종(仁

宗) 대에 보타산에서 출발하여 고려에 사신으로 왔던 서긍(徐兢)이 기록한 『고려도경(高麗圖經)』(1124) 제34권의 기사이다.

> 석교(石橋) 위의 산록에는 소량(蕭梁)이 세운 보타원이 있고, 전각에는 신령스런 관음이 있다. 옛날에 신라의 상인이 오대산에 갔다가 그 불상을 조각하여 싣고 본국으로 돌아가려 하였다. 바다로 나갔으나 좌초하여 배가 걸려 나아가지 아니하여 관음상을 바위 위에 내려놓았다. 상원(上院)의 승려 종악(宗岳)이 전각 안으로 모셔 들였더니, 이 이후로 해상으로 왕래하는 이들은 반드시 나아가 기도함에 감응하지 않음이 없었다.
> 오월(吳越)국의 전씨(錢氏)는 그 상을 성안의 개원사(開元寺)로 옮겨갔으므로, 지금 매잠(梅岑, 보타산의 옛이름……인용자)에서 받들고 있는 관음상은 뒷날에 조성한 것이다.

이 문장에서 소량은 불심천자로 소문난 양나라 무제로서 지금의 보타산에 최초로 절을 세운 인물이다. 그 이후에도 보타산은 불교사에서 큰 비중이 없었는데, 불긍거관음원의 창시로 인하여 관음주처로서 성지화(聖地化)의 길을 걷는다. 그리고 서긍의 『고려도경』은 그것이 신라의 상인에 의해서 주도된 것으로 기록되어 있다. 『고려도경』은 『보경사명지』보다 약 1세기 정도 앞서는 기록이다. 뿐만 아니다. 불교승려나 신도들의 기록이 아니라 국외자(=여행자)의 기록이라는 점과 그 서술이 간단한 사실의 보도에 지나지 않는다는 점에서 역사적 사실(fact)에 더욱 가까운 것으로 생각된다. 더욱이 실제 현재 보타산의 남해관음상 앞 바다에는 신라초(新羅礁)라고 이름하는 암초가 있다.〔우리는 바빠서인지, 안내받지 못했으나 관광안내 지도에는 등장하고 있다.〕 이 신라초의 존재는 『고려도경』 기사를 뒷받침하고 있는 것으로 판단된다. 더욱이 조영록 교수는 이 '장씨'를 당시 명주(明洲, 현 영파)를 근거로 해상활동을 한 장우신(張友信, 혹은 張支信)이라고 하는 신라인으로 보고 있다.

> 명주지역을 근거지로 한 장우신이 바로 재당 신라인으로서 '상원의 승 종악'을 도와 조음동에 제2의 낙산사를 조성하였을 가능성이 있는 것이다.(조영록, 31)

그렇다면, 이러한 『고려도경』 기사가 어떻게 하여 혜악스님 이야기로 변해갔던 것일까? 역사적 사실은 신라상인에 의해서 오대산의 관음상을 신라로 이운(移運)해 가는 중에 신라초에 의해서 좌초를 당했을 것이다. 그래서 관음상이 보타산에 모셔지게 된다. 그런데, 그 보타산은 바다 가운데의 섬이다. 『대당서역기』에서 말하는 바, 인도에 있다고 하는 보타락가산의 입지조건(남해 바닷가)과 동일하게 된다. 둘 다 "해상으로 왕래하는" 교통의 요지이다. 당시로서 해상이라고 하는 조건은 가장 편리한 교통로이면서도 언제나 자연재해 앞에 놓일 수밖에 없는 위험한 길이기도 하다. 따라서 "관세음보살님, 도와주소서"라고 하는 관음신앙〔나는 이를 제1류의 관음신앙이라 부른다〕이 쉽게 받아들여질 수 있게 된 것으로 보인다. 그러니 당시에 이 섬에 거주하거나, 혹은 이 섬 앞바다를 왕래하는 사람들로서는 이 보타섬을 관음성지로 만들려고 했음은 지극히 자연스러운 일이었을 것이다. 우리의 경우 의상스님이라고 하는 뛰어난 신앙인이 그 운동을 주도했지만, 중국의 경우에는 실제로는 보타산 앞바다를 왕래했을 수많은 어민이나 상인 등 민중들이었을 수 있다. 그렇지만, 그들은 관음성지조성운동의 주도자일 수는 있지만 그들 자신이 주인공일 수는 없었다. 그러기에는 뭔가 상징성이 약하지 않은가. 그래서 우리의 의상스님에 버금가는 신심 깊은 스님 한 분이 필요했을지 모른다. 그를 위해서 실제로 "서너 차례 당에 들어가 구법하면서 중일 불교교류에 중요한 역할을 한"(조영록, 18) 혜악스님이 자기도 모르는 사이에 적절한 인물로서 선택되었을지도 모른다. 관음성지조성운동과 같은 신앙운동은 역사보다도 더욱 더 설화가 필요했던 것이리라. 그러한 이야기가 그 지역의 지방사를 기록하는 사료 『보경사명지』나 불교사를 기록하고 있는 『불조통기』에까지 수록되었던 것이며, 오늘날에는 정사(正史)처럼 회자되었던 것이 아닐까.

    앞서 말한 것처럼, 관음신앙은 국경을 초월하는 만큼 우리가 지금 민족주의적 감정으로 굳이 일본인 기원설을 배격하려고 할 것은 없다. 그러나, 그 역사적 시초를 전하는 사료를 외면할 필요 역시 없는 것이다. 역사적 시초는 신라인에 의한 것으로 보고서 그것이 다시 신앙적 차원에서 관음성지로 조성되는 과정이 필요했을 것이며, 그런 과정에서 혜악스님을 등장시켜서 윤색할 필요가 있었던 것으로 이해하고자 한다. 그것이 신앙이다. 한편으로 그만큼 당시에 있어서 보타락가산이 처한 문화사적 위치는 동아시아에 있어서 중요한 가교를 이루고 있었던 것이고, 그러한 지리·문화사적 성격이 그 연기에 국제성을 가미하게 되었던 것이리라. 다만, 우리로서 문제로서 지적하고 싶은 것은 현재 신앙적 설화는 존재하되 역사적 사실에 대해서는 외면되고 있다는 점이다. 양자를 균형있게 이야기할 수 있도록 노력할 필요가 있지 않을까. 하긴 현재로서도 신앙적 입장만을 고려한다면, 혜악스님 이야기만으로 충분하겠지만 말이다.

그 이래로 불긍거관음원은 많은 사람들의 믿음을 받아온 중심이 되어왔다. 현재의 불긍거관음원에서 내가 주목하고 싶은 것은 석경(石經)과 '금지사신연지(禁止捨身燃指)'라고 쓴 비석이다. 석경에 대해서는 그것이 관음신앙의 3대 소의경전을 새긴 것인데, 그 속에는 놀랍게도 『반야심경』이 있었다. 『반야심경』은 과연 관음신앙의 소의경전일 수 있을까? 이에 대해서는 내가 따로이 「반야심경, 관음신앙의 소의경전」이라는 에세이를 썼으므로, 여기서는 자세히 논하지 않는다. 다만, '금지사신연지'라고 쓴 비석에 작은 글씨로 몸을 버리는 행위와 손가락을 태우는 일을 간곡히 말리고 있으므로 그 문장을 우리말로 옮겨둔다.

> 관세음보살님께서 자비로 몸을 나타내어서 법을 설하심은 고난에 빠진 중생을 위해서인데 어찌 사람들이 몸을 버리고 손가락을 불태우기를 바라겠는가. 이제 불교에 귀의 하는 자는 신심으로 많은 선을 받들어 행하면 자연히 원만해질 것이므로, 만약 몸을 버리거나 손가락을 태우는 것은 선림(禪林)을 더럽히는 일이며 오히려 죄과가 되리라. 그러므로 이 비를 세워서 깨우침을 보이고자 하노라. 만약 어리석은 할머니나 촌사람들이 감히 조음동에서 몸을 버리거나 손가락을 불태운다면, 주지스님은 곧 금하게 할 것이다. 만약 고의로 범한다면, 정히 처벌을 행할 것이다.

그리고는 이 비를 세우는 관리의 벼슬과 이름을 붉게 쓰고 있다. 정말 그렇다. 관세음보살님이 우리의 고난을 다시 바랄 일은 없을 것이다. 다만 중선(衆善)을 봉행(奉行)하면 저절로 과보를 얻을 수 있을 터인데 말이다. 신심은 극단적이지 않고 중도적임을 이 '금지사신연지'비는 우리에게 일깨워 주고 있는 것이다. 그러한 행위를 신심 깊은 행위라고 평가하는 것은 어느 일면일 수 있을지 모르지만, 또 다른 일면이 있음을 깊이 생각해야 할 것이다. 여기에 중국 불교인들의 해석이 담겨있다.

누워있는 부처님, 낙가산

보타산에서 하룻밤을 잤다. 오늘(2004.11.6)은 낙가산을 갔다가 영파를 거쳐서 항주까지 가야 한다. 아쉽다. 더 머물 수 있으면 좋으련만…….

아침에 호텔의 기념품 가게에서 책을 두 권 샀다. 장견(張堅) 저, 『보타산 역사이야기(普陀山史話)』(甘肅民族出版社, 2001, 24위안)와 허도(虛島) 편저, 『보타락가산의 불교고사』(中國文聯出版社, 12위안) 등이 그것이다. 이런 책은 시내 서점에서는 구하기 쉽지 않다. 24인승 버스를 기다리느라 호텔 정문 앞에 우루루 서서 기다린다. 그래, 내가 이 책들을 내보이면서 자랑을 했다. 그랬더니 누군가 묻는다.

"교수님, 중국어 읽을 수 있어요?"

"잘 못 읽어요. 제대로 안 배웠어요."

"그런데 중국 책은 왜 사요? 가져가도 읽지 못 하시잖아요."

"그래요. 저는 못 읽어요. 하지만, 이 책이 우리나라에 전해지면, 저는 못 읽어도 언젠가는 읽을 수 있는 사람이 나오지 않겠어요. 그래서 수입해 가는 것이지요."

사실, 근래 관음신앙에 대해서 연구하는 사람이 드물다. 어쩌면 관음신앙을 기복으로 생각해서일 수도 있겠고, 뭔가 철학적이고도 화려한 주제들이 많아서이기도 할 것이다. 다행히 우리 불교대학원 27기 윤우채(불교TV, PD)씨가 의상스님의 관음신앙을 석사논문으로 쓰겠다고 해서 은근히 기대하는 중이다. 그런 이야기를 하는데, 버스가 왔다.

보타산에서 바라보는 낙가산은 마치 부처님께서 누워계시는 모양이다. 배를 타고 한 30분 정도 가면 도착하는 모양이다. 손님이 많다. 우리는 앉을 자리가 없어서 지하로 갔다. 내 옆자리는 윤숙경 보살님이 앉으셨다. 이 보살님께 내가 산 책, 『보타락가산의 불교고사』를 구경시켜 드린다.

"교수님, 목차라도 한 번 읽어보세요."

그것이야 어느 정도 가능하다. 지난 번 처음 중국에 왔을 때, 『만화 삼국지』를 사서 들고 다니면서 간체를 어느 정도 공부하였기 때문이다. 그 중에 「관음이 의제인 송나라 인종을 돕다」라는 제목이 있었다. 보살님이 그 부분을 읽어보자고 말씀하신다. 그래서 더듬더듬 해석해 간다.

> 어느 날 관세음보살님께서는 중생들이 사는 세상 인심을 관찰하시고자 오셔서는 큰강을 건너시려 하셨다. 강 위에 배는 없고, 다만 어떤 나이 젊은 사람이 등에 사람을 업고서 강을 건너다 주고 있었다. 때는 추운 겨울이어서 찬 바람이 뼛속을 스며들고 있었는데, 그 젊은 사람은 시뻘건 두 다리를 드러내고서 얼음이 둥둥 떠 있는 강물 속을 왕래하고 있었다. 그가 이쪽 언덕에 서있는 관세음보살님을

보고서 곧 물었다 :
"강을 건너시렵니까? 제가 업어서 건너 드릴께요."
등으로 관세음보살님을 업고서는 저 언덕을 향해서 갔다. 관세음보살님께서 물으셨다 :
"그대는 사람들을 업어주면서 밥 먹고 사는 사람인가?"
"아닙니다. 저는 두부를 만듭니다. 남는 시간에 와서 이웃을 위해서 이 일을 하는 것입니다."
"사람을 업어주는 것이 오래 되었는가?"
"열다섯 살부터 이 일을 시작하였으니까, 금년에 이미 이십칠 년이 지났습니다."
관세음보살님께서는 이렇게 도를 두터이 여기는 젊은 사람을 구하기는 참으로 어렵다고 생각하셨다. 건너편 언덕에 도착하자, 관세음보살님께서는 그 젊은 사람에게 말씀하셨다 :
"오늘 인연이 있어서 그대와 더불어 알게 되었다. 우리들이 절을 하고서 의남매를 맺기로 하자."
젊은 사람이 매우 기뻐하면서 관세음보살님과 "누나, 동생"이라고 서로 불렀다. 헤어짐에 이르러, 관세음보살님께서는 버드나무 가지 하나를 젊은 사람에게 주면서 그에게 말하기를, "하늘에 해와 달이 빛을 잃을 때가 되면 이 버드나무 가지를 들고서 남쪽으로 와서 누이를 찾으라."고 하셨다.
몇 달이 지나자, 정히 "하늘의 개가 해를 삼켜버려서" 해와 달이 빛을 잃었다. 젊은 사람은 누나가 일러준 부촉을 받들어서 버드나무 가지를 들고서 남쪽을 바라보면서 달려갔다. 달리고 또 달렸다. 얼마나 달렸는지 알지 못했지만, 수중에 이 버드나무 가지만 잡고 있으면 산을 오르고 물을 걸어가는 것이 마치 평지를 가는 것과 같아서 하나도 힘들지 않았다. 이와같이 하여 단걸음에 남천문(南天門, 보타산의 남쪽지역)에 이르러 하늘로 올라갔다. 누나와 동생이 다시 만나서 매우 기뻐하였다. 관세음보살님은 천상에서 며칠 머물다 가라고 하셨다.

더듬거리며 이렇게 내용을 파악해 가는 중에 법성화보살님이 찾아오셔서 손바닥 속에 거머쥐고 온 달러를 내 손에 쥐어주신다.

"책을 사서 한국에 가지고 가세요."

이 보살님이 아까 호텔 마당에서 내가 한 이야기를 들으신 모양이다. 감사하게 받는다. 윤우채 씨에게 회향하면 되겠다. 그런데, 도대체 배가 가는 것을 모르겠다. 아직 더 손님을 태워야 하는가 싶다. 그런데, 사람들이 일어나 지하 선실에서 1층으로 올라간다.

"저 사람들 어디가요?"

"다 왔습니다."

아니, 배가 그대로 서 있는 것 같았는데……. 그만큼 바다는 잔잔하였다. 위에서 든 이야기는 참으로 재미있고, 감동적이다. 우선 생각해 보아야 할 것은 한 겨울에 차가운 강물 속에 들어가서 사람을 업어서 건네주기를 한 27년 정도는 해야 관세음보살님께서 현신(現身)하시리라는 점이다. 이 이야기는 "관세음보살님의 이름을 일심으로 부르면 관세음보살님께서 그 음성을 관찰하시고 즉시에 해탈해 주신다"고 하는 『법화경』 관세음보살보문품의 말씀을 잘 해석해야 함을 가르쳐 주는 것이 아닐까. 우리가 늘 관세음보살님 가피 속에 있음은 사실일 터이고, 또 관세음보살님께서 중생을 위한 가피를 내려주심도 사실일 것이다. 그렇지만, 그러한 이야기를 들어서 언제나 우리가 관세음보살님을 모시는 것이 그러한 가피를 얻기 위한 기대 속에서 존재해야 한다는 것은 아니지 않겠는가. 이 두부장수 이야기는 우리에게 더 진지하고도 겸허한, 그리고 가열찬 정진을 요구하는 것일 터이다. 오히려 관세음보살님이 행해야 할 자비를 대신하여 행할 때 관세음보살님께서 진정 기뻐하시고, 도와주시리라는 점을 이 설화는 나타내는 것 아닐까.

낙가산을 둘러 본 뒤 다시 배를 기다리면서 혼자서 대충 읽어본 뒷이야기는, 이 젊은이가 송 인종(仁宗) 황제의 전생이었다는 것이다. 송나라 인종이라고 하면, 바로 『수호지』 당시의 황제이다. 『수호지』의 시작 부분에 보면, 이 인종황제는 태어나서 밤낮으로 울기를 그치지 않았다. 그래서 널리 방을 내붙이고 태자의 울음을 그치게 해줄 명의를 찾았다. 그 정성에 하늘의 태백금성(太白金星)이 노인으로 변장하여 궁궐로 갔다. 아기를 안고서 귓속말을 몇 마디 했을 뿐인데, 아기가 울음을 그쳤다는 것이다. 도대체 노인이 아기태자의 귓속에 대고서 했던 말은 무엇이었을까? "문(文)에는 문곡(文曲)이 있고, 무(武)에는 무곡(武曲)이 있도다." 인종이 될 태자아기가 장차 세상을 다스릴 일이 걱정되어서 밤낮으로 울고 있었는데 그 노인의 말은 "문곡성과 무곡성이 내려와서 도와드릴 터이니 걱정하지 말라"는 것이다. 여기서 문곡성은 우리가 다 잘 아는 청백리 포청천(包青天, 999~1062)을 가리키고, 무곡성은 송나라에게 우환덩어리였던 서하(西夏)를 정복한 장군 적청(狄青, 1008~1057)을 가리킨다.

그런데, 『보타락가산의 불교고사』에 의하면 하늘에서 젊은 사람이 잠을 자고 있는데 어디선가 '쿵'하는 소리와 함께 18명의 사람이 나타나서 하는 말이 "당신, 황제 한 번 해볼라요?"라고 하는 것이었다. 이 젊은 사람이 머리를 싸매고 고민을 하다가 웃으면서 "황제를 한번 해보는 것도 나쁜 일이 있겠는가"라고 하면서 승낙을 했다는 것이다. 그러자 이들이 옥새를 하나 주면서 사라졌다는 것인데, 나중에 이 일을 알게 된 누나 관세음보살님께서 하는 말이 "황제를 하는 것은 자네가 본래 하던 일이 아니잖아"라고 하면서 힘들 것을 예고했다는 것이다. 그래서 태어날 때 인종은 황제 할 일이 걱정이 되어서 줄곧 울었다는 이야기다. 그도 그럴 수밖에 더 있겠는가. 두부장수 하던 사람인데······. 그러자 이번에는 관세음보살님께서 아우가 고생할 것을 염려하여 옥황상제에게 가서 "정말 내 동생을 황제로 시키고 싶으면 문곡성과 무곡성을 내려 보내서 그를 보좌하도록 해달라"고 했다는 것이다. 그러니 전생의 의형제를 관세음보살님께서 도우셨다는 이야기다. 불교의 관음신앙과 중국적 도교신앙이 어우러져 있는 모습을 후반부에서는 보이고 있다.

낙가산을 가면서 이 설화를 읽은 체험은 그동안 관음신앙을 한다고 하면서도 수많은 영험설화에 대해서는 그다지 관심을 갖지 않았던 내 자신을 돌아보게 하였다. 이 이야기의 전반부에서 보듯이, 설화에는 깊은 가르침이 담겨있기 때문이다. 보문품의 경설(經說)이 있음에도 불구하고, 사람들(설화의 작자들)은 관세음보살님을 뵙는 일이 그렇게 간단하지 않고 "한 겨울에 차가운 강물 속에 들어가서 사람을 업어서 건네주기를 한 27년 정도는 해야" 할 것으로 해석하고 있기 때문이다. 중국·한국, 그리고 일본까지 통틀어서 이렇게 재미있고 교훈적인 관음영험담이나 설화를 살펴보면서 그 의미를 해설하여 책을 한 권 내는 것도 의미있겠다는 생각이 든다. 그냥 영험담을 소개하는 것은 이미 많이 나와 있지만, 그 의미를 현대인들에게 어필할 수 있게 부연하고 있는 책은 아직 없는 것으로 알고 있기에 말이다.

낙가산은 조그만 섬이다. 사람이 사는 것도 아닌 모양이다. 다만 그 산 위에 근래에 조성한 4면의 나한탑(羅漢塔)이 있고, 사찰이 있을 뿐이다. 보타산에 와서 보면, 『천수경』 신앙을 매우 중시하고 있음을 알게 된다. 불긍거관음원의 석경에

3대 소의경전의 하나로서 신묘장구대다라니를 새기고 있을 뿐만 아니라 법우사(法雨寺)에서는 마당에 좌우로 경당(經幢, 경을 새긴 돌 깃대. 탑과 비슷하다.)을 세우고 있는데, 좌우에 각기 불정존승다라니와 신묘장구대다라니를 새기고 있었다. 뿐만 아니다. 혜제사(慧濟寺)나 여기 낙가산에서는 모두 '대비전(大悲殿)'이라는 이름의 전각이 있다. 천수천안관세음보살님을 모시는 전각을 대비전이라 이름한다. 신묘장구대다라니를 대비주라고 이름하는 것으로부터, 우리는 대비라고 하면 특히 천수천안관세음보살님을 지칭하게 됨을 알 수 있다. 또 하나 특이한 것은, 비록 우리가 가보지는 못하였으나 서천문(西天門) 쪽에는 '정법명여래동전(正法明如來銅殿)'이라는 이름의 전각 역시 있다 한다. 청동으로 조성한 정법명여래를 모시는 전각으로 생각된다. 이러한 경우는 나로서도 아직 견문하지 못한 일이다. '원본『천수경』에서는 "선남자여, 이 관세음보살은 불가사의한 위신력으로 이미 과거 무량한 겁 중에 부처님이 되셨던 것이니, 정법명여래라 이름하였다."라고 하였다. 바로 그 분을 모시고 있는 법당이니, 그만큼 보타산에서 천수관음신앙이 차지하는 비중이 높았음을 나타낸다 하겠다.

보타산을 떠나오며

　보타산은 참 좋은 곳이다. 조그만 섬이어서 그런지 모른다. 흔히 이상세계는 섬 속에 있는 것으로 형상화되지 않던가. 아마도 육지는 세속에 비견되고 섬은 출세간에 비견되는지도 모른다. 나는 이 보타산에서 살라고 한다면, 살 수 있겠다는 생각이 든다. 보타산에서 내가 할 일도 많이 있음을 발견하였기 때문이다. 첫째는 청소(성지인데도 불구하고 많은 사람들이 왕래하여서 그런지 사찰 등에서 청소의 필요성이 있다), 둘째는 기도, 셋째는 해설이다. 우리나라 사람들이 수없이 많이 오는데, 관광가이드가 하지 못하는 차원의 해설을 해준다면 의미 있는 일이라는 생각이다. 그리고 넷째는 공부하면서 글을 쓸 수 있겠다는 생각이 든다. 보타산을 중심으로 한 관음신앙에 대한 책 쓰기는 여기 와서 얻은 나의 숙제이다.
　여기 와서 사는 것은 당장 가능한 일이 아니지만, 한 열흘이라도 와서 구석구석 살펴보고 기도도 하면서 지내고 싶다. 그때에는 중국의 스님들을 찾아뵙고 법을 묻고, 의견을 교환할 수도 있을 것이다. 그를 위해서라도 정말 중국어를 좀더 공부할 필요가 있다. 내년 겨울 방학에 다시 오면 좋겠다. 그때는 혼자, 아니면 소수의 인원으로 와야 한다. 관광이 아닌, 단체가 아닌……. 이제, 내게도 꿈이 생겼다. 그 꿈이 나를 활기차게 하고, 나를 건강하게 해주리라. 그것이 곧 관세음보살님의 가피가 아닐까.

보타산을 떠나는 길은 영파(寧波)로 향한다. 쾌속선으로 75분 걸린다. 상해로 가려면 북행해야 하는데, 영파는 거의 서향(西向)으로 간다. 보타산을 떠나면서 수많은 섬들이 지나간다. 가히 중국의 다도해(多島海)이다. 우리나라 전라남도의 다도해에 섬이 1,900개인데, 이 보타산을 중심으로 하는 절강성의 섬은 약 2,200개라고 한다.

보타산을 출발하여 얼마 지나지 않았는데 바다 위로 길게 다리가 놓여져 있는 것이 보인다. 지도에 의하면, 주산(舟山)과 주가첨도(朱家尖島)를 연결하는 다리임을 알게 된다. 행정구역에 의하면, 보타산은 주산시에 속한다. 이때 주산은 보타산 서북방에 있는 큰 섬이다. 그냥 '큰 섬'이라고 불리는데, 우리를 안내해 준 조선족 가이드 역시 이 주산에 집을 사서 거주한다고 말하였다.

이 주산을 중심으로 한 다도해를 '주산군도'라고 한다. 불긍거관음과 관련한 연기에 등장하는 것처럼, 신라의 상인이나 일본의 승려나 모두 이 주산군도를 통하여 중국의 명주(明州), 즉 오늘의 절강성으로 왕래했던 것이다. 물론, 고려 때 서긍 역시 이 주산군도를 통하여 고려에 사신으로 왔던 것이다. 우리나라 서해에서 표류를 하면, 주산군도로 흘러간다고 한다. 1996년과 1997년 두 차례에 걸쳐서 우리학교 사학과 윤명철 박사님이 이끄는 뗏목 탐험대가 바로 이 주산군도에서 흑산도를 거쳐서 인천을 목표로 했던 것이다. 고대의 항로에 대한 지식을 얻고자 해서였다.

　이렇게 고대에 중국, 한국 그리고 일본이라고 하는 동아시아의 교류에 있어서 주산군도는 그 중요한 관문이 되고 있으며, 보타산 역시 그 가운데 위치하고 있는 것이다. 여기에는 보타산의 지리적 이점이 크게 작용하고 있음을 윤명철 박사는 분명히 하고 있다.

> 보타도의 불긍거관음전 앞은 만의 입구가 동쪽을 향하고 있어서 빠져나오기가 쉽고, 남쪽은 바람을 막아주어 정박하는 데도 안전하다. 그래서 배들은 보타도에 대기하면서 항해에 적합한 신풍을 기다리는 것이다. 또한 보타도의 상왕봉 등은 관측장소 및 신호장소로 적합하다. 이러한 자연조건 때문에 보타도는 항해처로서의 기능을 하고 불교의 전파와 관련되어 관세음신앙의 주처가 된 것으로 보인다. 〔「항해의 지중해적 성격(1), 『한중문화교류와 남방해로』, 233)〕

　어차피, 보타산은 다시 와야 할 곳이다. 이번에는 그저 악수하는 정도로 그칠 수밖에 없지만 적지 않은 보람도 느낀다. 보타산을 다시 오게 되면, 보타산만이 아니라 주산군도의 여러 섬들을 두루 돌아보고 싶다. 그러면서 불교문화를 중심으로 고대에 있어서의 중국·한국·일본의 국제적 교류를 좀더 공부해 보고 싶다. 벌써 내 마음은 뛰고 있다.(2004.11.22. 탈고)

제3부

『백화도량발원문』의 세계

우리말 『백화도량발원문』

의상(義相, 625~702)

머리 숙여 귀의하옵고
저희 스승 관세음보살님의 대원경지(大圓鏡智)를 우러르며
제자의 성정본각(性靜本覺)을 관찰하옵니다.
〔……〕
저희 스승의 수월장엄(水月莊嚴) 및 다함없는 상호와
제자의 헛된 몸과 유루(有漏)의 형체 사이에는
의보와 정보, 정토와 예토, 즐거움과 괴로움이 같지 않습니다.
〔……〕
관세음보살님의 거울 속 제자의 몸으로
제자의 거울 속에 계신 관세음보살님께 귀명정례(歸命頂禮)하여
진실한 발원의 말씀을 사뢰오니 가피를 바랍니다.
오직 원하옵나니
제자는 세세생생 관세음보살님을 염하며
스승으로 모시겠습니다.
관세음보살이 아미타부처님을 정대(頂戴)함과 같이

제자 역시 관세음보살님을 정대하여
십원육향(十願六向), 천수천안과 대자대비는 관세음보살님과 같아지며
몸을 버리는 이 세상과 새몸 얻는 저 세상에서
머무는 곳곳마다 그림자가 물체를 따르듯이
언제나 설법하심을 듣고 교화를 돕겠습니다.
널리 온누리 모든 이웃들에게
대비주(大悲呪)를 외게 하고
관세음보살님을 염송케 하여
다함께 원통삼매(圓通三昧)에 들게 하소서.
또한 관세음보살님께 원하옵나니
이 목숨 다할 때에는 밝은 빛을 놓아 맞아 주시오며
모든 두려움을 떠나서 몸과 마음이 쾌활하고
찰나에 백화도량(白華道場)에 왕생하여
여러 보살과 정법을 함께 듣고 진리의 흐름에 들어
생각생각 더욱 밝아져 부처님의 무생법인(無生法忍)을 발하게 하소서.
모든 원을 발하며
관자재보살마하살께 귀명정례하옵니다.

(김호성 옮김)

『백화도량발원문강해』

『백화도량발원문』을 강의함에 있어서 크게 네 가지 사항을 밝히고자 한다. 첫째는 저자 문제를 논변하고〔辨著者〕, 둘째는 핵심적인 주제를 밝히며〔明宗趣〕, 셋째는 과목을 나누고〔分科目〕, 넷째는 본문에 따라서 그 의미를 천착해〔隨文釋〕본다.

저자론, 누구의 발원문인가?

먼저, 『백화도량발원문』의 저자 문제에 대한 나 자신의 입장을 밝히기로 한다. 여기에는 세 가지 차원의 논의가 가능한 것으로 생각된다. 첫째는 역사학적·서지학적 차원인데, 저자 문제에 대한 종래의 논의는 이 차원에 국한된 것이었다. 그러나, 실제로 여기에는 두 차원이 더 있음을 간과해서 안 될 것이다. 둘째는 신앙사(信仰史)·심성사(心性史)적 차원이고, 셋째는 해석학적 차원이다.

첫째, 역사학적·서지학적 차원의 논의를 검토해 보자. 『백화도량발원문』은 그것을 주해한 체원(體元)에 의하면 의상(義相)스님의 저술이라 되어 있다. 그런데, 의상이 지었다고 하는 사실을 의심하는 견해가 제기되어 있다. 대표적으로 김영태(金煐泰), 기무라 기요타카(木村淸孝) 등의 설이다. "의상스님이 지었다"고 하는 것을 의심하는 가장 중요한 이유는 '백화도량'이라는 술어가 80화엄에 나오지 60화엄에는 나오지 않는다는 점을 들고 있다. 의상스님 생존 당시에는 아직 80화엄이 번역되지 못하였기 때문이다.

그런데, 이에 대해서는 반론도 있다. 전해주(全海住)의 견해이다.

> 백화도량이란 제명(題名)의 백화도 의상이 원명(potalaka)과 그 의미를 알고 있었을 확률이 많으며, 그래서 신라에 관음주처를 건설하면서 주체적으로 낙산 내지 백화도량이라 번역하였을 가능성도 배제할 수 없다.〔전해주, 「의상화상 발원문 연구」, 『불교학보』 제29집, 1992. p.343.〕

나 역시 이러한 견해·추정에 공감한다. 방증(傍證)의 근거는 의상스님에게는 '보타락가(potalaka)'를 '백화도량'으로 옮길 수 있을 정도의 산스크리트 지식을 갖추었으리라 믿어지기 때문이다. 의상스님과 동문수학한 사제인 현수법장은 실차난다(實叉難陀) 삼장이 7권본 『능가경』을 번역할 당시 필수(筆受)로 참여하고 있다. 그는 산스크리트 지식을 분명히 많이 갖고서 활용하였다.〔졸고,「한문불전의 이해를 위한 기초적 범어문법」,『불교대학원논총』제7집.〕그리고 "신라의 통일을 전후하여 당의 서울 장안에는 거의 10,000에 가까운 서역인(西域人)이 거주하고 있었다"〔김문경,「장보고 시대의 해상활동과 교역」,『한중문화교류와 남방해로』, 국학자료원, p.162.〕고 하는데, 그 '서역인'들 중에 인도로부터 오셔서 범어를 알고 있었던 스님들이 적지 않았으리라 본다. 10,000이나 되는 서역인들이 있는 장안으로부터 20km 떨어진 종남산 지상사에 의상스님이 유학하고 있었던 것이다. 따라서, "신화엄경을 보지 못했다고 해서 그(의상……인용자)가 낙산사라는 이름을 붙이지 않았거나『백화도량발원문』을 지을 수 없었다는 결론은 무의미하다"〔김두진,『의상』, p.236.〕라고 해야 할 것이다.

　물론,『백화도량발원문』을 의상스님이 지었으리라 보지 않는 학자들에게는 또 다른 여러 가지 이유가 있다. 그 중에 가장 결정적인 이유가 될 수 있는 것은『백화도량발원문』안에 '원통삼매'라는 용어가 있는데, 그것은『능엄경』과 관련된다는 점이다.『능엄경』의 번역은 의상스님 입적 연대(702)보다 늦은 705년이므로, 그 부분은 "의상의 친제로 보기 어렵다"〔김영태,「삼국(羅·濟·麗)의 관음신앙」,『한국관음신앙연구』, p.133.〕는 것이다. 체원 역시 이 '원통삼매'를『능엄경』과 관련지어서 말하고 있다. 나 역시 한문 원문의 "원통삼매성해(圓

通三昧性海)"를 그저 줄여서 '원통삼매'라고만 옮겨서 독송하고 있다.〔이에는 하나의 술어로 볼 때 더욱더 선적인 차원으로 이해될 수 있다는 이유가 있다. 그래서 여전히 우리말 옮김에서 '원통삼매'라고만 하기로 한 것이다.〕 물론, 『능엄경』으로부터의 인용이라고 한다면, 김영태의 지적처럼 적어도 "이 부분은 의상의 친제로 보기 어렵다"라고 볼 수 있다. 기무라 기요타카 역시 이 『능엄경』 관련설을 가장 결정적인 증거로서 제시하고 있다.〔木村淸孝, 「백화도량발원문考」, 『中國の佛敎と文化』(대장출판, 1988), pp.741~746. 참조.〕 만약 의상스님이 이 부분을 반드시 『능엄경』으로부터 인용했다고 하는 증거를 갖고 있다면, 누구라도 의심할 바 없이 "『백화도량발원문』은 의상의 저술이 아니다"라는 말에 동의할 수 있을 것이다.

그런데, 그렇게까지 볼 수 있는 배타적 증거를 갖고 있지는 못한 입장이다. 그런 가운데, 『능엄경』 관련설과 다른 상정 역시 보이고 있다. 김영태 역시 "설령 의상이 능엄경과는 상관없이 이 부분을 스스로 썼다고 하더라도"(상동)라고 말하고 있는 것처럼, 『능엄경』을 의식하지 않고서도 "원통삼매성해"라는 표현을 할 수 있기 때문이다. 김두진(金杜珍)은 "원통삼매성해"로 하는 부분을 체원이나 나의 해석과는 달리, "원통한 삼매의 성해"(『의상』, p.231)라고 부르고 있는 것이다. '원통삼매'라는 하나의 술어로 부른다면, 아무래도 『능엄경』의 이근원통(耳根圓通)을 떠올리지 않을 수 없게 된다. 하지만, "원통한 삼매의 성해"라고 한다면, 굳이 『능엄경』만의 삼매가 아니라 수많은 삼매를 이야기하고 있는 『화엄경』의 입장을 생각해 볼 수도 있는 것 아니겠는가. 더욱이 '원통삼매' 다음에 '성해'라고 하는 표현은 참으로 화엄적이기 조차한 것이다. 성기(性起)와 해인(海印)을 말하는 것은 화엄의 한 특징이라 볼 수 있겠기에 하는 말이다. 그러므로 기무라 기요타카도 지적하고 있는 것처럼, 그 '원통삼매성해'라는 용어에 화엄적 입장을 인정할 수 있다고 한다면 굳이 '성해'라는 표현을 언제부터 누가 처음으로 썼는가 하는 점을 고려하는 것〔p.741〕은 의미가 없는 것은 아닐까. 여기에 전해주는 또 다른 반증을 추가한다. "의상을 계승한 고려시대 균여가 원통(圓通)수좌로 불리는 이유는 화엄의 원융융회사상에 의한 것이지 능엄경에 의함이 아니다"〔앞의 책, p.344.〕라고 말하고 있다. 만약 이러한 논리들이 타당하다면,『백화도량발원문』은 의상의 친저가 된다.『백화도량발원문』의 의상 친저설을 의심하는 견해들 중에서 가장 강력한 문헌학적 근거를 내세우고 있는 것은 이상 두 가지 점이었다. 즉 '백화도량'과 '원통삼매성해'라는 술어가 씌어져 있다는 점이었다. 이러한 견해에 대해서 위에서 반론을 펼쳐보았다. 그렇게 반론될 수 있다는 것은 두 가지 술어를 중심으로 한 문제제기가 절대적이 아님을 알 수 있게 하는 것이다. 그렇게 의심해볼 여지는 있다. 그렇지만, 다른 가능성 역시 완전히 배제하지 못하는 한 그렇게만 볼 수 없게 한다. 따라서 우리들에게 『백화도량발원문』을 전해주고 있는 증언자 체원이 한 말 "신라법사의상제(新羅法師義相製)"의 효력은 여전히 남아있는 것으로 나는 판단한다. [사상적 입장에서 의상의 친저임을 의심하는 견해에 대해서는 뒤에서 다시 반론될 것이다.]

둘째, 신앙사·심성사의 차원이다. 신앙의 역사, 혹은 하나의 텍스트를 수용하는 사람들의 심성·마음속에서 누구의 저술로서 인식되어져 왔는가 하는 점을 살펴보는 관점을 말한다. 설령 의상스님이 지은 것이 아니라 후대의 누군가에 의해서 지어졌다 하더라도, 그것이 "의상스님이 지었다"라고 말해지는 상황을 우리는 주목해야 한다. 그런 관점을 신앙사·심성사는 갖는다. 왜 사람들은 하필이면 의상스님을 저자로서 지목했던 것일까? 거기에서 어떤 진실을 발견할 수 있다는 것이다. 그것은 『백화도량발원문』이 이야기하고 있는 관음신앙의 대표자로서 의상스님보다 더 적절한 대표자를 찾을 수 없기 때문으로 본다. 『삼국유사』 낙산 이대성 관음·정취 조신조의 앞부분은 다음과 같이 의상스님의 관음신앙을 전하고 있다.

> 옛날 의상(義湘)스님이 처음 당나라에서 돌아와 관세음보살의 진신이 이 해변의 굴 안에 산다는 말을 듣고서는, 그것으로 인하여 '낙산(洛山)'이라고 이름했다. 대개 인도의 보타락가산(寶陀洛伽山)은 한문으로는 '소백화(小白華)'라

고 하나니, 백의대사(白衣大士)의 진신이 머무시는 곳이다. 그러므로 이를 빌어서 이름한 것이다. 칠일 동안 재계를 한 뒤에 좌구를 새벽 물 위에 띄웠더니 천룡팔부가 시종하여 굴속으로 모셔 들어가므로, 공중〔에 계신 관세음보살님을 향해서〕 참례하니 수정 염주 한 꾸러미를 내어서 주셨다. 의상스님이 받아가지고 물러나오셨다. 동해의 용역시 여의보주 한 알을 바치므로 스님이 받들고 나와서 다시 칠일 동안 재계하고 나서 이에 관음의 참모습을 뵈었다.

"〔내가〕 앉아있는 산 정상에 한 쌍의 대나무가 솟아날 것이니, 마땅히 그곳에 불전을 지을 지니라." 스님이 이 말씀을 듣고서 굴을 나서니, 과연 대나무가 땅에서 솟아나왔으므로, 이에 금당을 짓고 상을 빚어서 모셨다. 그 둥근 얼굴과 고운 바탕이 장엄하기가 마치 살아계신 듯 하였다. 대나무가 도로 없어지므로 그제야 비로소 관음의 진신이 머무시는 곳임을 알았다. 이 때문에 그 절 이름을 '낙산사'라 하고, 스님은 자기가 받은 두 구슬을 성전에 봉안하고 그곳을 떠났다.

이렇게 관음의 진신을 친견하고 이 땅에 관음의 지시를 받아서 그 주처·백화도량을 건립한 의상스님을 제외하고서 관음신앙의 대표자로서 누구를 또 생각할 수 있겠는가. 더욱이 『백화도량발원문』에 나타난 신앙의 세계는 화엄사상에 입각하고 있음을 감안한다면, 화엄사상가이면서 관음신앙의 선양자를 함께 아우르고 있는 사람으로서 의상스님보다 더 적절한 사람은 없다 할 것이다. 만약 『백화도량발원문』의 실제 저자가 따로 있었다〔기무라 기요타카는 그렇게 보고 있다. "의상을 경모하는 관음신앙자에 의해서 8세기 중엽 이래, 13세기 말 사이에 지어졌다"고. p.746.〕하더라도 그 스스로 이러한 의상스님의 화엄적 관음신앙의 세계를 계승하고 있는 것이 틀림없으므로, 그러한 신앙적 세계를 처음으로 열어주셨던 스승을 저자로 모시는 것도 이해될 수 있는 일이다. 그렇게 스스로 갖고 있었던 신앙의 세계를 감사하면서, 그 공덕을 의상스님에게 돌릴 수도 있는 것이다. 이러한 신앙사·심성사적 맥락에서 볼 때에는 여전히 『백화도량발원문』의 저자는 의상스님이 된다. 오늘날 현대 불교학은 이러한 차원을 배제하려고 노력하지만, 어쩌면 이러한 차원은 앞서 살펴본 역사학적·서지학적 차원과는 다른 맥락에서 더욱 주목받아야 할는지도 모른다. 그래서 우리는 여전히 "의상스님이 지으신 『백화도량발원문』"이라 말해도 아무런 문제가 없는 것이다.

셋째, 마지막으로 해석학적 차원에서 볼 때 "진실로 누가 『백화도량발원문』의 저자인지" 생각해 보기로 한다. 여기서 나는 의상스님이 『법계도』를 지은 뒤 그 저술 연월일은 명기하고 있지만, 저자로서 자신의 이름을 적지 않았다는 사실을 상기해 본다. 그 이유는 『법계도』에서 말했던 그 법에는 "주인이 없기 때문(無有主故)"이었던 것이다.〔이에 대해서는 졸고, 「저자의 부재와 불교해석학」, 『불교학보』 제35집 참조.〕

법에 주인이 따로이 없기 때문에, 그렇게 지공무사(至公無私)하기 때문에 저자의 이름을 쓰지 않았다고 한다면, 비록 의상이 『백화도량발원문』을 지었다고 하더라도 여전히 그는 "의상 지음"이라는 이름을 명기(明記)하지 않았을 가능성이 높은 것으로 생각해 볼 수 있다. 법에 주인이 따로이 없다면, 이 『백화도량발원문』에도 주인이 없을 수 있기 때문이다. 그 발원의 내용은 사실 그것을 지은 사람만 할 수 있는 발원이 아니며, 화엄적 관음신앙을 갖고 있는 사람이라면 누구나 할 수 있는 발원이 아니던가. 또 설사 고유명사를 갖는 어느 한 사람이 지었다고 하더라도, 그 내용에 대해서 깊이 공감하고서 스스로의 발원문으로 받아들여서 관세음보살님께 발원한다면 바로 그 사람 역시 한 사람의 저자, 새로운 저자로서 등극(登極)하는 것이 되기 때문이다. 그렇다면, 여기에는 고정된 한 사람의 저자가 있을 수 없게 된다. 『백화도량발원문』에는 애시당초 저자가 없었던 것이며, 그것에 공감하여 스스로의 발원문으로 삼는 사람이라면 누구라도 저자로서 자기의 이름을 써넣을 수 있는 것이다. 의상스님이 만약 이 『백화도량발원문』을 짓고서도 그 저자 이름을 명기하지 않았다고 하는 상정을 해볼 수 있다면, 그 의도는 이 발원문을 읽는 우리들 모두가 그 내용을 스스로의 발원문으로 받아들이기를 바라서일 것이다. 고백하건대, 나는 이 『백화도량발원문』을 만나게 된 이후로 어느 한 순간도 이 발원문을 의상스님이 지은 것이 아니라고 생각해 본 일이 없으며, 그렇다고 해서 내 자신의 발원문이 아니라는 생각을 해본 적이 없다. 의상스님의 발원문이자, 나의 발원문이다. "널리 온누리의 모든 중생들로 하여금" 『백화도량발원문』의 저자가 되기를 희망하고 있다. 그런 이유에서 이 글 역시 쓰고 있는 것이다.

주제론, 화엄적 관음신앙의 교과서

다음으로 『백화도량발원문』 전체의 주제가 무엇인지 살펴보기로 하자. 이는 그 성격에 대한 고찰이기도 하다. 어떤 하나의 텍스트에서 주제를 찾아보는 데에도 두 가지 방법이 가능하다. 첫째는 저자의 사상으로부터 그 저자의 저서에 담긴 사상을 유추하는 방법이 있으며, 둘째는 저자의 존재를 괄호 속에 집어넣고서 순전히 텍스트 그 자체에 대한 분석을 통하여 그 속에 담긴 사상을 파악하는 방법이다. 전자를 역사주의적 방법이라 하고, 후자를 분석주의적 방법이라 한다. 어떤 방법이 가능할까?

첫째, 역사주의적 방법론을 적용하는 데에는 무리가 따른다. 왜냐하면, 앞서 우리가 살펴본 바와 같이 역사학적·서지학적 차원에서 저자를 확정하는 데에 이의를 가진 분들이 있기 때문이다. 만약 이러한 방법론을 취하고서, 그 저자로서 의상스님을 인정한다면 우리는 이내 이 『백화도량발원문』에 나타난 사상을 화엄사상과 연결시킬 수 있게 될 것이다. 그런데, 나는 여기서 이 방법론을 따르지 않을 것이다. 그것은 너무나 손쉬운 길이며, 동시에 위험한 길이기도 하기 때문이다. 한 사람이 화엄사상가라고 하더라도 그 저서 속에는 다양한 사상을 얼마든지 담을 수 있기 때문이다. 특히, 화엄을 중심으로 하면서도 다른 사상을 포섭하는 회통(會通)의 태도 역시 가능할 것이기 때문이다. 역시 분석주의적으로 텍스트를 내적으로 분석해가지 않으면 오류를 범하기 쉬울 것같다.

둘째, 분석주의적 방법을 적용해 보기로 하자. 이에는 저자의 존재가 하나의 선입견으로서 작용하지는 않을 것이다. 다만, 이러한 방법론에 있어서도 먼저 텍스트 내적 분석을 통해서 얻어지는 사상에 대한 이해를 다시금 저자의 사상적 입각지와 조응(照應)시켜 볼 수는 있을 것이다.

그렇다면, 분석주의적 방법론에 입각하여 볼 때 『백화도량발원문』에는 어떠한 사상이 나타나 있는 것일까? 결론부터 미리 말하자면, 나는 화엄적 관음신앙이 나타나 있는 것으로 본다. 즉 『백화도량발원문』은 화엄적 관음신앙을 나타내는 발원문이며 화엄적 관음신앙이 어떠한 것인지를 우리에게 알려주는 교과서인 것이다. 이제 그러한 점을 논증하고자 하는데, 이러한 나의 견해와 다른 해석을 하는 사례가 있어서 검토해 보고자 한다. 우선, 한국불교사 연구에 많은 업적을 남기고 있는 김영태(金煐泰)의 관점이다. 그는 다음과 같이 말하고 있다.

> 현재 전해지고 있는 발원문이 비록 결락(缺落)된 부분이 조금 있기는 하나, 그 전체를 통해서 볼 때 화엄경설적인 면이 매우 적다고 할 수 있다. 낙산(洛山)과 백화도량명(白華道場名)이 화엄경설과 관련이 있고 의상이 해동화엄의 초조(初祖)라고 한다면 당연히 그 발원문은 화엄경적인 관음상을 중심으로 하였을 것이기 때문이다. 그런데도 이 발원문에서 구역(舊譯) 화엄경설에 나타나 있는 관음의 대비법문광명행(大悲法門光明行, 신역에서는 보살대비행해탈문)에 관해서는 거의 볼 수가 없고, 오히려 관무량수경이나 천수경 및 능엄경 등의 경설에서 볼 수 있는 용어와 신앙성이 보이고 있다.〔「삼국(羅·濟·麗)의 관음신앙」, 『한국관음신앙연구』, p.132.〕

또, 일본 동경대의 화엄학자 기무라 기요타카는 김영태와 마찬가지로 의상친저설을 의심하는 맥락에서 『백화도량발원문』을 의상의 또 다른 저서인 『일승법계도』와 관련지으면서 다음과 같이 부정적으로 평가하고 있다.

> 『일승법계도』가 의상의 찬술이라는 것에 관해서는 많은 증좌가 있고, 그것을 의문시할 여지는 거의 없다. 그러므로 만약 『발원문』에 담겨있는 사상내용이 『일승법계도』와 공통하는 바, 혹은 적어도 상당히 친근성이 있는 것이라고 한다면 『발원문』의 의상작은 신빙성이 상당히 높아질 것이다. 그런데, 『발원문』에는 『일승법계도』와의 내용적 관

련이 희박하고, 오히려 이질적인 면이 인정된다.〔木村淸孝, 앞의 책, pp.734~735.〕

  나는 이러한 관점들에 전혀 동의하지 않는데, 김영태의 관점에 대한 비판을 주로 행하기로 한다. 그런 과정에서 자연스럽게 기무라의 관점에 대해서도 함께 비판하게 될 것이다. 만약 김영태의 주장과 달리, 『백화도량발원문』에서 우리가 화엄사상을 읽어낼 수 있다고 한다면 당연히 화엄사상을 요약한 일종의 강요(綱要)라 할 수 있는 『법계도』와의 관련성 역시 높아지겠기 때문이다.
  우선 주목해야 할 것은 김영태 역시 역사주의적 방법론에 의지하지 않고, 분석주의적 방법에 의지하고 있다는 점이다. "낙산(洛山)과 백화도량명(白華道場名)이 화엄경설과 관련이 있고 의상이 해동화엄의 초조(初祖)라고 한다면 당연히 그 발원문은 화엄경적인 관음상을 중심으로 하였을 것"이라 생각할 수 있는데, 그렇지 않다고 말한다. 그렇게 생각할 수 있다는 것은 바로 역사주의적으로 평가해 보면 화엄사상이 나타나 있어야 할 것인데, 그렇지 않다는 것이다. 사실 "매우 적다고 할 수 있다"라거나 "거의 볼 수가 없고"라는 등 매우 완곡한 표현을 쓰고 있으나, 그 어세(語勢)로 보아서 사실상 화엄사상과의 관련성을 인정하지 않는 것으로 판단된다. "매우 적다"라거나 "거의 볼 수가 없다"라고 하면, 아주 적지만 조금이나마 인정될 수 있는 부분이 있는 것으로 이해된다.

그러나, 적어도 위에서 인용한 문장들의 앞뒤 맥락을 살펴보면 『백화도량발원문』의 어떤 부분을 화엄사상과 관련된 부분으로 인정하고 있는지, 전혀 언급이 없기 때문이다.

"그런데도 이 발원문에서 구역(舊譯) 화엄경설에 나타나 있는 관음의 대비법문광명행(大悲法門光明行, 신역에서는 보살대비행해탈문)에 관해서는 거의 볼 수가 없고……"라는 표현은 역사주의적 관점을 버리고서 분석주의적 관점에 의하여 고찰하여 본 결과, 화엄경설에 나타나 있는 관음의 대비법문광명행에 관해서 거의 볼 수 없다는 점을 지적한다. 그러니까, 김영태는 역사주의적 관점을 버리고서 분석주의적 관점을 취하여 살펴볼 때 『백화도량발원문』에는 화엄경설과의 관련성이 없다고 보는 것으로 생각된다. 나 역시 동일한 방법론을 취하고 있지만, 그 결과는 정반대로 나타났다. 너무나도 뚜렷하게 화엄사상이 드러나 있음을 확인할 수 있기 때문이다. 사실, 이 『백화도량발원문』을 처음 만났을 때 받은 충격은 바로 그것이 화엄적 관음신앙의 진면목을 우리에게 보여주고 있었으며, 그러한 화엄적 관음신앙이 우리가 종래에 지니고 있던 관음신앙에 대한 관점을 혁명적으로 뒤바꾸어 놓고 있다는 점에서였다. 화엄적 관음신앙의 발원문이라는 바로 그 점으로 인해서 나는 이 『백화도량발원문』 위에 내 신앙의 깃발을 꽂을 수 있었는데, 화엄경설과 관련이 거의 없다고 하는 김영태의 이해는 다시 한번 『백화도량발원문』의 주제에 대해서 심층적으로 살펴보라는 숙제를 내게 주기에 충분한 것이었다. 이제 하나하나 논증해 보기로 한다.

우선, 화엄경설이라 하든 화엄사상이라 하든 아니면 『화엄경』 사상이라 하든 그 의미내용이 무엇인지를 규정할 필요가 있다고 본다. 이 문제에 대한 김영태의 이해방식은, 적어도 내가 읽은 글 안에서는 찾을 수 없지만 내 스스로의 이해방식은 여기서 제시할 필요가 있을 것이다. 『화엄경』은 60권, 혹은 80권으로 헤아려진다. 그만큼 방대한 교설이 베풀어진다고 볼 수 있다. 하지만, 나는 결국 그것들은 전부 다만 두 가지 이야기를 반복하고 있는 것으로 본다. 그 모든 이야기는 다만 두 가지 이야기 속으로 포섭될 수 있다고 본다. 첫째는 "중생은 곧 부처이다"라는 것이며, 다른 하나는 "보살행을 행하자"는 것이다. 전자는 성기(性起)사상이라고 하며, 후자는 보현행(普賢行)이라고 한다. 궁극적으로 "중생이 곧 부처이다"라는 이야기를 하기 위하여, 하나와 일체 사이의 상즉상입(相卽相入)을 이야기한다. 그것을 연기다라니(緣起陀羅尼)라고 하는 것이니, 다시 거기에는 공간론과 시간론이 있지만, 그것은 결국은 수증론(修證論)의 차원에서 "중생은 사실 중생이 아니라 예로부터 부처일 뿐이었다"는 이야기를 하기 위한 전제에 지나지 않는 것이다. 불교는 칸트철학과 같은 철학이 아니기 때문이다. 여기서 다시, 우리는 이통현(李通玄)이라는 당나라 시대의 한 거사에 의한 『화엄경』 이해를 생각해 보게 된다. 그에 의하면, 『화엄경』의 정종분·본론은 바로 선재동자의 보살행 공부를 극적으로 서술하고 있는 「입법계품(入法界品)」으로 보고 있으며, 「여래출현품(如來出現品)」을 유통분으로 본다. 이때 '여래출현'이라는 개념은 60화엄에서는 '여래성기(如來性起)'라고 말했던 것이다. 즉 "보살행을 하자"는 것은 『화엄경』의 정종분에 해당하며, "중생이 곧 부처다"라고 하는 것은 그 유통분에 해당하는 것이다. 이 외에 나는 달리 화엄사상이라는 것은 없다고 본다. 어떤 이야기이든 여기에 포섭될 뿐이다.

그렇다면, 화엄사상의 두 지주(支柱)가 모두『백화도량발원문』속에서 나타나는 것일까? 그렇다. 둘 다 공히, 그것도 매우 분명하게 나타나 있다. 다만, 『백화도량발원문』속에서는 그것이 표층(表層)에 드러나 있지 않고 심층(深層) 속에 잠겨 있을 뿐이다. 표층만을 보게 될 때, "오히려 관무량수경이나 천수경 및 능엄경 등의 경설에서 볼 수 있는 용어와 신앙성이 보이고 있다"고 판단할 수 있을지도 모른다. 이렇게 표층의 차원에서는 화엄 이외의 텍스트로부터 다양한 용어와 신앙성을 이끌어 들이고서, 그것을 다시 심층의 차원에서는 화엄의 논리·사상으로서 회통(會通)하고 있다는 점에『백화도량발원문』의 위대함이 있는 것이다. 거칠게 표층의 차원에서 행하지 않고서, 심층의 차원에서 그러한 의미를 은밀(隱密)하게 숨기고 있다는 점에서『백화도량발원문』은 문학적·예술적 성취까지 이루고 있는 것 아닌가. 숨기면서 드러내고, 또 드러내면서 숨기는 것이야말로 문학·예술의 본질이기 때문이다. 이제 구체적으로 "중생이 곧 부처라"고 하는 화엄의 성기사상과 "보살행을 하자"는 보현행이 어떻게 『백화도량발원문』 속에 숨겨져 있는지, 보물찾기에 나서보기로 한다.

첫째, "중생이 곧 부처이다"라고 하는 성기사상에 대해서이다. 그런데, 여기서 이 점을 읽어내기 위해서 우리는 형식이 갖는 의미를 다시 생각해 볼 필요가 있다. 하나의 메시지·의미는 형식 속에서 전달된다. 이때, 우리는 내용만을 중시하기 쉽다. 그러나 실제로 형식 역시 동일한 차원에서 중시되어야 한다. 형식은 표현의 방식이지만, 그 표현의 방식 속에 사실은 표현하고자 하는 내용이 담길 수 있기 때문이다. 형식을 더욱 중시하는 경우도 있지만, 적어도 우리는 형식을 외면해서는 안 된다는 점을 주의해야 한다.

자, 『백화도량발원문』에서 발원문의 메시지·내용을 듣는 관자재보살마하살, 즉 관세음보살과 "진실한 발원의 말씀을 사뢰는" 발원문의 저자의 관계를 무엇이라고 말하고 있는가 확인해 보자. 관세음보살은 '스승〔本師〕'이라고 불리우고, 발원문의 저자는 제자(弟子)라고 불리운다. 즉 여기서는 '스승과 제자'라고 하는 관계 속에서 발원이 행해지는 것이다. 관세음보살에 대한 여러 경전이 있지만, 이렇게 '스승과 제자'로서의 관계가 나타나 있는 텍스트는 바로 『화엄경』「입법계품

」이다. 거기에는 선재동자가 찾아 뵈온 선지식으로서 관세음보살은 선재동자로부터 "어떻게 보살행을 행해야 하겠습니까"라는 질문을 받는 스승의 모습으로 나타난다. 질문을 받고 대답하는 자는 스승이며, 질문을 제기하면서 법을 구하는 자는 제자이다. 김영태 역시 관음신앙에 있어서 '스승과 제자'의 관계에 주의를 기울이고 있다.

> 관음이 그처럼 세간의 모든 고액(苦厄)을 없애주어 일체중생들을 이익 되게 하는 세간과 인천의 대비로운 주(主)이므로, 모두가 그에 의지하여 구제받고 뜻 이루기를 기원한다. 그렇다면 그를 신앙하는 피구제자는 종(從)이 되는데, 불교에서는 절대신교(絶對神敎)의 경우처럼 주종의 관계로 보지 않고 능구자(能救者)인 불보살을 본사(本師)로 보고 피구제자인 신앙인을 제자로 본다. 예를 들면, 관음이 미타불을 본사로 정대(頂戴)하고, 의상이 관음을 본사로 하여 스스로 제자로 일컫고 있으며 또 불교인들이 부처님께 발원할 때 스스로[發願淸信者]를 제자라고 일컫는 것이 사실이다. 주와 종의 관계든, 스승과 제자의 관계이든 간에 관음은 분명히 구제하는 능력자임에 틀림이 없다.[김영태 1989,「관음신앙의 자력성에 대하여」, p.23.]

그런데, 문제는 '구제자와 피구제자'의 관계와 '스승과 제자'의 관계가 본질적으로 하늘과 땅의 차이가 개재되어 있음을 간과하고 있다는 점이다. 『화엄경』 입법계품에서 관세음보살과 선재의 관계는 '스승과 제자'의 관계임을 확인할 수 있고, 『법화경』관세음보살보문품에서 나타나는 '관세음보살과 중생'의 관계는 절체절명의 위기 상황에 놓인 중생으로부터 일심으로 구제를 요청받는 '구제자와 피구제자'의 관계가 그 심층 속에 숨어있는 것이다. 양자 사이에 전혀 다른 관음신앙의 형태가 드러나 있는 것으로 나는 판단한다. 스승과 제자의 관계는 스승을 도우면서 제자가 다시 스승이 되어가는 것이며, 구제자와 피구제자의 관계는 피구제자가 구제자로부터 일방적으로 도움을 받는 관계인 것이다. 스승과 제자의 관계 속에서만 제자가 오히려 스승을 돕는다는, 이른바 타력신앙의 상식적 유형이 혁명(革命)된다. 이미 타력신앙이 아니라 자력신앙이 되는 것이다. '스승과 제자'의 관계와 '구제자와 피구제자' 사이에서 신앙의 유형이 달라진다고 보지 못한다면, 어떤 점에서 유신론의 종교가 내보이는 타력신앙과의 대비가 불가능해 진다. 동일한 불교 안에서이고, 동일한 관음신앙 안에서도 이렇게 그 유형을 달리한다는 점을 간과해 버리고 마는 것이다. 따라서, 우리는 『백화도량발원문』의 '스승과 제자'의 관계가 정히 『화엄경』입법계품에서의 '관세음보살과 선재동자'의 관계를 모델로 한 것임을 간과해서는 아니 된다. 물론, 여기에는 정토신앙에서 등장하는 아미타와 관음이라고 하는 사제관계 역시 이중적으로 투영되어 있지만 말이다. 정토신앙에서는 관세음보살은 아미타부처님의 좌보처(左補處)

이다. 그리고 극락삼존으로 구상화될 때에도 관세음보살은 아미타부처님 곁에서 협시(脇侍)하고 있을 뿐인데, 그들의 관계를 '스승과 제자'라고 고쳐 부를 수 있다는 것 자체가 화엄적 입장에서 바라보기 때문에 가능한 일인 것이다. 이렇게 '스승과 제자'라는 형식적 표현을 나는 『백화도량발원문』이 화엄사상과 관련이 깊음을 나타내는 첫 번째 증거로 삼는다.

다음으로 확인할 점은 이러한 스승과 제자의 관계에 대한 정의에서 성기사상이 나타나 있음을 볼 수 있다는 것이다. "중생이 곧 부처이다"라는 화엄의 성기사상은 "중생은 부처가 될 수 있는 가능성을 갖고 있다"는 이야기와 다른 차원임을 잊어서는 안 된다. 가능성은 미래의 일이지 아직 현실의 일은 아니다. 그렇게 말하는 것이 여래장(如來藏) 사상이다. 그러나, 화엄은 그렇게 미래를 말하는 철학이 아니다. 언제나 '지금과 여기'(now and here)만을 말한다. 지금 당장 눈앞에 있는 존재가 중생이 아니라 바로 부처라고 하는 관점이다. 여래가 출현한 것이며, 여래의 성품이 이미 일어나 있는 존재라고 본다. 이것이 화엄사상이다. 『백화도량발원문』의 저자는 이 점을 잘 알고 있다. 즉 이러한 화엄의 성기사상을 잘 알고 있는 것이다. "중생이 곧 부처이다"라는 점을 철저히 밀고 나가면, "우리가 곧 부처인데 부처님께 귀의는 왜 해야 할 것인가"라는 귀의무용론(歸依無用論)의 입장에 떨어지게 될지도 모른다. 실제, 발원문이라는 글의 성격은 누군가 불·보살님을 청해 모시고 그분과의 약속이라는 형식 속에서 이야기되는 것 아닌가. 그러니, 당연히 "머리 숙여 귀의"해야 하는 것이다. 여기에 딜레마가 있게 되는 것이다. 적어도 저자가 화엄사상가라고 한다면, 이 문제를 해명하지 않고서는 발원문을 한 줄도 써나갈 수 없는 것이다. "머리 숙여 귀의하옵고"라고 발원문을 시작하기 전에 의상은, 그가 화엄성기사상을 굳건히 갖고 있는 이상 이러한 문제점·딜레마 속에서 고민하고 있는 것이다. 이 문제에 대해서 대답하지 않고서는 단 한 마디의 발원도 불가능한 것이다. 바로 그러한 문제에 대한 해결책의 모색은 발원 이전에 행하게 되는 서분·귀의 부분에서이다. 『백화도량발원문』에서 서분·귀의 부분이 길어지게 된 이유이다. 〔서분·귀의 부분은 현존하는 부분만을 놓고 보더라도 결코 짧은 것이 아니다. 그런데, 체원의 『백화도량발원문약해』에 나타난 주석을 분석해 볼 때, 판목이 상실된 부분에서도 적어도 2군데에서 각기 한 문장씩의 본문이 상실되었음을 알 수 있게 된다. 그리고 그것은 모두 서분 안에서의 일이다. 그 부분까지 포함하여 생각해 본다면, 『백화도량발원문』의 귀의 부분이 얼마나 중요하게 다루어졌는지 알 수 있는 것이다.〕 다른 발원문과 대비해 볼 때, 이러한 점은 『백화도량발원문』이 갖는 중요한 특징이라 할 만하다.

　"저희 스승 관세음보살님의 대원경지를 관찰하오며, 제자의 성정본각을 관찰하옵니다"라는 부분에서는 관찰의 대상이 대원경지와 성정본각임을 말하고 있다. "스승 : 제자=대원경지 : 성정본각"의 관계가 성립된다. "중생이 곧 부처이다"라는 성기사상을 "성정본각이 곧 대원경지이다"라는 문장으로 풀어놓고 있는 것이다. 타동사를 살펴보면 "관찰하다"가 되며, 그 목적어는 대원경지와 성정본각이라는 두 명사일 뿐이다. 거기에는 "같다"라는 말이 없는 것처럼 보인다. 그러나 성정본각은 바로 출발선상에 놓여있는 중생에 대한 규정이며 대원경지는 도착선상에 놓여있는 부처님에 대한 규정이다. 그들은 사실상 다른 존재가 아니다. 동일한 존재이다. 원인과 결과는 시간적으로 차별되는 존재가 아니라 동시에 이루어진다고 보는 인과동시(因果同時)의 무시간론(無時間論)이야말로 화엄사상임을 안다면, 우리는 "관찰하오며"가 곧 "대원경지·부처와 성정본각·중생이 같음을 관찰하오며"로 읽을 수 있는 것이다. 그렇기에 우리가 갖고 있는 "부처다", 혹은 "중생이다"라고 하는 관념이 사실은 근거 없는 고정관념일 수밖에 없는 것이다. 그렇게 말할 수 없는 것이다. 부처는 사실은 부처가 아니며, 중생은 사실 중생이 아닌 것이다. 부처 속에 중생이 있고, 중생 속에도 부처가 있다. 왜냐하면, 부처와 중생은 모두 공(空)한 존재일 뿐이기 때문이다. 만약 중생과 부처가 각기 공하지 않다고 한다면, "중생이 부처가 된다"라거나 "중생이 곧 부처이다"라고 말할 수 없기 때문이다. 이러한 소식을 『백화도량발원문』에서는 "관세음보살님의 거울 속에 있는 제자"와 "제자의 거울 속에 계신 관세음보살"로 표현하고 있는 것이다. 거울의 비유, 그 이상 더 적절한 비유가 없을 듯싶다. 우리는 모두 거울 속에 보이는, 즉 영상(影像)·이미지(image)로서 중생이며 영상·이미지로서의 부처이다. 그들 속에 행해지는 귀의는 귀의를 하지 않는 것은 아니로되, 마치 그림자 극에서 행해지는 것과 같을 뿐이다. 이러한 거울의 비유는 인다라망(因陀羅網, Indra-net)의 비유에서 잘 드러나듯이, 명백히 『화엄경』의 성기사상을 드러내고 있지 않은가. 기무라는 의상친저설을 의심하는 하나의 이유로서 바로 이 거울의 비유를 들고 있는데, 그 스스로도 『백화도량발원문』에서의 거울의 비유가 바로 의상의 스승 지엄(智儼)이 찬술한 『일승십현문(一乘十玄門)』의 '인다라망경계문'과 대응된다고 지적하고 있다.〔p.736.〕 간단한 이야기다. 그것으로 끝이어야 한다. 그런데, 그는 다시 장황하게 늑나마제(勒那摩提)의 『칠종예법(七種禮法)』이라는 책 이야기를 하고 있는데, 앞에서 거울의 비유가 화엄적 기원을 갖는 것임을 인정한 뒤에 다시 그 이야기가 왜 필요한지 알 수 없게 한다. 설득력이 없다 할 것이다. 아무튼 스승과 제자의 관계론 속에서 화엄성기사상을 발견할 수 있고, 이를 나는 『백화도량발원문』이 화엄사상과 관련이 깊음을 나타내는 두 번째 증거로 삼는다. 한편, "중생이 곧 부처다"라고 하는 화엄의 성기사상은 어떠한 세계관으로 나타나는지 살펴볼 필요가 있다. 왜냐하면,

『백화도량발원문』에 나타나 있는 바와 같이, "의보와 정보, 정토와 예토, 즐거움과 괴로움"이라는 주제는 늘 함께 생각되기 때문이다. 성기사상에 의하면, 본래로 중생은 존재하지 않고 오직 부처일 뿐이다. 따라서 그 당연한 결과로서 중생심(衆生心)은 존재하지 않고 불심(佛心)만 있게 된다. 불심의 소유자, 즉 불심의 체현자(體現者)야 말로 부처님이 아닌가. 그러한 부처님이 존재하는 세계를 불국토라고 말하게 된다. 〔산스크리트 복합어 해석방법에 따르면, 불국토는 부처님을 소유하고 있는 땅이라는 의미가 된다. 곧 소유복합어·유재석으로 해석하게 된다. 졸고, 「한문불전의 이해를 위한 기초적 범어문법」, 『불교대학원논총』, 제7집. 참조〕그 불국토는 곧 불심으로부터 비롯한 것이다. 이를 유심정토설(唯心淨土說)이라 말한다. 그런데, 화엄의 불토론은 이에서 그치지 않는다. 바로 현세에서 불국토를 건설하고자 하는 차원으로 전개된다. 이는 앞서 인용한 바 있는『삼국유사』에서 확인할 수 있는 바와 같이, 관세음보살님이 계시는 보타락가산이 바로 우리 땅에 있음을 믿고서 이곳을 성지로 조성하려는 운동〔관음성지조성운동〕이 곧 차방정토설(此方淨土說) 역시 화엄에서 받아들여지고 있음을 의미한다. 단순히 받아들여지고 있는 차원이 아니라 사실상 "보살행을 하자"라고 하는 보현행이야 말로 화엄사상의 양대 지주 중의 하나라고 볼 때, 그러한 보살행의 실천 그 자체는 곧 "이 땅에 불국토를 이룩하자"라고 하는 차방정토설의 구현에 다름 아닌 것이다. 그렇다면, 세 가지 정토설 중에서 마지막으로 사후세계의 다른 공간에 설정하고 있는 타방정토설(他方淨土說) 역시 화엄에서는 갖고 있는 것일까? 지금 우리의 논의에서 문제되는 관점은 바로 셋째의 타방정토설과 연관된다. 왜냐하면, 『백화도량발원문』에서 "찰나에 백화도량에 왕생할 수 있어서"라고 하면서 그 것을 "제자의 목숨이 다할 때"의 일로 말하고 있기 때문이다. 김영태는 바로 이 점을 들어서 그것이 화엄사상과 무관함을 다음과 같이 말하고 있기 때문이다.

> 이 발원문은 낙산성굴(洛山聖窟)의 관음진신을 친견하였을 때 그 곳(낙산사)을 백화도량이라고 지칭하여 발원문을 지었다고 보기에는 상당한 문제가 있다고 할 수 있다. 아울러 이 글 속에 보이고 있는 백화도량은 낙산사 또는 그 해변의 성굴이 아닌 극락정토를 일컫는 것으로 보아야 할 것 같다. 〔……〕라고 발원한 내용이, 관무량수경설의 정토왕생과 너무도 닮아있기 때문이다.〔김영태, 위의 책, pp.133~134.〕

나는 이러한 관점에 전혀 동의를 할 수 없다. 우선 이러한 논술 그 자체는 "이 발원문은 낙산성굴(洛山聖窟)의 관음진신을 친견하였을 때 그 곳(낙산사)을 백화도량이라고 지칭하여 발원문을 지었다고 보기에는 상당한 문제가 있다"고 함으로써, 우리가 앞서 인용한 바 있는 『삼국유사』의 기록을 전연 무시해 버리고 만다. 물론, 관음의 존재나 현신(現身)과 같은 신비주의적일 수 있는 종교현상을 전혀 말도 되지 않는 일로 치부해 버리는 합리주의적 관점에 서있다고 한다면 할 말은 없을 것이다. 그러나 적어도 우리는 정말 우리 땅의 동해 바닷가를 지정하여 그곳에 관음의 진신이 산다고 하는 믿음을 불러일으킴으로서 이 땅을 관세음보살이 존재하는 불국토로 만들려고〔혹은 이미 그렇게 인식하고 있었다〕했었다는 바로 그 사실은 역사학적으로나 신앙사·심성사적으로나 공히 평가받아야 한다고 믿기 때문이다. 그런데, 김영태의 관점은 그 점을 간과하고 있는 것이다. 만약 의상스님이 역사학적으로나 서지학적으로 보아서 『백화도량발원문』의 저자일 수 없다고 하더라도, 적어도 그가 화엄적 관음신앙을 하는 입장에 있다고 한다면 낙산사를 보타락가산으로 만들고 우리 땅에도 우리와 더불어 관세음보살님께서 존재하시고 있다는 일종의 '신라불국토신앙'을 갖고 있었음에 틀림없는 것이다.

뿐만 아니라, 김영태는 『백화도량발원문』에 나오는 "백화도량에 왕생할 수 있어서"라고 하는 부분에서 그 백화도량은 "낙산사 또는 그 해변의 성굴이 아닌 극락정토를 일컫는 것으로 보아야" 하며, 그래서 그 부분은 화엄경설과는 관련이 없으며 오히려 "관무량수경설의 정토왕생과 너무나도 닮아있다"라고 말한다. 여기서도 우리는 참으로 간단한 이야기를 오해하고 있음을 본다. "타방에 정토가 존재한다. 우리는 죽은 뒤에 그곳에 가자"라고 하는 정토사상의 시작은 서방정토 극락세계의 아미타불에 대한 믿음으로부터 시작한다. 그렇지만, 그것을 모본(模本)으로 하여 대승경전 속에는 다양한 극락세계·정토가 설해진다. 그 중에 하나로서 관세음보살이 계신 곳, 즉 관세음보살이라고 하는 이름의 부처님이 계시므로 하여 극락정토가 된 곳의 이름을 백화도량·보타락가산이라고 하는 것은 바로 『화엄경』이 아니던가. 여기서 60권본이냐, 80권본이냐 하는 점은 그렇게 결정적으로 중요한 것은 아니지 않을까. "백화도량"이라고 하는 관세음보살의 주처, 즉 관음정토(觀音淨土)의 존재를 말하고 있는 것이 『화엄경』이다. 그리고 『백화도량발원문』은 그러한 백화도량에의 왕생을 발원하고 있다. 그렇다면, 당연히 『백화도량발원문』에서 말하는 백화도량이라는 이름의 극락세계는 화엄경설과 관련한 극락이라고 말해야 하지 않겠는가. 나에게는 너무나 간단한 이야기로 보인다. "백화산이 화장세계 안에 있다"고 하면서 『화엄경』의 화장세계품의 설을 인용하고 있는 체원까지 생각할 것도 사실은 없는 일이다. 다만, 앞서도 이야기한 바와 같이 서방 극락세계의 미타정토 이후에 태어나게 되는 정토사상들은 그 모두가 미타정토에 대한 묘사를 따를 수밖에 없었던 것으로 나는 본다. 따라서 『백화도량발원문』에 나타나는 바, 빛을 놓아서 내영(來迎)한다는 사실이나 백화도량이라는 극락에 왕생한 뒤에는 설법을 듣고 무생법인(無生法忍)을 발한다는 사실 등은 다만 그 주체가 미타에서 관음으로 바뀌었다는 것일 뿐 정토신앙에서의 묘사와 완전히 같을 수밖에 없는 것이다. 그러나 그렇다고 해서 그 경전적 연원을 『화엄경』이 아니라 『관무량수경』으로 본다는 것은 무리라 할 것이다.

  여기서 의문을 제기할는지도 모른다. 앞서 귀의 부분에서 "중생이 곧 부처라"고 말하면서도 부처님께 귀의해야 한다는 사실을 해명해야 하는 것이 화엄철학의 본질이라고 한다면, 그러한 마찬가지 논리가 불토론과 관련해서 적용될 수 있는 것이 아닌가 하는 점이다. 즉 앞서 말한 것처럼, 화엄에서는 이미 사바세계가 곧 불국토라고 한다면 무엇 때문에 『백화도량발원문』에서는 사후에 가는 곳으로서의 백화도량이라는 극락을 따로이 말하는가 하는 점이다. 이에 대한 대답은 두 가지가 가능하다. 하나는 "사바세계가 곧 불국토이기" 때문에 김영태의 관점과는 달리 "낙산사 또는 그 해변의 성굴"이 곧 백화도량이라는 것이다. 그래서 백화도량이 타방에 존재하는 세계가 아니라 차방에 존재하는 세계이며, 거기로 다시 오려는 서원으로 해석하는 것이 가능하다. 백화도량에 왕생한다는 것은 곧 관음이 계신 곳으로 왕생하려는 것이며, 그것은 『백화도량발원문』의 저자에게는 "낙산사 또는 그 해변의 성굴"일 수 있다는 점이다. 또 하나는 앞서 말한 것과 같이, 세 가지 정토설이 화엄사상 안에서 다 발견할 수 있는데 유독 지금 타방세계로서 백화도량을 말하는 이유는 그것이 삶의 현재에서 일어나는 일이 아니라 사후의 세계에서 일어나는 일이기 때문이다. 그런 관점에서 바라본다면, 타방세계로서 백화도량을 말하는 것이 불가능한 것은 아니다. 그럴 경우에도 그것만으로 화엄적이지 않다고 말할 수는 없다. 발원문을 외우며 생을 마치는 사람에게는 선재동자가 찾아갔던 보타락가산이든지 의상스님이 건립한 백화도량이든지 모두 타방이기 때문이다. 비록 같은 공간이라고 하더라도 시간을 달리할 경우 타방이 아닌가 말이다.〔이외에도 극락세계가 곧 백화도량이라는 관점이 가능한데, 관세음보살이 아미타부처님의 보처보살일 뿐만 아니라 "서방에서는 관세음보살을 아미타부처님이라 말한다"는 관점이 있기 때문이다.〕 어떻게 해석해 보더라도, 백화도량에의 왕생을 원하는 발원문의 부분은 정히 화엄경설과 무관한 것이 아니라는 점이다. 이를 나는 『백화도량발원문』이 화엄사상과 관련이 깊음을 나타내는 세 번째 증거로 삼는다.

이상 세 가지는 화엄의 성기사상과 관련한 것이다. 이제, "보살행을 하자"는 보현행이 어떻게 『백화도량발원문』 속에 등장하는지 살펴보자. 이 역시 관세음보살과 선재동자의 사제관계로부터 출발해야 한다. 선재동자가 질문한 것은 어떻게 보살행을 할 것인가 하는 점이었고, 관세음보살의 대답은 대비법문광명행(大悲法門光明行)이었다. 다시 대비법문광명행을 쉽게 풀이하면, 자비의 실천이라고 할 수 있을 것이다. 제자 선재동자는 스승인 관세음보살님으로부터 닦아야 할 하나의 수행법으로서 자비의 실천이라는 과제를 부여받는다. 관세음보살 선지식은 오직 이 하나만을 안다. 이 하나만을 닦아서 관세음보살이 된 분이다. 자비를 제외하고서 우리는 관세음보살을 만날 수 없다. 말할 수도 없다. 자비의 어머니, 그가 곧 관세음보살이다. 따라서 선재동자가 행해야 할 법문으로 가르침 받은 "자비의 실천"이라는 것은 사실은 스승인 관세음보살의 일이다. 이제 제자인 선재동자는 스승 관세음보살의 일을 행해 가면서, 스승을 도와가면서〔제자를 뜻하는 上佐라는 말이 이런 뜻이다〕그 스스로 관세음보살이 되어간다. 그러니까 선재동자가 행하는 자비의 실천이라는 것은 스승을 돕는 일이다. 관세음보살을 돕는 일이다. 화엄에서 말하는 그 많은 보살행들도 모두가 관세음보살 돕기 운동의 프로그램이라 할 수도 있는 것이다. 여기서 나는 화엄적 관음신앙의 핵심을 본다. 물론, "관세음보살 되기 운동" 역시 중요한 의미가 있다. 그렇지만, 그것은 『반야심경』이나 『능엄경』에도 드러나 있다. 관세음보살 돕기 운동은 이러한 경전들 속에서 찾아내는 부분 보다 더 강력한 힘으로 『화엄경』 입법계품은 우리에게 말하고 있는 것이다. 따라서 화엄적 관음신앙의 핵심은 "관세음보살님, 이제 저희가 도와드리겠습니다." 라고 말하는 데 있다. 이러한 입장은 정히 『백화도량발원문』

에 등장하고 있는 것 아닌가. "그림자가 물체를 따르듯이 언제나 설법하심을 듣고 교화를 돕겠습니다"라는 부분에서 분명히 "돕는다"는 표현이 등장하는 것이다. 원문에서는 "조양진화(助揚眞化)"라고 말하고 있는 것이다. 이를 나는 관음신앙의 제3류라고 이름하거니와, 『천수경』〔혹은 『능엄경』〕에서 말하는 관세음보살을 인용하는데, 거기에는 이러한 차원의 논리가 있기 때문에 그것은 『천수경』〔혹은 『능엄경』〕에 말하는 관음신앙이 화엄적 차원으로 승화되고 있는 것이다. 아름다운 회통의 모습을 나는 확인하는 것이다. 이러한 "관세음보살 돕기 운동"으로서의 화엄적 관음신앙이야말로 관음신앙의 혁명이며, 관음신앙의 꽃인 것이다. 이를 나는 『백화도량발원문』이 화엄사상과 관련이 깊음을 나타내는 세 번째 증거로 삼는다. 이렇게 나에게는 『백화도량발원문』은 철두철미 화엄적 관음신앙을 노래하고 있는 텍스트로 보인다. 사실, 그 유례를 달리 찾기 어려운 화엄적 관음신앙의 전범이며 보살도·보현행의 교과서라고 아니할 수 없다. 이러한 성스러운 가르침에 우리가 감읍(感泣)하지 않을 수 있겠는가. 세세생생 이 『백화도량발원문』을 외우고, 다른 사람에게 해설하며, 그 속에 담긴 가르침을 실천하려고 노력해야 하는 까닭이다. 만약 『백화도량발원문』을 말하면서 이 점을 놓친다고 한다면, 용을 그려놓고 그 눈을 그리지 못한 것과 마찬가지로 관음신앙의 핵심을 매각(昧却)하는 일이 될 것이다.

과목론, 부분과 전체 함께 보기

어떠한 텍스트이든 그 내용을 조직적으로 분류해서 이해하는 것이 필요하다. 이를 전통적인 불교학에서는 과목(科目) 나누기라고 하는데, 현대에 되살려야 할 필요가 있다. 그것을 통해서 한 문장의 의미를 부분과 전체의 순환〔이를 해석학적 순환이라 한다〕 속에서 파악할 수 있기 때문이다.

『백화도량발원문』은 고려 때 해인사에서 화엄을 공부하셨던 체원(體元)스님에 의해서 주해가 베풀어졌다. 이 체원스님의 공덕으로 인하여 오늘날 우리는 『백화도량발원문』을 만날 수 있게 된 것이다. 내가 뒤에서 우리말로 역주한 『백화도량발원문약해』의 각주에서 정리해 둔 바 있지만, 체원스님 역시 과목을 설정하면서 해설을 행해가고 있다. 그러니까, 새롭게 『백화도량발원문』에 대하여 과목 나누기를 시도해 보려고 하는 나의 입장에서는 체원스님의 그것을 먼저 검토해 보지 않을 수 없는 것이다. 이는 나의 과목을 제시하기 전에 체원스님의 과목을 먼저 살펴보아야 할 필요가 있기 때문이다. 한자어 부분을 우리말로 옮겨가면서 제시해 보기로 한다.

제 3 부 『백화도량발원문』의 세계   265

표 : 『백화도량발원문』에 대한 체원의 과목

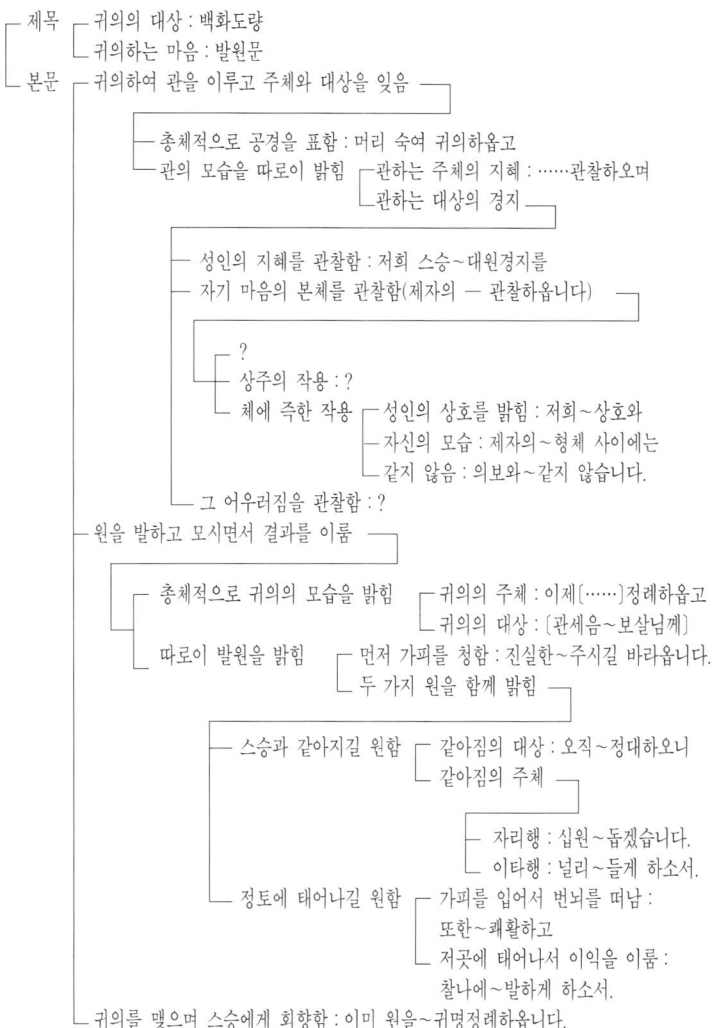

266 『천수경』과 관음신앙

　이 과목에서 '?' 부분이 존재하는 것은 『백화도량발원문약해』를 판각한 장경이 사라진 까닭에 명확하게 알 수 없어서이다. 이는 사라진 장경 판목(板木) 부분에 『백화도량발원문』 본문이 포함되어 있음을 의미한다. 또한 〔……〕 부분은 한문과 우리말의 어순이 달라서 생긴 것으로서, 한문에서는 뒷부분인데 우리말 번역에서는 문장의 중간에 들어가 있음을 표기한 것이다.
　크게 보면 체원스님의 과목은 제목과 본문의 두 부분으로 나누는 이분설(二分說)이라 할 수 있으며, 발원문의 본문만을 놓고 보면 세 부분으로 나누는 삼분설이라 볼 수 있다. 그렇다면, 나는 『백화도량발원문』을 어떻게 보고 있는 것일까? 전적으로 체원스님과 동일한 것일까? 그렇지는 않다. 대체적으로는 같다고 볼 수 있지만, 차이가 나는 부분 역시 없지는 않다. 이를 대비하기 위해서 이제 『백화도량발원문』에 대한 나의 과목을 제시할 차례이다.

표 : 『백화도량발원문』에 대한 나의 과목

```
┌ 서분(귀의) ──┬ 관음과 제자의 동일성 : 머리숙여~관찰하옵니다.
│              ├ 관음과 제자의 차별성 : 관세음~같지 않습니다.
│              └ 거울 속에서의 귀의 : 관세음~바랍니다.
├ 정종분(발원) ─┬ 관음을 스승으로 모시기 : 오직~모시겠습니다.
│              ├ 관세음보살 되기 운동 : 관세음보살~같아지며
│              └ 관세음보살 돕기 운동 : 몸을 버리는~돕겠습니다.
```

```
          ┌─ 『천수경』적 수행론 : 널리~듣게 하소서.
          ├─ 백화도량에 왕생하기 : 또한~발하게 하소서.
└유통분(귀의)─── 맺으며 귀의하기 : 이 모든~귀명정례하옵니다.
```

체원스님과 나의 발원문을 대비해 본다면, 대동소이하다고 볼 수 있다. 발원문의 본문을 크게 세 가지 점으로 나누어 보고 있는 점이 동일하기 때문이다. 그러나 차이 역시 없지는 않아 보인다. 크게 두 가지 점에서이다.

첫째는 서분과 정종분을 가르는 경계선이 차이가 있다는 점이다. 우리의 과목에 따라서 『백화도량발원문』의 해당 부분을 옮겨보면, 문제가 되는 부분은 다음과 같다.

> 관세음보살님의 거울 속 제자의 몸으로
> 제자의 거울 속 관세음보살님께 귀명정례(歸命頂禮)하여
> 진실한 발원 말씀을 사뢰오니 가피를 바랍니다.

나는 이 부분까지를 서분으로 본다. 그리고 서분에는 다시 셋으로 나눌 수 있다고 보았다. 그리고 그 셋째 부분이 관음과 중생, 스승과 제자 사이에 본질적인 차이가 없이 어우러짐을 말하고 있는 것으로 보았다. 그렇게 서분을 셋으로 나누어 보는 점에 있어서 체원스님과 나는 완전히 의견을 같이 하고 있는 것이다. 다만, 차이가 나는 점은 셋째, 관음과 중생, 스승과 제자의 어우러짐을 말하는 부분이다. 나는 바로

위에서 인용한 부분을 그렇게 본다. 그런데, 체원스님은 그 부분을 정종분에 집어넣고 있다. 이 차이는 어디에서 오는 것일까? 체원스님이 읽을 수 있었던 『백화도량발원문』에는 이 부분 이전에 관음과 중생 사이의 어우러짐을 나타내는 구절이 있었음에 틀림없다. 지금 전하지 않는 그 부분을 감안할 때, 이 부분은 정종분 속에 집어넣어서 아무런 문제가 없었을지도 모른다. 그런데, 현재 우리가 읽고 있는 『백화도량발원문』에서는 이 부분을 정종분으로 본다면, 서분에서 관음과 나의 같고 다름을 회통(會通)시켜 줄 부분이 없게 되고 만다. 관음과 중생이 실질적으로 다른 점이 없지만 귀의를 하게 된다는 점을 맺음하지 못하게 되고 만다. 그런 까닭에, 체원스님은 정종분을 다시 "총체적으로 귀의하는 모습을 나타냄"과 "따로이 발원을 밝힘"의 둘로 나누게 된다. 그러나 나에게는 오직 "따로이 발원을 밝히는" 부분만으로 정종분을 삼을 수밖에 없다.

둘째, 발원의 내용에 대해서이다. 이는 체원스님의 과목 나누기에서는 "따로이 발원을 밝힘"에 해당된다. 나는 그것을 다섯 부분으로 세분하였는데, 스님은 크게 둘로 나누고 만다. 나의 과목에서 다섯째 "백화도량에 왕생하기" 부분은 정히 스님의 과목에서 둘째 "정토에 태어나길 원함"과 동일한 부분이다. 문제는 『백화도량발원문』의 다음 부분을 나누는 관점의 차이다.

오직 원하옵나니
세세생생 관세음보살님을 염하며 스승으로 모시겠습니다.
관세음보살이 아미타부처님을 정대(頂戴)함과 것과 같이
제자 역시 관세음보살님을 정대하여
십원육향(十願六向), 천수천안과 대자대비는 관세음보살님과 같아지며
몸을 버리는 이 세상과 새몸 얻는 저 세상에서
머무는 곳곳마다 그림자가 물체를 따르듯이
언제나 설법하심을 듣고 교화를 돕겠습니다.
널리 온누리 모든 이웃들에게
대비주(大悲呪)를 외게 하고
관세음보살님을 염송케 하여
다함께 원통삼매(圓通三昧)에 들게 하소서.

　이 부분을 나는 넷으로 나누었는데, 체원스님은 셋으로 나누고 있다. 체원스님이 "같아짐의 대상"으로 한 것은 나의 "관음을 스승으로 모시기"와 같다고 볼 수 있으며, "이타행" 부분은 나의 "『천수경』적 수행론"이라고 볼 수 있다. 그 규정하는 이름을 달리할 뿐, 그 의미 파악에 있어서는 동일한 것이다. 그런데, 결정적으로 차이나는 부분은 체원스님이 "자리행"이라고 한 부분을 나는 다시 둘로 나누어서 그 속에서 "관세음보살 되기 운동"과 "관세음보살 돕기 운동"을 동시에 보고 있는 것이다. 체원스님처럼 이 양자를 구별하지 않고서 공히 "자리행"이라고만 한다면, 내가 그토록 힘을 기울여서

강조하고 있는 "우리가 관세음보살님을 도와드려야 한다"는 점을 부각시키지 못하게 된다. 이는 바로 관음신앙의 새로운 혁명으로서 그 세 번째 흐름이 아니던가. 그 결과 "몸을 버리는 이 세상과 새몸 얻는 저 세상에서/ 머무는 곳곳마다 그림자가 물체를 따르듯이/ 언제나 설법하심을 듣고 교화를 돕겠습니다"라고 하는 부분이야말로 이타행을 의미하는 것으로 본다. 물론, "널리 온누리 모든 이웃들에게/ 대비주(大悲呪)를 외게 하고/ 관세음보살님의 이름을 염송케 하여/ 다함께 원통삼매(圓通三昧)에 들게 하소서"라는 이어지는 부분을 중생들·천수행자에게 제시된 수행론으로 보게 된 것이다. 나는 "관세음보살 돕기 운동"이라고 할 수 있는 시각의 제시야말로 『백화도량발원문』의 안목(眼目)이자 생명으로 보고 있는데, 그런 점에서 체원스님의 과목 나누기를 아쉽게 생각한다. 내가 과목 나누기를 새롭게 제시하는 이유이기도 하다.

　다음, 나의 과목 그 자체만을 들여다보면서 몇 가지 점을 설명해 두기로 한다. 발원문 역시 하나의 텍스트이므로, 그 속에서 서분·정종분·유통분으로 나누어 보는 이해 역시 가능하다. 우선, 이 『백화도량발원문』의 특징은 귀의를 담고 있는 서분의 분량이 전체적으로 볼 때 많다는 점이다. 왜 그렇게 귀의 부분이 길어졌던 것일까? 나는 그 점을 바로 화엄신앙의 특성이 드러나 있는 부분으로 주목하고자 한다. 의상스님은 우리나라 화엄종의 창시자이다. 그런데, 화엄사상의 입장에 서게 되면 "모든 중생은 부처이다"라는 입장을 취하지 않을 수 없게 된다. 이러한 원융한 입장은 의상스님의 주저(主著)인 『법계도』에 이미 잘 나타나 있지 않은가. 바로 여기서 문제가 발생한다.

만약 중생이 곧 부처라고 한다면 다시 부처님이나 보살님께 귀의해야 할 이유는 어디에 있단 말인가? 의상스님은 지금 발원문을 쓰고 있으며, 그 앞머리에서 귀의를 고백해야 한다. 그런 까닭에 이 질문에 대해서 대답을 해야 할 입장에 놓여있는 것이다. 이 문제를 해명하기 위해서 길어지지 않을 수 없게 된 것으로 본다. 의상스님의 대답은 크게 일종의 삼단논법이라 할 수도 있을 것 같다.

① 그렇다. 중생이 곧 부처·보살이다.
② 그렇지만, 현실적으로 보아서 중생과 부처·보살 사이에는 차별성도 존재한다.
③ 그러므로, 거울 속의 중생이 거울 속의 부처·보살에게 귀의하는 것이다.

서분은 바로 이러한 구조로 이루어져 있다. 나 역시 그렇게 과목을 나누었다. 그런데, 이 『백화도량발원문』에서는 흔히 귀의 다음 단계에 오게 되는 참회가 오지 않고 있다. 『이산 연선사발원문』의 경우에는 정히 귀의→참회→발원의 구조로 되어 있는데, 여기에서는 참회 부분이 빠져 있다.

다음으로 발원문의 정종분에서 행해지는 발원의 내용을 살펴볼 필요가 있다. 크게 다음과 같은 다섯 가지이다.

① 관세음보살님을 스승으로 모시겠습니다.
② 관세음보살님과 같이 되겠습니다.
③ 관세음보살님을 돕겠습니다.
④ 대비주와 관세음보살님 염송을 널리 전하겠습니다.
⑤ 내세에는 관세음보살님의 백화도량에 왕생하겠습니다.

과목은 정확히 이러한 다섯 가지 발원에 따라서 나눈 것이다. 이 중에 앞의 네 가지는 현세에서의 일에 대한 발원으로서 스스로의 힘에 의지하는 것이며, 뒤의 마지막 발원은 내세의 일에 대한 발원으로서 관세음보살님의 도움이 있어야 하는 것이다.

끝으로, 유통분에는 다시 한번 관세음보살님에 대한 귀의가 행해진다. 마지막에 귀의가 등장하는 것은 우리의 '독송용 『천수경』'과 마찬가지 구조이다. 『백화도량발원문』에서 귀의가 앞과 뒤에서 두 번 등장하여 서로 수미상관(首尾相關)의 구조로 되어 있는 점은 마치 『법계도』에서 '법'자와 '불'자가 수미상관하여 마침내 만나는 것과 유사한 구조라고 하겠다.

이제 이러한 전체적 맥락을 생각하면서 구체적으로 『백화도량발원문』의 본문에 대하여 그 의미를 살펴보기로 하자.

해석론, 『천수경』과 『화엄경』의 만남

관세음보살과 같은 우리

〔원문〕 稽首歸依
觀彼本師觀音大聖大圓鏡智
亦觀弟子性靜本覺

〔옮김〕 머리 숙여 귀의하옵고
저희 스승 관세음보살님의 대원경지(大圓鏡智)를 우러르며
제자의 성정본각(性情本覺)을 관찰하옵니다.
〔……〕

〔풀이〕 발원문은 신앙적인 글이다. 신앙적이라는 말은 말하고 있는 사람의 저편에 누군가를 상정해두고 있다는 말이다. 이런 까닭에 발원문은 독백이 될 수 없고, 기도문이나 축원문과 유사한 점이 있다고 말해지는 것이다. 부처님이나 보살님이 거기 계시는 것이리라.

발원문이 발원을 듣는 부처님이나 보살님을 전제하고서 시작된다는 점은 발원의 내용을 본격적으로 드러내놓기 전에 먼저 그 분들에 대해서 예의를 차릴 필요가 있음을 의미한다. 이 예의를 '귀의(歸依)'라고 말한다. 돌아가 의지한다는

뜻이다. 그러나 그저 '한번 믿어볼까' 아니면 '밑져도 본전일 텐데 한 번 믿어보지 뭐'라는 식의 태도는 귀의가 아니다. 전체를 다 걸고 믿는 것이며, 나의 생명을 온전히 던져서 의지하는 것이다. 그래서 목숨걸고 믿는다는 뜻에서 '귀명(歸命)'이라고도 하는 것이다. 결정적으로 확신을 갖고 믿는다는 것이다. 이 같은 믿음을 결정신(決定信)이라고 한다.

이제, 발원문의 시작은 반드시 귀의·귀명으로 이루어짐을 알 수 있겠다. 이 부분은 『백화도량발원문』의 귀의 중에서 첫째 부분, 즉 관세음보살과 제자의 동일성을 말하고 있다. 우선, 의상스님이 지으신 『백화도량발원문』에서는 누구에게 귀의하는 것일까? 달리 말하면, 의상스님은 물론이고 이 발원문을 읽는 사람들로부터 귀의를 받는 분은 누구일까? 그분은 관세음보살이다. 자비의 어머니, 관세음보살에게 귀의하며 발원하는 음성이 『백화도량발원문』에 담겨 있다.

관세음보살은 세상의 모든 중생들의 고통소리, 신음소리를 다 관찰하시고 즉시에 해탈시켜 주시는 분이시다. 중생들을 고통과 신음에서 즉시에 해탈시켜 주실 수 있을 만큼 절대적인 권능을 갖고 계신 분이다. 또 제도되어야 할 중생의 입장에 서기 위해서, 나투지 못할 바가 없다. 때로는 노인으로 때로는 아이로……. 수없이 많은 몸을 나투신다. 이를 보문시현(普門示現)이라고 한다. 물론 이때에도 고통 받는 중생으로부터의 SOS는 있어야 한다고 말씀하시지만. 한마음으로 그 이름을 부르며, 관세음보살님의 힘을 염해야 한다는 전제조건이 있기는 하다.

하여튼 관세음보살은 무소부재(無所不在)·무소불능(無所不能)의 절대자로 이야기되는 면이 없지 않다. 원래 자력주의(自力主義) 종교였던 석가모니 부처님의 초기불교에서는 없었지만, 대승불교에 의해서 타력주의적 신앙이 받아들여진 양상을 우리는 여기서 볼 수 있다. 이러한 이미지의 관세음보살을 가장 잘 이야기하고 있는 경전이 『법화경』 관세음보살보문품이다.

그러면, 의상스님이 지은 『백화도량발원문』에도 관세음보살의 이러한 이미지가 그대로 투영되어 있는 것일까? 만약 그렇다고 한다면 보살행을 통한 성불이라는 『화엄경』의 사상을 신봉하고 있었던 의상스님이 절대주의적·타력주의적 관음신앙을 받아들인 것이 된다. 과연, 그랬던 것일까? 그렇지 않다. 의상스님이 타력주의적·절대주의적 관음신앙에는 결코 떨어지지 아니했음을 보여주는 증거가 있다. 의상스님이 『백화도량발원문』에서 관세음보살을 어떻게 부르고 있는가 살펴보자. "저희 스승"이라고 하면서 관세음보살을 스승으로 이해하고 있는 점에서, 『백화도량발원문』은 『화엄경』의 입법계품에 나오는 53선지식 중의 한 분인 관세음보살을 염두에 두고 있는 것으로 보인다. 거기에서 관세음보살은 선재동자에게 자비의 실천〔大悲行門〕을 가르치고 있는데, 그들의 관계는

'구원자 ↔ 피구원자'의 관계가 아니라 '스승 ↔ 제자'의 관계이다. 이 같은 점에서 우리는 의상스님의 관음신앙이 『법화경』 관세음보살보문품에 나오는 관음신앙과 같지 않고 『화엄경』 입법계품의 관음신앙에 입각하고 있음을 알게 된다.

　의상스님은 관세음보살을 스승으로 모시고 있으며, 결코 절대자로 받아들이고 있는 것이 아니다. 스승은 제자 역시 그렇게 되어야 할 모범이며, 전제(前提)일 뿐이다. 스승은 결코 제자의 문제를 해결해 주지 않는다. 다만 그 문제의 해결 방법을 가리켜·가르쳐 주고, 해결능력을 키워줄 뿐이다. 그러나 절대자는 즉시에 모든 문제를 해결해 준다. 한편 절대자로 인식된다면 우리는 결코 신앙의 대상인 절대자가 될 수 없는 것으로 된다. 동격(同格)이 될 수도, 닮음 꼴이 될 수도 없다. 아무리 하더라도 결코 건너뛸 수 없는 간극이 절대자와 나 사이에는 존재한다. 평행선을 달릴 뿐이지 완전한 합동(合同)은 불가능하다.

　관세음보살을 비롯한 불교의 신앙에서 흔히 타력주의적·절대주의적 신앙이 엿보인다고 할지라도, 동격이 될 수 있다는 점에서 불교의 관음신앙은 기독교를 비롯한 유신론적 타력신앙과 차이를 보인다. 기독교를 비롯한 유신론적 타력신앙에서는 결코 동격이 될 수 없지 않은가. 기도하는 자는 영원히 기도하는 자로 남으며, 기도 받는 자는 영원히 기도 받는 자로 남는 것이 아닌가. 이를 불가역성(不可逆性)이라는 말로 표현하기도 한다.

그런데, 이제 여기 『백화도량발원문』에서는 관세음보살을 분명히 스승으로 인식하고 있다. 우리의 모범으로 말이다. 언젠가 동일화되어야 할 대상으로 인식되고 있는 것이다. 스승은 우리가 뛰어넘어야 할 대상이지, 그 앞에서 언제까지나 예배드리고 있어야 할 존재는 아니다. 우리의 뛰어넘음이 스승에게는 보람과 기쁨이 된다. 스승과 어깨를 겨루면 그것이야말로 스승의 은혜를 저버리는 것이다. 선가(禪家)에서는 "스승을 뛰어넘어야 비로소 스승의 은혜를 반쯤 갚는 것이 된다"는 말이 있다. 이런 점에서 불교는 참으로 민주적인 종교로 생각된다. "부처를 만나면 부처를 죽이라"는 이야기도 이 같은 맥락에서 이해될 수 있다.

"저희 스승 관세음보살님의 대원경지(大圓鏡智)를 우러르며"라고 할 때 대원경지는 무엇인가? '대원경지'라는 용어가 가리키는 바는 사실 어려운 것이 아닌데, 대단히 어렵게만 느껴진다. 이러한 용어에 지레 겁을 먹고, 불교공부를 중도에 폐지하는 사람이 많다. 안타까운 일이다. 자신감을 갖고 살펴보자.

자, 여기 하나의 거울이 있다고 생각하자. 대단히 크고 또 원만한 거울이다. 원만하다는 말은 하나의 먼지나 티끌도 묻어있지 않음을 가리킨다. 너무나 투명하고 맑다. 그래서 거울 위에 '유리주의'라고 써 붙여야 할 정도이다. 전혀 거울이 있다고 느낄 수 없을 정도이기 때문이다. 그런데, 이 거울에도 먼지는 내려앉는다. 아무리 크고 깨끗한 거울이라고 하더라도, 그것이 거울인 한 때때로 먼지도 묻고 때도 낀다. "때때로 부지런히 털고 닦아야" 하는 이유이다. 이러한 먼지나 때는 근원적으로는 '나'라고 하는 의식에서 유래한다. 우리의 자아의식이 먼지나 티끌로 상징되는 번뇌를 낳는 뿌리인 셈이다.

먼지나 티끌이 아무런 힘이 없듯이 번뇌도 뿌리가 없다. 닦으면 금방 사라지고, 거울은 투명함을 되찾는다. '나'라고 하는 자아의식을 여읜, 자아의식을 떠나버린 맑고 원만한 마음은 곧 지혜가 된다. 이러한 지혜를 대원경지라고 한다. 그러므로 대원경지는 밝고 맑은 마음을 가리킨다. 그런데, 먼지가 없어져야 밝은 거울이 되듯이, 우리의 마음도 '나'라고 하는 자아의식이 없어져야 지혜를 얻게 된다. 이를 전식득지(轉識得智)라고 한다. 이는 대승불교의 유식사상에서 하는 이야기다. 이때 대원경지가 된 의식, 즉 '나'라고 하는 자아의식을 아뢰야식이라고 부른다. 그러니까 아뢰야식을 대원경지로 바꾸어 가는 것(轉依)을 유식에서는 성불이라 말한다.

우리의 스승 관세음보살의 마음은 아뢰야식을 떠난 마음이다. 모든 자아의식이 다 사라진 마음이다. 그렇기 때문에 모든 중생의 고통 받는 소리를 관찰하고 즉시에 응답할 수 있는 것이다. 그렇다면, 우리는 어떠한가? 우리의 마음은 어떠한가? 귀의와 발원의 대상은 대원경지에 이르렀는데, 귀의와 발원을 하는 자는 어떠한가? 이에 대한 대답이 그 다음 귀절에서 계속된다. "제자의 성정본각(性靜本覺)을 관찰하옵니다."

　귀의와 발원의 대상인 관세음보살은 대원경지에 이른 분이다. 자아의식의 작용으로부터 벗어나 부처가 된 분이다. 관세음보살은 부처님이다. 깨달음의 존재이다. 관세음보살만이 아니라 우리 역시 그렇다. 우리 역시 성정본각의 존재이기 때문이다. 본래 부처이며, 본래 깨달음의 존재인 것이다. 성정본각이라는 용어는 중생이 비록 겉으로 보면 중생이지만 속으로 보면 본래 깨달음의 존재임을 나타내고 있다. 『기신론』에 나오는 용어인데, 대원경지와 같은 의미라고 생각된다. 다만 대원경지는 결과의 입장에서 하는 말이며, 성정본각은 출발의 입장에서 하는 말일 뿐이다.

　관세음보살만이 대원경지에 이른 것이 아니라 우리 역시 성정본각을 갖춘 존재이다. 따라서 관세음보살과 우리는 같을 수 있는 존재, 같은 존재이다. 관세음보살과 우리 사이에는 아무런 차별이 없다. 어느 누구는 귀의를 받고, 어느 누구는 귀의를 하는 존재가 아니다. 본래 동격(同格)의 관계임을 나타낸다.

　그 다음에 전해지는 과정에서 결락(缺落)된 부분이 보인다. "2장"이라는 것은, 이 『백화도량발원문』을 전하고 있는 체원(體元)의 『백화도량발원문약해』가 새겨진 대장경(해인사 고려

대장경)의 판목(板木) 2장이 없어졌다는 이야기이고, 그 사이에 각기 본문 1문장이 포함되어 있다. 그러나 다행스럽게도 의미 파악에는 아무런 지장이 없다. 논리적으로 보아서 위와 같이 동격임을 유추할 수 있기 때문이다. 현대에 이르러『백화도량발원문』에게 그 시민권(市民權)을 되찾아 주고자 한 최초의 저술은 아마도 법성,『백화도량에로의 길』(경서원, 1982)이라고 생각된다. 대중들과 함께『백화도량발원문』을 읽고 있기 때문이다. 거기에서 법성은 지금은 결락되어서 사라진 한 문장을 "(관세음과 이 제자의 참 생명의 본바탕은 · 다함없고 한량없어 서로 평등하옵니다)"(p.85)라고 추측으로 복원하고 있다. 문장 그대로는 아니겠으나, 의미상 틀림없는 바이다. 나 자신의 해석과도 정히 부합한다.

그렇다면 관세음보살과 우리는 아무런 차이가 없는가? 이 질문에 대한 대답이 바로 뒤이어 제시된다.

관세음보살과 다른 우리

〔원문〕所有本師, 水月莊嚴, 無盡相好,
　　　　亦有弟子, 空花身相, 有漏形骸,
　　　　依正淨穢, 苦樂不同.
〔옮김〕관세음보살님의 수월장엄(水月莊嚴) 및 다함없는 상호와

제 3 부 『백화도량발원문』의 세계   281

> 제자의 헛된 몸과 유루(有漏)의 형체에는
> 의보와 정보, 정토와 예토, 즐거움과 괴로움이 같
> 지 않습니다.
> 〔……〕

〔풀이〕 서분의 두 번째 단락이다. 관세음보살과 우리가 본래 동격임은 앞서 살펴보았다. 그러나 그렇게만 보아서는 귀의가 불가능해진다. 불필요해진다. 똑같은 존재라면 무엇 때문에 누가 누구에게 예배하고 귀의하겠는가. 귀의는 불완전한 존재가 완전한 존재에 대해서 바치는 믿음일 것이기 때문이다. 그래서 우리는 다시 한 번 귀의의 대상인 관세음보살과 귀의의 주체인 우리 스스로를 냉정하게 살펴볼 필요가 있다. 과연, 관세음보살과 우리 사이에는 아무런 차별도 없이 완전히 같기만 한가? 완전히 동일하여 다시 귀의하거나 예배하지 아니하고 손잡고 함께 활보할 만한가?

냉정하게 우리 스스로의 모습을 살펴보면 볼수록 관세음보살과 우리는 같지 않음을 알게 된다. 같지 않은 정도가 아니라 하늘과 땅의 차이가 있다는 사실도 알게 된다. 앞에서 우리가 관세음보살과 동일하다고 보았던 것도 그 본래의 마음이 동일하다는 것일 뿐, 현재 우리가 처한 입장마저 결코 동일하다고 볼 수 없다.

우리의 스승 관세음보살은 '다함없는 상호'를 갖고 계신다.

부처님이나 보살님의 얼굴을 상호(相好)라고 부른다. 마치, 옛날에 임금의 얼굴을 얼굴이라 부르지 아니하고 용안(龍顔)이라 한 것처럼. 그런데, 관세음보살은 그러한 상호가 한량없다는 것이다. 천의 얼굴이다. 흔히, 우리는 연기력이 뛰어난 연기자를 '천의 얼굴을 가진 아무개'라는 식으로 말한다. 그녀가 천의 얼굴을 가졌다는 것은 10대의 소녀로부터 70대의 할머니까지, 또 지극히 순박한 시골 처녀에서 닳을 대로 닳아진 악녀(惡女) 역까지 두루 소화해낼 수 있을 때, 그래서 시청자를 울리고 웃길 때 천의 얼굴을 가진 연기자라는 찬사를 보내게 된다.

관세음보살은 괴로워하는 중생의 현실 속에 하나가 되기 위해서, 하나가 되어 중생을 제도하기 위해서 끊임없이 상호를 바꾸면서 나타난다. 그는 한분이지만 때에 따라서 제도될 중생의 얼굴에 따라서 수많은 얼굴이 된다. 정말로 천의 얼굴이 되는 것이다. 관세음보살은 천수천안(千手千眼)이라고 불리워지는데, 사실 천면(千面)의 의미까지 내포하고 있는 것이다. 이를 '보문시현(普門示現)'이라고 한다. 보문은 중생제도의 방법〔門〕이 지극히 넓고 다양함을 가리킨다. 아예, 정해진 방법이 따로 없다〔無門〕는 측면에서 그렇게 말한 것이다.

관세음보살의 '수월장엄(水月莊嚴)' 역시 이러한 '다함없는 상호'로 제도중생하시는 보문시현을 의미하는 것이다. 한가위의 달이 하늘 높이 떠 있다. 가장 높고 둥글게 느껴진다. 원만하다. 그 달이 물에 비친다. 한강에 비친다. 그러나, 한강에만 비치는 것은 아니다. 동해 바닷가에도 비치고 경포 호수에도 비친다. 경포대에 앉아서 술잔을 기울이는 한량의 술잔 속에도 비친다. 천강에 고요히 비치는 달이다. 그야말로 물이 있는 곳에 달이 비친다. 영가현각(永嘉玄覺)은 『증도가』에서 이렇게 말하였다.

    달 하나 모든 물위에 두루 비추니
    모든 물에 비친 달이 하나의 달일세.
    일월보현일체수(一月普現一切水)
    일체수월일월섭(一切水月一月攝)

  관세음보살은 한분이지만 모든 중생을 제도하기 위해서 천의 얼굴로 나타나시는 것을 하늘에 달은 하나이지만 즈믄 강에 모두 나타나는 것〔千江有水千江月〕에 비유해서 수월장엄이라 한다. 『천수경』에서는 '나무수월보살마하살'이라고 하면서 관세음보살에게 귀의하고 있다. 이때 수월보살이 바로 관세음보살의 다른 이름인데, 이러한 수월장엄 때문에 그렇게 불리고 있는 것이다.
  관세음보살의 상호에 비추어본 우리의 얼굴은 어떤가? '헛된 몸이고 유루의 형체'이다. 유루의 루(漏)는 번뇌를 가리킨다. 번뇌가 있음은 유루이며, 번뇌가 없음은 무루(無漏)이다. 번뇌가 있는 존재가 중생이며, 번뇌가 없는 존재가 불보살이다. 스스로 살펴보자. 번뇌가 있는가, 없는가? 번뇌 있는 중생인 우리가 번뇌 없는 관세음보살과 같을 수는 없다. 구체적으로 관세음보살과 우리의 다름을 『백화도량발원문』에서는 세 가지로 지적하고 있다.

첫째, '의보와 정보'가 다르다. 불교에서는 우리 삶의 현재 모습은 과거에 지은 행위의 결과라고 본다. 그 중에서 우리 자신의 모습은 그 원인이 된 행위의 직접적 결과라는 뜻에서 정보(正報)라고 한다. 그리고 의보는 그러한 정보에 의지하여 살아가는 세계·환경·자연을 말한다. 이들 양자의 관계는 결코 둘이 아니다. 아무런 관련이 없는 것은 아니다. 같은 연결고리에 묶여 있는 것이다. 그런 측면에서 보면, 외국농산물 수입을 반대하면서 썼던 '신토불이(身土不二)'라는 구절은 전략적 구호 이상의 의미를 갖고 있다. 의보와 정보가 둘이 아니라는 의정불이(依正不二)에 다름 아니기 때문이다. 정보의 입장에서 본 관세음보살과 우리의 차이는 앞서 설명한 그대로이다.

둘째, 의보의 입장에서 본 관세음보살과 우리의 차이다. 관세음보살이 의지하고 사는 세계·환경·자연은 정토이다. 극락이다. 특히, 백화도량(白華道場)이라 말한다. 살기 좋은 땅이다. 오염되지 아니하고 지극히 청정하며, 슬픔과 괴로움이 없는 즐거움의 땅이다. 그러나 중생이 사는 세계는 오염된 땅이며 괴로움의 바다이다. 그야말로 하늘과 땅의 차이다.

이와 같을진대, 관세음보살은 즐겁고 우리는 괴로울 것이라는 점은 지극히 당연한 논리적 귀결이다. 이 점이 셋째이다. 따라서 본래의 입장에서 보면 관세음보살과 우리는 동격이지만 여전히 우리는 관세음보살님께 예배하고 귀의하지 않을 수 없으며, 발원하지 않을 수 없는 것이다. 그렇다면, 관세음보살과 우리의 관계는 같으면서도 서로 다르고, 또 서로 다르면서도 같은 존재이다. 이 관계를 의상스님은 매우 문학적으로 설명하면서, 『백화도량발원문』에서의 귀의 부분을 맺음 한다. 바로 거울의 비유, 거울의 이미지다.

거울 속에서의 귀의

〔원문〕 今以觀音鏡中, 弟子之身,
　　　　歸命頂禮, 弟子鏡中, 觀音大聖,
　　　　發誠願語, 冀蒙加被.
〔옮김〕 관세음보살님의 거울 속 제자의 몸으로
　　　　제자의 거울 속 관세음보살님께 귀명정례하여
　　　　진실한 발원의 말씀을 사뢰오니 가피를 바랍니다.

〔풀이〕 이제 서분의 셋째 거울 속에서의 귀의 부분이다. 여전히 우리는 관세음보살에게 귀명정례 해야 함을 말하는 부분이다. 목숨을 바쳐서 돌아가 의지하며, 정수리를 땅에 대

며 예배하는 것이다. 그러면서 발원의 말씀을 사뢰기로 하며, 가피를 내려 주시기를 바라는 것이다. 이로써 귀의는 완료되고, 곧 이어서 『백화도량발원문』의 본문이라 할 수 있는 발원의 내용이 고백된다.

  그런데, 귀의를 고백하는 이 부분에서도 우리나라 화엄종의 창시자로서의 입장이 잊혀지지 않는다. 결코, 관세음보살은 우리 마음 밖의 존재로 상정되지 않기 때문이다. 선재동자가 만나서 가르침을 받았던 관음선지식은 결코 우리 마음을 떠나 있는 것이 아니다. 부처와 중생, 모두 이 마음과 다르지 아니하다. 그리고 모든 것은 오직 마음이 짓는 것일진대 어찌 관세음보살이라고 해서 우리 중생의 마음을 떠날 수 있겠느냐는 것이다. 그래서 흔히 귀의의 대상과 귀의의 주체가 서로 각기 존재하면서 행하는 귀의와는 같을 수 없다. 왜냐하면, 우리는 위에서 우리도 관세음보살도 모두 동일한 존재임을 확인하였기 때문이다. 대원경지의 존재와 성정본각의 존재는 결코 서로 다른 존재가 아니다. 법성은 그러한 소식을 [……] 부분에 대해서 다음과 같이 복원함으로써 나타내고 있다.

    그렇지만 어리석은 이 제자의 몸과 마음
    저 성인의 대원경지 떠나지 아니하니

이렇게 있었을 것으로 추정한다. 의미상 우리는 쉽게 동의할 수 있다. 그렇기 때문에 이제 우리가 행하는 귀의는 범상한 귀의가 아니다. 관세음보살님의 거울 속에 있는 우리가 우리의 거울 속에 있는 관세음보살님께 귀의하는 것이다. 그리고 그것은 거울 속에 비친 영상(影像), 즉 그림자로서 행해지는 것이다. 거울 속에 비친 사물의 모습은 실재하는 것이 아니다. 영상, 다만 이미지일 뿐이다. 이미지로서만 우리는 존재한다. 부처님이나 보살님도 마찬가지다. 만약 부처님과 보살님은 이미지로서 존재하는 것이 아니라 거울 밖에 실재하는 것이라고 한다면, 잘못이다. 만약 그렇게 되면, 중생은 부처가 될 수 없다. 중생이 부처가 될 수 있는 까닭은 중생도 부처님도 모두 거울 속의 존재로서, 실재하지 않는 이미지·영상일 뿐이기 때문이다. 지금 여기서 '거울'의 비유를 통해서 그러한 이치를 참으로 빼어난 문학적 표현으로 나타내고 있다.

우리는 관세음보살과 별다른 개체가 아니라 관세음보살의 거울 속에 있는 존재이다. 관세음보살 역시 우리와 동떨어진 차원에 머무는 존재가 아니다. 우리의 거울 속에 계신 존재일 뿐이다. 그러므로 관세음보살과 우리는 서로 들어가 있으며[相入], 서로 합쳐지는[相卽] 존재이다.

하나 가운데 전체가 들어 있으며

전체 속에 하나가 있네.
하나가 곧 전체이며
전체가 곧 하나일세.
일중일체다중일(一中一切多中一)
일즉일체다즉일(一卽一切多卽一)

하나는 관세음보살이며 전체는 우리들 중생들을 가리키는 것이다. 우리의 거울과 관세음보살의 거울이 서로 비춘다. 끝이 없이 서로 서로 비춘다. 그 비쳐지는 빛으로, 자비의 빛으로 우리와 관세음보살, 또 우리와 우리가 서로를 밝게 해주고 있는 것이다.

종래 『백화도량발원문』이 의상의 친저라고 하는 전승(傳承)을 의심하는 학자들 중에 일본 동경대의 화엄학 교수 기무라 기요타카(木村淸孝)가 있다. 다른 학자들의 반론에서 언급되지 않고, 그만이 갖고 있는 견해가 하나 있다.

> 『백화도량발원문』의 내용은 의상의 대표작인 『일승법계도』와 사상적으로 이질감이 많으며, 『약해』에서 체원이 『일승법계도』를 인용하여 발원문을 설명하려 하였으나 그곳 역시 서로 연관점이 없는 것을 무리하게 하였다.〔「백화도량발원문考」, 『中國の佛敎と文化』, 대장출판, 1988, pp.736~739.〕

그러나 이러한 견해 역시 나로서는 이해가 되지 않는다.

제 3 부 『백화도량발원문』의 세계   289

나는 『법성게』의 과목을 나눔에 있어서 정확히 『백화도량발원문』과의 일치를 염두에 둘 수 있었기 때문이다.〔『대승경전과 선』, pp.175~176. 참조.〕 그만큼 양자의 사상적 관점은 일치하는 것이다. 바로 여기서 서분의 구조야말로 정히 『법계도』의 구조를 상기시키는 것이다.

『법계도』는 '법성'으로부터 출발하여 '불'로 돌아와서, 예부터 그 자리에 있었음을 확인하는 구조로 되어 있다. 시작과 끝은 일치하는데, 이는 인과가 동시임을 보여주는 것이다. 대원경지와 성정본각으로서 관음과 제자의 동시성 내지 동질성은 정확히 그러한 도상적 일치성(법계도인의 중앙에서 만남)과 하나가 아닌가. 그렇게 다시 '법성'을 만나서 자각하여서 "구래부동명위불"을 깨치기 전까지 적지 않은 굴곡을 겪었다. 54각(角)이라는 각 자체가 그러한 혼돈과 윤회를 나타내는 것이기도 한 것이다.

여기서 관음과 제자의 이시성(異時性) 내지 이질성은 확인된다. 이렇게 동시성·동질성의 차원〔同相·成相·總相〕과 이시성·이질성의 차원〔異相·壞相·別相〕이 어우러져 있는 것이다. 원심력이 작용하여 전자로부터 떠나는 것은 윤회로 볼 수 있지만, 다시 그것은 구심력이 작용하여 후자로 복귀해 가는 과정이기도 한 것이다. 윤회의 과정이 그대로 성불의 과정인 것이다.

더욱이 그렇게 우리가 편의상 두 차원으로 구분한 것을 『

『백화도량발원문』은 모두 '거울 속'의 것으로 비유해 버림으로써 그 실재성·실체성을 부정해 가는 절묘함을 보여준다. 다만, 『법계도』에서는 도인(圖印)으로 표현한 것을 『백화도량발원문』에서는 서분의 구조 속에서 다 펼쳐 보이고 있는 것이다.〔이렇게 서분 안에서 『법계도』 전체를 볼 수 있다면, 우리는 오히려 『백화도량발원문』에서 다루고 있는 범주가 『법계도』 보다 넓음을 인정할 수 있을 것이다. 『백화도량발원문』의 정종분에서는, 그 원칙만을 간명하게 천명하고 있을 뿐 구체적 수행법의 제시에는 미흡한 『법계도』보다도 오히려 더 자세하게 자리수(自利修)와 이타수(利他修)를 제시하고 있는 것으로 볼 수 있다. 뿐만 아니라 현세의 삶의 문제만이 아니라 죽음의 문제까지도 포괄하고 있지 않은가. 물론, 이러한 이야기는 우열의 비교가 아니라 특성의 비교일 뿐이지만 말이다.〕나로서는 『백화도량발원문』을 의상이 직접 지었으리라 보는 또 하나의 이유를 여기서 찾는다. 잘못 읽은 것은 체원이 아니라 기무라 기요타카라 할 것이다. 여기서 우리가 기억해야 할 것은 방법론적 차원에서 볼 때, 의상의 『법계도』를 그의 의도대로 도인(圖印)으로 읽어야 한다는 점이다. 그렇지 않다면, 위에서 언급한 이야기들은 놓쳐버릴 가능성이 높기 때문이다.

서분을 맺음하면서, 즉 그 앞의 두 가지 상반된 입장을 회통(會通)하면서 "관세음보살님의 거울 속 제자의 몸으로 / 제자의 거울 속 관세음보살님"이라는 표현이 등장한다. 이는 '거울의 비유'라고 할 만한다. 그런데, 이에 대해서도 의상의 저술이 아니라는 하나의 증거로 삼는 경우가 있다. 역시 기무라 기요타카의 견해임은 앞서 살펴본 바이다. 그러나 이 역시 『화엄경』의 제망(帝網)의 비유에 이미 존재하는 것 아닌가. 좀 더 살펴보자.

인드라(Indra)라고 하는 인도의 신이 있다. 원래 가장 오래된 인도의 종교문헌인 『베다』에서는 전쟁의 신 즉 군신(軍神)이었다. 그러다가 불교에 편입되어서 불법의 수호신이 되었는데, 제석(帝釋)이라고 불리운다. 이 제석에게 하나의 커다란 그물이 있다. 온 우주를 다 감싸고도 남을 정도이다. 어쩌다가 바닷가에 가보면 백사장에서 거물을 손질하고 있는 아저씨나 할아버지를 만나게 된다. 그물과 그물 사이에는 납이나 기타 다른 것으로 만든, 약간 묵직한 그 무엇이 달려 있음을 보게 된다. 아마도 그물이 부력(浮力)을 물리치고 바닷물 속에 잠기도록 하기 위해서이리라. 인드라 신의 그물에도 그물코마다 보석이 달려있다고 한다. 맑고 투명한 보석이라서 거울처럼 서로 비춘다. 하나의 그물코에 달린 보석에 비춰진 모습은 끝없이 이어진 그물코의 다른 보석들에게도 비추게 된다. 그래서 하나의 보석에 비춘 모습이 모든 보석에도 그대로 비추게 된다. 우리가 예불을 모실 때, '제망찰해(帝網刹海)'라고 하는데, 인드라망의 그물이 온 국토와 온 바다를 다 뒤덮고 있음을 의미한다. 어떠한 존재도 이러한 관계에서 제외되어 있는 것은 없다. 부분이 전체 속에 들어가고, 부분만 떼어놓아도 그 속에 전체가 있기에, 부분이 곧 전체이다. 이것이 화엄사상의 정수이다. 이러한 화엄사상을 현대과학의 홀로그래피(holography)에서 보게 되고, 새삼 화엄사상의 우수성에 놀라게 되는 것이다.

  우리와 관세음보살의 관계는 제망에 매어달린 수정 구슬〔그 역시 반영한다는 점에서 거울이다〕들 속에서 이해될 수 있다. 그 구슬·거울 속에서 서로가 서로를 비추면서 다만 영상·이미지로서만 존재하는 것일 뿐이다. 관세음보살의 거울 속의 제자·내가 제자 / 나의 거울 속의 관세음보살에게 귀의를 하고 절한다는 행위는 마치 영화 속의 한 장면과 같다. 그것을 없다고 할 수는 없다. 왜냐하면 영화가 현실이 아님을 알지만, 우리는 그것을 보고서 울고 웃는다. 우리를 울고 웃기게 하는 데, 어떻게 없다고 할 수 있겠는가. 분명히 있다. 그렇지만, 그러한 영화 장면은 지금 우리의 현실 속에서 그대로 찾을 수는 또 없다. 그래서 허구(fiction)이다. 다만 존재하는 것은 영화의 장면을 보면서 인간들이 살아가는 모습과 마음들에 공감하는 우리의 감성이나 마음일 뿐이다. 그것은 존재한다. 실재(實在)이다. 이는 형이상학적 실재가 아니라 예술적 실재이다. 불교가 인정하는 실재는 오직 이러한 예술적 실재일 뿐이다. 이때, 그 영화 장면은 실재를 나타내는 허구일 뿐이다. 의상은 이러한 예술철학을 그의 『법계도기』에서 "시에 의지하는 까닭은, 허구에 즉하여 실재를 나타내기 때문이다"라고 하였던 것이다. 우리가 절하는 것, 관음에게 귀의하는 것은 바로 이러한 차원에서 실재이다. '거울의 비유'만큼 이러한 예술철학적 실재를 더 잘 드러내게 해주는 장치는 찾을 수 없다. 그리고 그것은 정히 『화엄경』을 출처로 갖고 있는 것으로 볼 수 있다. 결국, 그러한 논거 역시 의상의 친저임을 부정할 수 있는 논거로서의 설득력을 갖지 못하고 있는 것이다.

이러한 차원에서 행해진 관음신앙은 분명 관세음보살을 절대자로 인식하고 무릎 꿇고 "소원을 이루어 달라"고 비는 것과는 다르다. 여기에는 그 어디에서고 "소원을 사뢰기만 하면 다 들어준다"는 타력신앙의 모습은 찾기 힘들다. 의상스님을 비롯한 화엄사상가에 의해서 행해진 관음신앙의 모습이 정히 이와 같았다.〔나는 이러한 잊혀진 신앙의 모습을 부활하고 싶다. 그것이 나의 안목을 크게 넓혀준 의상스님의 은혜를 갚는 길이 아니겠는가!〕

관음과 나의 관계를 이와 같이 인식한 뒤에라야, 그 귀의는 화엄적 귀의라고 할 수 있을 것이다. 이렇게 귀의를 마친 뒤에 『백화도량발원문』의 본론 부분이라 할 수 있는 발원이 본격적으로 사뢰어진다.

관세음보살님을 스승으로 모시고

〔원문〕 惟願弟子,
生生世世, 稱觀世音, 以爲本師,
如菩薩頂戴彌陀.

〔옮김〕 오직 원하옵나니
세세생생 관세음보살님을 염하며 스승으로 모시겠습니다. 관세음보살이 아미타부처님을 정대(頂戴) 함과 같이

〔풀이〕 이제부터 『백화도량발원문』의 본문·정종분인 발원이 설해진다. 이 발원의 부분은 내용적으로 분류해보면 다섯 가지다. 그러므로 '오직 원하옵나니'라는 표현은 다섯 가지 원에 다 통한다. 다섯 가지 발원 중의 첫째는 관세음보살을 스승으로 모시겠다는 약속이다. 우리는 앞의 주제론에서 관세음보살을 스승으로 인식하고 있는 『백화도량발원문』의 의의에 대하여 충분히 살펴보았다.

다소 중복되지만 그 점을 다시 한번 더 분명히 한다. 관세음보살님을 스승으로 모시겠다고 말한다. 다만, 여기서 하나 더 보태진 내용은 우리가 관세음보살을 스승으로 모실 때에는 우리의 스승인 관세음보살이 아미타부처님을 스승으로 모시고 있었음을 것을 본받는다는 점이다. 『천수경』에서 '나무

본사아미타불'이라 하고 있는 것이다. 관세음보살의 본사(本師)가 아미타부처님이라는 사실은 '원본 『천수경』'에서도 그대로 확인된다. 아미타부처님이 관세음보살의 본사이기에, 우리 관음행자·천수행자의 본사이기도 한 것이다. 관세음보살은 아미타부처님의 좌보처(左補處)보살로서 역할을 하고 있다. 세속적으로 표현하면, 비서실장 정도라고 할까. 그는 언제나 관세음보살님을 모시고 있으며, 관세음보살님을 대신해서 사바세계에 와서 고통당하는 중생들을 구하기도 하며, 임종 이후에 극락에 오는 사람들을 아미타부처님과 함께 맞이하기도 한다. 그러면서도 언제나 그의 마음속에는 아미타부처님을 염하고 있다. 염불하고 있는 것이다. 아미타부처님을 잊으려야 잊을 수 없게 가슴 속에 모시고 있는 것이 염(念)이다. 절에 가서 관세음보살상을 잘 살펴보면, 관세음보살은 보배관을 쓰고 계심을 알 수 있다. 그 관에는 부처님 한 분이 모셔져 있는데, 그분이 바로 관세음보살이 스승으로 모시고 있는 아미타부처님이다. 관세음보살님은 글자 그대로 아미타부처님을 정수리에 이고 있는 것이다. 정대(頂戴)하고 있는 것이다. 정수리에 인다는 것은 등에 업는 것보다 훨씬 지극하게 모시는 것이다. 요즘, 스승을 귀하게 여기지 않는 경박한 세태가 생각난다. 이는 것은 고사하고 등에 업지도 않으려 하는 시대가 아닌가. 모름지기 우리도 관세음보살이 그랬듯이 관세음보살님을 스승으로 모시고 정대해야 하리라.

그것도 이번 한 생만이 아니라 날 적마다, 다른 분도 아닌 관세음보살을 스승으로 모시겠다는 발원이다. 관음행자·천수행자의 지극한 발원이 아닐 수 없다.

　이 이야기를 좀더 진행해 보기로 하자. 의상스님은 당나라에서 돌아와서 낙산사를 창건한다. 관음신앙의 근본도량을 확보한 것이다. 그런 뒤에, 다시 부석사에서는 아미타신앙에 입각하여 도량을 조형(造形)하였던 것이다. 왜 의상스님은 아미타신앙을 하면서 동시에 관음신앙을 하였던 것일까? 고백하건대, 나는 관음신앙에 힘을 기울이면서 왠지 아미타신앙에 대해서는 무덤덤했던 것이 사실이었다. 그래서는 안 되는 것인데 말이다. 그 양자의 관계를 이렇게 사제관계로 이해하더라도, 의상스님이 미타신앙과 관음신앙을 함께 한 이유를 짐작하기가 쉽지 않았다. 그런데, 나는 일본에서 참으로 비수(匕首) 같은 말씀 한 구절을 만나게 된다. 일본 천태종의 제3조 원진(圓珍, 814~891)이라는 스님은 『천수경술비기(千手經述秘記)』라는, 『천수경』에 대한 주석서를 썼다. 그런데, 유감스럽게도 지금까지 전하는 것은 다음과 같은 한 줄 뿐이다.

　　　불공(不空)삼장이 말한 것처럼, 관자재보살은 서방에서는
　　　무량수불이라 일컬어진다. 〔……〕 관세음보살과 아미타부
　　　처님이 한 몸에 두 부처이기 때문이다.

　원진 스님의 이 말은, 밀교 경전을 많이 번역한 당나라 때

불공삼장의 말을 인용한 것인데, 미타와 관음의 관계를 '스승
↔ 제자'로 보는 우리의 인식(『백화도량발원문』의 인식)보다
한 걸음 더 나아간다. 바로 동일한 존재라고 보는 것이다. 미
타가 곧 관음이고, 관음이 곧 미타다. 우리가 사바세계에서
미타의 보처라고 관음을 분별해서 말할 뿐, 실제 서방정토
극락세계에서는 그렇지 않다는 것이다. 관자재보살을 무량수
불(아미타불)이라 부르고 있다는 이야기다. 이것이 밀교의 입
장인지는 알 수 없지만, 지금까지 미타와 관음의 관계에 대
한 인식보다는 진일보한 관점인 것만은 틀림없다. 나는 교토
에서 이 구절을 처음 만났을 때, 참으로 내 눈 앞에 새로운
세계가 열리는 것을 경험하였다.

관세음보살 되기 운동

〔원문〕我亦頂戴觀音大聖,
十願六向, 千手千眼, 大慈大悲, 悉皆同等,

〔옮김〕제자 역시 관세음보살님을 정대하여
십원육향, 천수천안과 대자대비는 관세음보살님과 같아지
며

〔풀이〕『백화도량발원문』의 세 가지 발원 중에서 두 번째

발원이다. 관세음보살과 같아지겠다는 약속이다. 앞서, 관세음보살이 아미타부처님을 정수리에 이고 모신 것처럼, 우리 역시 관세음보살을 그렇게 정대하고자 발원하였다. 우리가 관세음보살님을 스승으로 모신다는 것은 그분과 같아지며, 나아가 뛰어넘는 데에 목적이 있음을 살펴보았다.

그렇다면, 우리가 닮아가야 할, 또 뛰어넘어야 할 관세음보살님은 어떤 분인가? 관세음보살은 무엇을 바라며, 어떤 능력을 가지셨으며, 어떤 마음을 갖고 계신 분일까? 『백화도량발원문』은 이에 대한 대답을 차근차근히 해주고 있다.

첫째, 관세음보살이 바라는 바는 십원육향(十願六向)에 잘 나타나 있다. 십원육향은 바로 『천수경』에서 설해지고 있는 것이 아닌가. 나는 이를 별원(別願)이라고 하였는데, 이는 바로 관세음보살의 원이다. 전부 '나무관세음보살'이라고 되어 있지만, 이는 관세음보살이 스스로에게 귀의하는 것이며, 우리 중생들이 또 관세음보살에게 귀의하는 것이다. 십원과 육향은 모두 관세음보살의 원이다. 이에 대한 개별적인 해설은 이미 『천수경의 비밀』(pp.53-82. 참조)에서 자세히 행했으므로 여기서는 생략한다. 다만 여기서는 그 십원과 육향에 대한 『천수경』의 말씀만 옮겨보기로 하자. 십원은 다음과 같다.

    자비하신 관세음께 발원하오니
    모든진리 어서빨리 알아지이며

자비하신 관세음께 발원하오니
지혜의눈 어서빨리 열려지이다.
자비하신 관세음께 발원하오니
모든중생 어서빨리 건너게하고
자비하신 관세음께 발원하오니
좋은방편 어서빨리 얻어지이다.
자비하신 관세음께 발원하오니
지혜의배 어서빨리 타기원하며
자비하신 관세음께 발원하오니
고해바다 어서빨리 건너지이다.
자비하신 관세음께 발원하오니
삼학을 어서빨리 얻기원하며
자비하신 관세음께 발원하오니
열반의산 어서빨리 올라지이다.
자비하신 관세음께 발원하오니
무위속에 어서빨리 만나게하며
자비하신 관세음께 발원하오니
진리의몸 어서빨리 이뤄지이다.

'나무대비관세음(南無大悲觀世音)'이라 한 뒤에 '원아속지일체법(願我速知一切法)' 등의 발원에 '원'이 열 번 나오기 때문에, 십원이라 한다. 그래서 '나무'를 '발원하오니'로 옮겼던 것이다. 또 육향 역시 '아약향지옥(我若向地獄)' 등 '향'이 여섯 번 나오기 때문에 육향이라 한다. 육향은 다음과 같은데, 나의 옮김에서는 '……면' 속에 그 의미가 내포되어 있다.

칼산지옥 들어가면
칼산절로 무너지고
화탕지옥 들어가면
화탕절로 없어지며
지옥중생 되어가면
지옥절로 사라지고
아귀중생 되어가면
아귀절로 배부르며
아수라가 되어가면
악심절로 무너지고
축생세계 들어가면
지혜절로 얻어지리.

둘째, '천수천안'이라고 한 것은 관세음보살의 능력을 의미하는 것이다. 손이 천 개, 눈이 천 개라고 한다. 이는 관세음보살의 신통력 내지 위신력을 나타낸다. 이에 대한 감동적인 이야기가 『삼국유사』의 '분황사 천수대비 맹아득안(芬皇寺千手大悲盲兒得眼)조에 실려 있다.

무릎을 세우고
두 손바닥 모아,
천수관음 앞에
비옵나이다.
일천 손과 일천 눈의
하나를 내어 하나를 덜기를

둘 다 없는 이 몸이오니
하나만이라도 주시옵소서.
아아, 나에게 주시오면
그 자비 얼마나 크겠습니까.

이 노래가 지어진 인연은 다음과 같다.

> 경덕왕 때에 한기리(漢岐里)에 사는 여자 희명(希明)의 아이가 태어난 지 5년 만에 갑자기 눈이 멀었다. 어느 날 그 어머니는 아이를 안고 분황사 좌전(左殿) 북벽에 그린 천수관음 앞에 나아가서 노래를 지어 아이를 시켜 빌게 하였더니 멀었던 눈이 드디어 떠졌다.

이러한 『도천수관음가』의 내용은 실제로 천수천안을 "천 개의 손, 천 개의 눈"으로 믿고 기도해서 영험을 얻었다는 내용이다. 하지만, 손이 천 개이며 눈이 천 개여서 하나 씩 내어주었다고 해서 현재 998개인 것은 아니다. 여전히 천수이다. 그 능력이 끝없음을 의미하는 것으로 보인다. 우리는 천수천안으로 상징되는 관세음보살의 능력도 갖게 되기를 발원하고 있는 것이다.

셋째, '대자대비'라고 한 것은 관세음보살의 마음을 가리킨다. 관세음보살의 마음은 대자대비의 마음이다. 자비를 덕성으로 하고 계신 분이 관세음보살이다. 그래서 그를 우리는

'자비의 어머니(慈母)'라고 일컫는 것이 아닌가. 자비의 마음이 아니고서는 결코 중생을 이롭게 할 자비의 실천을 기대할 수 없을 것이다. 우리의 마음 역시 자비로 그득 채워지기를 발원하고 있는 것이다. 어머니는 여성이고, 자비는 여성성(女性性)의 정수이다. 따라서 자비의 어머니, 관세음보살은 모든 존재를 자비로 감싸 안아야 할 불교페미니즘의 출발점이자 지향점이다. 남자 역시 이러한 관음의 여성성을 받아들여야 한다. 그곳에 세상 구제의 실천이 시작되는 것이다.

바로 이 구절 "십원육향, 천수천안과 대자대비는 관세음보살님과 같아지며"를 통해서, 『백화도량발원문』이 『천수경』적 관음신앙에 입각하고 있음을 알 수 있다. 『천수경』을 그대로 인용하고 있기 때문이다.

관세음보살 돕기 운동

〔원문〕捨身受身, 此界他方, 隨所住處,
　　　　如影隨形, 恒聞說法, 助揚眞化.
〔옮김〕몸을 버리는 이 세상과 새몸 얻는 저 세상에서 머
　　　　무는 곳곳마다 그림자가 물체를 따르듯이 언제나
　　　　설법하심을 듣고 교화를 돕겠습니다.

〔풀이〕 정종분의 세 번째 부분이다. 앞서 발원·능력, 그리고 마음 씀씀이에 이르기까지 관세음보살과 같아지기를 발원하였는데, 그것은 단순히 자리(自利)로만 끝나지 않는다. 설법을 듣겠다는 것만 보면, 역시 자리로만 볼 수도 있다. 그러나, '교화를 돕겠습니다(助揚眞化)'라고 하고 있는데, 이는 관세음보살의 대비행(大悲行)의 실천에 다름 아니며, 보살행의 실천에 다름 아니다.

'교화를 돕겠습니다'라고 하는 발원의 내용에서, 도움을 주는 자는 누구이며 도움을 받는 자는 누구일까? 놀랍게도 도움을 주는 자는 중생이며 도움을 받는 자는 관세음보살이다. 무소부재 무소불능의 관세음보살이 중생으로부터 도움을 받다니? 우리가 매양 "도와주소서"만 하지 않고, "도와 드리겠

습니다"라고 할 수 있다니……. 참으로 혁명적 발언이 아닐 수 없다. 나는 『백화도량발원문』의 이 구절에서, 내가 왜 그토록 『천수경』을 이야기해야 하는지, 할 수 있는지를 깨닫게 되었던 것이다.

천의 손, 천의 눈이라고 하지만 사실 이때의 '천'이 999보다 하나 많고 1001보다는 하나 적은 숫자 1000은 아니다. 흔히 그렇듯이 한량없음을 표현함에 지나지 않는다. 무한하다는 것은 자칫 제로[0]에 통하기 쉽다. 그럴 위험이 있다. 그러므로 무한한 원력을 구체화, 유한화시킬 필요가 생긴다. '천'도 그렇게 이해된다. 그럴진대, 관세음보살의 천수천안은 무한한 손과 무한한 눈을 의미한다. 그럼에도 관세음보살은 중생을 다 제도하지 못한다는 말인가? 어째서 다시 중생의 도움이 필요하다는 말인가?

그렇다. 관세음보살의 능력이 아무리 크고 무소부재·무소불능이라 하더라도 여전히 누군가의 도움이 필요하다. 그만큼 중생의 병과 고뇌, 고통도 기하급수적으로 늘어나고 있기 때문이다. 관세음보살은 끝없이 줄 서서 기다리는 중생들의 '구제요청서'를 읽어보는 데에도 시간은 턱없이 부족하다. 어쩌면 점심 공양 시간조차 못 내는지도 모른다. 그러므로 관세음보살의 제자인 우리가 그냥 있을 수 없지 않은가. 도와드려야 한다. '그림자가 물체를 따르듯이' 따라다니면서 교화를 도와야 하는 것이다.

『화엄경』 입법계품에서 관세음보살이 선재동자에게 부촉(附囑)한 자비의 실천이야말로, 관세음보살을 도와주는 일이 될 것이다. 왜냐하면, 자비 그것은 곧 관세음보살님의 일이기 때문이다. 우리가 관세음보살님을 대신하여 자비를 실천할 수 있을 때, 우리는 이미 중생이 아니라 관세음보살이다. 내가 『천수경』 신행운동을 "관세음보살님 되기 운동"이며, "관세음보살 돕기 운동"이라고 정의했던 것도 그 근거는 바로 여기에 있었던 것이다.

『천수경』적 관음신앙의 수행법

〔원문〕 普令法界, 一切衆生,
　　　誦大悲呪,
　　　念菩薩名,
　　　同入圓通三昧性海.
〔옮김〕 널리 온 누리의 모든 이웃들에게
　　　대비주를 외게 하고
　　　관세음보살님을 염송케 하여
　　　다함께 원통삼매에 들게 하소서.

〔풀이〕 이 구절은 『백화도량발원문』의 다섯 가지 발원 중에서 네 번째다. 그러나 사실은 그 핵심이라고 해서 과언이 아닐 것이다. 자리의 발원보다는 이타(利他)의 발원에서 발원

문의 본모습이 보다 잘 드러난다고 생각되기 때문이다.

관세음보살을 의지하며 불교를 신앙하는 사람들, 관음행자·천수행자들은 어떻게 수행하여야 하는 것일까? 구체적으로 어떤 수행의 방법론을 취해야 하는 것일까? 이러한 고민에 대해서 이 구절은 그 해답을 제시해주고 있다.

첫째, 대비주를 외우는 것이다. 여기의 대비주는 우리가 아침저녁으로 독송하고 있는 『천수경』의 신묘장구대다라니를 가리킨다. 이 다라니는 대비주·대비신주·관음주력·천수다라니 등으로 다양하게 불리운다. 의상스님이 당나라에 유학했을 때(661~671)에는, 이미 가범달마에 의해서 『천수천안관세음보살광대원만무애대비심대다라니경』이 번역되어 있었기 때문에 대비주를 접했을 가능성은 충분하다. 나는 의상스님에 의해서 가범달마 역본 『천수경』이 최초로 우리에게 전해졌으리라 본다.

둘째, 관세음보살의 이름을 염하는 것이다. 흔히, 절에서 관세음보살에 대해서 기도를 할 때 '관세음보살, 관세음보살……'라고 그 이름을 외우면서 기도한다. 이름을 부르는 것은 관세음보살님을 우리 마음속으로 초청해 모시는 의미가 있다. 결국 관세음보살에 의지하는 신앙과 수행법인 대비주의 독송, 관세음보살의 이름을 칭명(稱名)하는 기도를 통해서 원통삼매(圓通三昧)에 들 수 있다는 것이다. 원통삼매라는 술어의 두 가지 해석방법에 대해서는 앞서 '저자론'에서 상론한 바 있으므로, 여기서는 생략한다. 다만, '원통삼매성해'라고 하는 원문을 내가 '원통삼매'라고 줄이게 된 것은 하나의 삼매로 정립하여 그것을 선적인 차원으로 이끌어 들이는 것으로 이해하기 위해서임을 다시 한번 강조해 둔다.

이 구절에서 우리는 의상스님이 『천수경』의 신묘장구대다라니를 수용하였으며, 실제로 대비주의 지송을 위해서 노력하였음을 알 수 있다. 발원하는 사람이 실천하지 않을 수는 없을 것이기 때문이다. 더구나 실천화엄의 전통을 세운 의상스님이 아닌가. 이렇게 보면 우리 불교사에 대비주가 수용된 것은 의상스님을 비롯한 화엄사상가에 의해서임을 알 수 있다. 화엄사상가에 의해서 수용된 대비주가 조선조에 이르러서는 다시 선사들에 의해서 점차로 현행의 '독송용 『천수경』'으로 편집되어 갔다. 나는 한때 '백화도량'을 세우고『천수경』신행운동을 전개한 일이 있다. 의상스님의 이『백화도량발원문』에 나타난 원을 잇겠다는 자긍심과 원력에서였다.

사실, 『백화도량발원문』의 의미에 대한 이 정도의 통찰이나마 얻은 것도 근래에 이르러서였다. 『천수경이야기』를 쓸 당시(1991)만 해도 그다지 참고하지 못 했다. 그 깊은 의미를 적확하게 알 수 없었기 때문이다. 그러나 『천수경』신행운동을 전개하면서 이 『백화도량발원문』은 또 새롭게 다가왔던 것이다. 왜냐하면 『천수경』 신행운동 그 자체가 "널리 온 누리의 모든 이웃들에게 대비주를 외우게 하겠다"는 의상스님의 발원과 다르지 않음을 알았기 때문이다. 그 이후 우리의 백화도량에서는 『백화도량발원문』을 조석으로 함께 외우면서, 의상스님 이름 외우면서 예배드렸다.

백화도량, 그곳에 가고 싶다

〔원문〕 又願,
弟子, 此報盡時,
親承大聖, 放光接引,
離諸怖畏, 身心適悅,
一刹那間, 卽得往生白華道場,
與諸菩薩, 同聞正法, 入法流水,
念念增明, 現發如來大無生忍.

〔옮김〕 또한 관세음보살님께 원하옵나니
이 목숨이 다할 때에는
밝은 빛을 놓아 맞아 주시오며
모든 두려움을 떠나서 몸과 마음이 쾌활하고
찰나에 백화도량에 왕생하여
여러 보살과 정법을 함께 듣고 진리의 흐름에 들어
생각생각 더욱 밝아져 부처님의 무생법인을 발하
게 하소서.

〔풀이〕 정종분의 다섯 가지 중의 다섯째 발원이다. 앞의 넷은 삶과 관련한 발원이고, 이 마지막 원은 우리의 죽음과

관련한 발원이다.

　우리는 현재 살아 있다. 삶을 살고 있다. 그러나 한편으로는 죽어가고 있는 중이다. 내일은 한가위다. 우리가 아주 어릴 적에도 한가위는 있었다.

　그때의 한가위를 생각해보자. 국민학교 시절, 마냥 즐겁게 뛰놀았다. 무슨 걱정이 있었던가. 모든 걱정 근심은 아버지 어머니 몫이었다. 그런데, 우리는 어느덧 세상모르고 마냥 즐겁게 뛰놀고 있는 아이들을 키우고 있는 아버지 어머니가 되어 있지 않은가. 우리의 자식들은 더 잘 키워보겠다고 노심초사하고 있다. 아직 결혼을 하지 않은 독자들 역시 우리의 이야기에 쉽게 공감하리라.

　우리의 어린 시절과 지금의 사이에는 얼마만큼의 시간이 흘렀을까. 재빨리 속셈을 해보자. 20년·30년, 또는 40년……. 그러나 그것은 정답이 아니다. 오직 '순간' 또는 '찰나'만이 정답이다. 찰나에 흘러가버린 우리의 삶이다. "앗! 하는 사이에 지나가 버린다"는 말이 그래서 진리를 드러낸 것이다.

　앞으로 남은 인생도 지나온 인생처럼 그렇게 찰나에 흘러갈 것이다. 누가 무상하다 하지 않으랴. 무상하다고 설하심은 부처님의 창작이 아니다. 그는 다만 이 진리를 발견했을 뿐이다. 그리고 무상하다는 사실을 망각하고 사는 중생들을 향해서 일침(一針)을 가했을 뿐이다. "목숨이 다했을 때는 어떻게 할 것인가?"라고. 이 역시 화두가 아닐 수 없다.

목숨이 다해서 죽으면 어떻게 되는가? 이러한 질문을 선불교에서는 이렇게 한다. "납월 30일에 어찌 할 것인가?", "눈빛이 땅에 떨어질 때에는 어찌할 것인가?" 여기서 말하는 납월 30일이나 눈빛이 땅에 떨어지는 때는 전부 임종을 말하는 것이다. 정말, 어찌할 것인가. 일본에 가면 시종(時宗)이라고 이름하는 작은 종파가 있다. "나무아미타불"을 외우는 정토신앙의 일파(一派)인데, 그들은 항상 "나무아미타불을 염할 때 지금이 바로 임종의 시간이라 생각하고 외우라"고 말한다. 그래서 시종이라 이름하게 되었다. 정말, 우리도 시종에서처럼 언제나 "지금이 곧 임종의 시간"이라 생각하면서 살아야 할 것이다. 내일이, 미래가 있다는 생각을 불교에서는 망상이라 말한다. "망상하지 말라."

자, 지금이 임종의 순간이다. 우리는 이 죽음을 어떻게 극복할 수 있을까? 불교가 깨달음의 종교라고 해서 이 문제를 회피할 수는 없다. 죽음의 문제가 곧 삶의 문제기 때문이다. 이러한 문제에 대한 대답을 불교에서는 두 측면에서 제시하고 있다.

첫째, 깨달음을 얻어서 생사에 자유자재하라는 것이다. 앉아서 죽고 서서 죽으라는 것이다. 보통 사람들은 누워서 죽는데, 앉아서 죽고 서서 죽음은 생사해탈의 모습이 아닐 수 없다. 생사가 하나임을 투철하게 깨침으로써 죽음으로부터 자유롭게 되라는 것이다. 이러한 대답은 초기불교나 선불교에서 제시된다.

둘째, 그처럼 투철하게 깨치지 못한 사람들을 위해서 제시되는 방법이 있다. 부처님이나 보살님의 가피를 빌어서 극락세계에 왕생하라는 것이다. 부처님이나 보살님이 맞이해주시면 평안히 왕생할 수 있으리라고 본다. 『백화도량발원문』은 바로 두 번째의 방법을 취한다. "관세음보살님께서 빛을 놓아 맞아주시도록" 발원하고 있는 것이다. 빛을 놓아 맞이해준다는 것은 관음의 내영(來迎)을 생각케 한다. 아미타부처님과 함께 우리를 연꽃의 땅, 극락으로 인도해간다는 것이다. 관세음보살의 빛만 있으면, 우리는 아무런 고통도 없으며, '모든 두려움을 떠나서 몸과 마음이 쾌활하고, 찰나에 백화도량에 왕생할 수 있다'는 점을 굳게 믿고 있는 것이다. 그렇기 때문에 그와 같이 발원하고 있는 것이다.

『백화도량발원문』에서는 죽고 난 뒤에 백화도량에 왕생하고자 발원하고 있다. 거기에 가서 "여러 보살과 정법을 함께 듣고 진리의 흐름에 들어 생각생각 더욱 밝아져 부처님의 무생법인(無生法忍)을 발하기"를 바라고 있는 것이다. 백화도량에 이른 뒤의 일에 대한 이러한 묘사는 극락에 왕생한 뒤의 묘사와 동일하다. 과연 백화도량은 어디에 있는 것일까?

산스크리트어 Potalaka를 소리로 옮기면 보타락가(寶陀洛迦, 補陀洛伽)가 되며, 뜻으로 옮기면 백화도량이 된다. 백화도량은 관세음보살이 계신 곳을 말한다. 그렇다면 관세음보살은 어디에 계신가? 해안의 외딴 곳에 보타락가산이 있다고 말해진다. 인도에도, 중국에도, 그리고 우리나라에도 보타락가산은 존재한다. 모두들 관음신앙을 하는 사람들이 건설한 성지이다.

그러나 이미 우리가 앞에서 충분히 살펴본 대로 관세음보살은 주소가 따로 없다. 해안의 외딴 곳 보타락가산은 혹시 관세음보살의 본적·고향일 수는 있을지 모르지만, 주소는 아니다. 주소는 하도 많아서, 매일같이 퇴거와 전입을 되풀이하기 때문에 일정하지 않다. 그래서 없다고 해도 좋을 것 같다.

백화도량은 우리가 죽어서 갈 곳만은 아니다. 관세음보살이 계신 곳이면 어디나 백화도량이다. 관세음보살이 모셔진 도량이면 어디나 관음성지, 백화도량이다. 아니, 마음속에 관세음보살을 염하는 사람이 있는 곳이 곧 백화도량이다. 『유마경』에서도 "직심(直心)이 곧 도량"이라 하지 않던가.

그러므로 감사하라

〔원문〕 發願已,
　　　　歸命頂禮觀自在菩薩摩訶薩.
〔옮김〕 이미 원을 발하였으므로
　　　　관자재보살마하살께 귀명정례하옵니다.

〔풀이〕 이제 유통분에 이르렀다. 그런데 내용적으로는 이 역시 귀의문이다. 『백화도량발원문』은 발원을 중간에 위치시키고, 그 앞과 뒤에 각기 귀의를 서술하고 있다. 발원문으로서는 대단히 짜임새 있는 작품이라고 생각된다. 앞의 귀의는 증명을 청하는 권청(勸請)의 의미가 담겨 있는 것으로 보이고, 뒤의 귀의는 감사의 정을 다시 한 번 표시하는 것으로 생각된다. 발원으로 말미암아서 우리의 삶은 바뀔 것이고, 마침내 원통삼매에 이르게 될 것이다. 설사 그것이 빠른 시간 내에 가능하지는 않더라도 발원의 공덕이 선(善)의 씨앗을 잘 키워 가리라.

고마운 일이 아닐 수 없다. 발원하지 않았더라면 우리는 아직도 욕망과 물질의 세계를 벗어날 수 없었을 것이며, 자기라는 좁은 울타리를 벗어날 수 없었을 터이다. 그러므로 발원은 정신적인 차원에서 새롭게 태어나는 일에 다름 아니다. 그럴진대 그처럼 발원을 가능케 한 불보살님께 감사드리지 않을 수 있겠는가.

감사하라. 그러한 분, 우리의 감사를 받아야 할 분이 여기서는 관세음보살이다.

관세음보살이 계셨기 때문에, 그분의 가르침이 있었기 때문에 새로 태어남이 가능했던 것이다. 더욱이 관세음보살은 우리의 스승이 아닌가.

이처럼 발원 이후 다시 귀의를 하게 되는 예는 '독송용 『천수경』'에서도 볼 수 있다. 여래십대발원문과 사홍서원의 총원(總願)을 발한 뒤, 삼보(三寶)에 귀의하고 있는 것이다. 관자재보살에게 귀명정례함으로써 살아가리라.

그렇게 우리가 읽은 『백화도량발원문』은 귀의를 통하여, 우리의 마음속에 우리의 삶 속에 깊이깊이 살아있게 되리라. 그것이 발원의 힘이다.

이제 나는 여기서 이야기한 내용을 우리의 가사체(歌詞體)로 다시 한번 정리해 본다. 이름하여 『백화도량발원가(白華道場發願歌)』이다.

백화도량 발원가

1

천신들이 수호하며 天供으로 공양하던
의상스님 귀국하여 관음보살 친견하고
낙산사를 창건하여 백화도량 세우시니
그꿈들을 풀어헤친 『백화도량 발원문』

2

관음보살 대자대비 여러 경전 설하오나
화엄大經 입법계품 선재동자 찾아뵈온
관음보살 그분만은 구세주가 아니라네
우리모두 닮아야할 스승으로 나투셨네

3

예배받는 관음보살 본래보살 아니옵고
예배하는 우리들도 본래중생 아니어라
보살중생 본래하나 마음에서 나왔으니
자기관음 찾아보면 나와관음 둘아니리

④

천수천안 관음보살 十願六向 갖추었고
대자대비 관음보살 널리몸을 나투시네
본래평등 하다지만 차별또한 없잖으니
같은점만 내세우며 예배않고 어이하리

⑤

관음보살 이름외며 백팔배를 거듭하나
중생들이 보살님께 예배함이 아니옵고
관음보살 스스로가 관세음께 예배하니
불교의멋 여기있네 스스로를 의지하라

⑥

관음보살 이마위에 아미타불 모시듯이
우리들도 관음보살 스승으로 모시고서
관음보살 염불하여 자기관음 불러내니
돌아온다 그의미를 이제서야 알았어라

⑦

관음보살 크고깊은 원력들을 받아들여
천수천안 千臂千足 온누리에 펼쳐놓아
관음같이 대자대비 실천코자 원하는가
그렇다면 합장하여 대비주를 외워보세

⑧
관음보살 찾아가서 선재동자 물었더라
보살의삶 무엇이며 어찌실천 하오리까
어려운일 하나없다 대자비만 실천하라
현실속에 자비실천 보살행을 닦음일세

⑨
천수천안 관음보살 아니 나툼 없다 하나
고뇌음성 듣고서야 어찌 쉴수 있으리오
중생들이 끝이 없고 번뇌 또한 한없으니
천수행자 스승님을 아니돕고 어이하리

⑩
의상스님 크신 은혜 천수경을 받아들여
서라벌의 모든 이웃 수지독송 외게 하니
천여 년을 훨씬 넘어 우리민족 벗이 됐네
어느 누가 기복이다 주술이다 비난하리

⑪
천수행자 의상스님 크신 願이 눈물겹다
모든 이웃 대비주와 관음보살 외게 하니
한날한시 우리 모두 원통삼매 들어가자
그것만이 의상스님 크신 은혜 갚는걸세

⑫
일백 년도 못살면서 천년 일을 걱정하나
오늘저녁 일이 될지 내일 아침 일이 될지
다음세상 우리들은 어느 곳에 가게 될까
애닯도다 큰일 잊고 오욕락에 갈팡질팡

⑬
어느 누가 대장부라 죽음 앞에 당당한가
사람 중에 열에 아홉 사시나무 떨듯하니
대자대비 노래하는 부처님의 높은 법문
외면할 수 없으리니 안심입명 줘야하리

⑭
결가부좌 참선하여 자기 마음 깨쳐가면
앉아 죽고 서서 죽고 생사해탈 자유자재
아미타불 염불하고 관음보살 염불하면
다함없는 불빛으로 우리 앞길 비춰주리

⑮
임종 후에 가는 극락 경전마다 다양한데
서방정토 극락세계 아미타불 주인이며
아미타불 돕는 이 중 관세음이 제일이니
관음보살 계신 곳도 극락임이 틀림없네

16

인도말로 포탈라카 관음성지 가리키니
소리로는 보타락가 뜻으로는 백화도량
이제서야 알았도다 백화도량 그 의미를
관음보살 머무시는 극락정토 이름일세

17

서방정토 극락이나 미륵정토 도솔천은
하나같이 고통 없고 즐거움만 있는 세계
어느 곳을 가더라도 극락임은 마찬가지
그렇지만 천수행자 백화도량 가자하네

18

살아생전 좋은 일만 골라가며 한사람은
임종할 때 평안하게 옷 벗듯이 왕생하며
살아생전 나쁜 일만 골라가며 한사람은
온갖 악몽 시달리며 바른길을 찾지 못해

19

좋은 일만 골라가며 한사람도 별로 없고
악한 일만 골라가며 한사람도 별로 없네
누구라도 살기 위해 선악 반반 행하오니
극락으로 지옥으로 어느쪽도 갈 수 있네

20

나쁜 길을 좋아하고 좋은 길을 싫어하니
눈에 뵈지 않는 세계 못믿어도 좋지마는
선인선과 악인악과 인과율은 분명하니
선악반반 행한 사람 관음보살 염불하세

21

백화도량 그곳에는 물러서지 않으리니
지저귀는 새소리나 지나가는 바람소리
한결같이 부처님의 대승법을 연설하니
부처성품 이루는일 오직시간 문제라네

22

백화도량 가서 보니 우리 길벗 모였어라
반갑도다 다시 한번 우리 함께 닦아보세
관음보살 법문 듣고 나지 않는 진리깨쳐
다시 중생 제도하면 기쁜 일이 또 있을까

23

이와 같은 최상승법 설해주신 부처님과
우리스승 관음보살 발원조사 의상스님
다시 한번 마음모아 지심정례 하옵나니
백화도량 크신 꿈을 결코 잊지 않으리다

24
이와 같은 발원공덕 나의 가족 길벗들과
우리 함께 살아가는 이 시대의 이웃들과
생명 있는 모든 님께 고스란히 회향하니
안락하라 행복하라 두손 모아 비옵니다

(김호성 지음)

『백화도량발원문약해』역주[1]

체원[2] 풀이[3]

〔발원문〕[4]
신라 법사 의상(義相, 625~702) 지음[5]
新羅法師義相製

---

1) 번역의 저본은 해인사 소장본을 교감한 『한국불교전서』제6책, pp. 570c~577a에 수록된 것이다. 다만 문단의 구분은 독자의 이해를 돕기 위하여 역자가 나누었다. 각주에서는 인용구절의 출전을 가능한 찾아 밝히고자 하였다. 金知見, 「신라 의상 백화도량발원문 체원 약해의 보주현토」, 『한국사상사』(이리 : 원광대학교 출판국, 1991), pp.257~268.:『화엄사상과 선』(서울 : 민족사, 2002), pp.141~155. 를 참조한 바 있음을 밝힌다.

2) 체원에 대한 전기자료는 「送盤龍如大師序」,(『동문선』권84)뿐이다. 체원은 법명, 목암(木庵)·향여(向如) 등은 법호다. 저술의 찬술연대(1328)에 의해서, 대략 고려 충숙~충혜왕(1313~1344) 대에 해인사를 중심으로 활약한 화엄종의 고승임을 알 수 있다〔蔡尙植, 「체원의 저술과 화엄사상」, 『한국화엄사상연구』(서울 : 동국대 출판부, 1986), 참조〕. 그의 저술은 『백화도량발원문약해』 외에 『화엄경관자재보살소설법문별행소』상·하권, 『화엄경관음지식품』의 주해가 있으며, 위경으로 생각되는 『삼십팔분공덕경』에 대한 발문이 있다. 현전하는 저술에 의하면, 그는 화엄경적 관음신앙을 고취한 인물임을 알 수 있다. 이런 측면에서 의상에서 비롯되는 해동화엄의 후계자라 할 수 있다.

3) 원문의 '體元集'은 『한국불교전서』 6책의 편자가 새로 편입한 것이다. 여기서 '集'과 본문의 '集曰'은 '集解'의 의미인데, 모두 '풀이'로 옮긴다. 체원의 주해 태도는 스스로 독창적인 견해를 제시하기보다

〔풀이〕

　법사의 속성은 김씨인데 당나라 고종 영휘 원년[6] 경술(庚戌, 650)에 입당하여, 종남산 지엄(智儼, 602~668)존자에게 나아가 예배드리고 화엄의 가르침을 전해 받았다. 현수(賢首, 643~712)국사와 함께 배웠으나,[7] 현수국사는 아직 출가하지 않았을 때이다. 두 분 모두 화엄의 깊은 뜻을 남김없이 통달하였으니, 지엄존자는 법사에게 의지(義持)라는 호를 주었으며, 현수에게는 문지(文持)라는 호를 주었다. 이미 그윽한 이치〔玄關〕에 이르렀으므로 『법계도(法界圖)』를 지어서 지엄존

　　고인의 주해를 집성하는 것을 위주로 하였다. 그런 까닭에 '集解'라 하였으며, 또 본문에서는 매우 많은 인용을 하고 있는 것이다.
4) 『백화도량발원문』 원문을 체원의 풀이〔略解〕와 구별하기 위해서 역자 임의로 '〔발원문〕'을 집어넣는다.
5) 문헌에 따라서 의상 이름의 세 가지 용례〔義湘·義相·義想〕가 모두 나타난다. 근래 들어, 義相이 본래의 이름이고 나머지는 피휘(避諱)한 것임이 밝혀졌다〔金知見, 「의상의 법휘고」, 『불교사학논문집』(서울 : 동국대 출판부, 1988), 참고]. 또 『백화도량발원문』이 의상의 친저가 아니라는 견해에 대해서는 이 책의 『백화도량발원문강해』의 저자론 참조.
6) 원문에는 '六年'으로 되어 있으나, '元年'이 옳다. 이는 의상의 1차 입당 시도로서 뜻을 이루 지 못하고 돌아온다. 그 후, 2차 입당을 시도하여 성공한 해는 용삭 원년 신유(661)이다. 『부석본비』의 기록을 따른다.
7) 현수법장과 의상의 사상적 차이는 차치하고, 현수법장이 사형인 의상을 매우 존경했음은 그의 저서를 승전(勝詮)을 통하여 의상에게 보내서 "잘못된 곳이 있으면 지적해 달라"고 말하고 있음을 통해서도 알 수 있다. 『삼국유사』 권제4, 의상전교(義湘傳敎), 참조.

자에게 바쳤다. 지엄존자가 이를 열람해 보고 놀라며 "그대가 법성을 완벽하게 증득하고 부처님의 뜻을 통달하였으니, 마땅히 해석을 짓도록 하라"8)고 말한다. 이에, 법사가 분연히 붓을 잡아 해석을 하고 〔『법계도』와 합하여〕9) 한 편의 글을 이루니,10) 현재 세상에 행해지고 있는 것이다.

 법사가 낙산 관음굴에 이르러 예배하고 발원하면서 이 글을 지었다. 법사가 당시 행한 교화와 신이(神異)한 행적은 최공 치원(崔致遠, 857~?)이 서술한 『본전(本伝)』에 자세히 갖추어져 있다.11) 세수 78세에 앉은 채 입적하시니 곧 대주 측천황제 장안 원년 신축(701) 3월이었다.12) 본조(本朝)13)에 이르러 원교국사(円教国師)라 시호를 추증하고 해동화엄 초조(海東華厳 初祖)라 제수하였다.

---

 8) 여기서 우리는 『법계도』를 먼저 짓고 나중에 그에 대한 자주(自註)로서 『화엄일승법계도기』를 지었음을 알 수 있다. 그런데, 먼저 지었다는 『법계도』는 도인(圖印)만의 상태였는지, 아니면 시가 포함된 형태였는지 분명하지 않다.
 9) 이하, 본문을 번역하면서 〔 〕부분 안에 집어넣은 말들은 역주자가 문맥을 고려하여 임의로 한 것임을 밝혀둔다. 역주자의 이해를 보이는 것으로 생각해서 좋을 것이다.
10) 의상의 『화엄일승법계도기』이다. 이하에서 언급되는 『법계도』의 서문 또는 『법계도』의 석문은 모두 이 『화엄일승법계도기』를 가리키는 것이다.
11) 『삼국유사』의 '낙산 이대성 관음정취조신'조에도 전한다.
12) 『부석본비』에 따르면, 입적하신 해는 장안 2년 임인(702)이다. 일반적으로 『부석본비』에 따르고 있다.
13) 본조는 고려를 가리킨다. 『고려사』에 의하면, 고려 숙종 6년(1101) 8월 의상스님에게 '원교 국사해동화엄초조'를 추증하였다.

제 3 부 『백화도량발원문』의 세계   325

〔발원문〕

白華道場發願文

백화도량발원문

〔풀이〕

이 『백화도량발원문』을 해석함에 크게 둘로 나눈다.[14] 첫째는 제목을 해석하고, 둘째는 본문을 해석한다.

첫째, 제목을 해석하는 것이다. 이 중에 첫째의 네 글자 즉 '백화도량'은 귀의의 대상이 되는 곳이며, 둘째 세 글자 즉 '발원문'은 귀의의 주체가 되는 마음이다.

---

14) 이하, 『백화도량발원문』에 대한 체원의 과목을 총체적으로 정리하여 도표로 나타내면 다음과 같다. 원문 그대로 한문으로 표기하였다. 그 범위를 표기함에 있어서 한글 번역을 제시할 경우, 한문과 우리말의 어순이 다르므로 과목의 구조가 달리 표기되어야 하는 등의 복잡한 문제가 있기 때문이다. 뿐만 아니라 간략하게 나타내기 위해서이기도 하다.

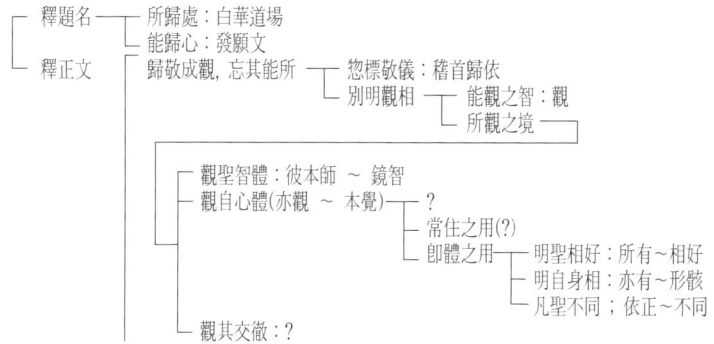

첫째에 대해서다. 정원본 『화엄경』 제16권[15]에서 "관자재보살은 보달락가(補怛洛伽, potalaka)에 계신다"고 하였다. 또 『청량소』[16]에서는 이를 해석하여 "보달락가는 중국말로는 소백화수(小白花樹)이다. 이 산에 소백화수가 많아서 향기가 멀리까지 미치며, 향기를 맡거나 꽃을 보거나 하면 반드시 기뻐하므로 '백화도량'이라 이름하는 것이다"라고 하였다. '도량(道場)'에 대해서 『화엄경』[17]에서는 "선남자야, 그대는 정성무이행보살(正性無異行)보살이 이 대회도량(大會道場)으로[18] 오는 것을 보았느냐"[19]라고 하였다. 그러므로 '도량'은, 관자재보살이 이 산에 상주하여 큰 자비의 실천을 설하시고 일체중생을 두루 구하시고 보살도를 행하시는 장소다.

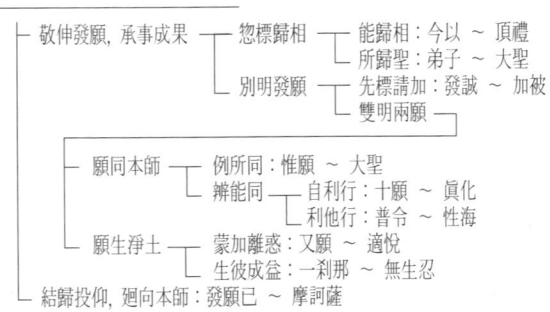

觀自心體 아래에 셋으로 나눈 부분은 결락된 부분으로 말미암아서 내가 추정한 것임을 밝혀둔다.

15) 대정장 10, p.732c.
16) 대정장 35, p.940a.
17) 대정장 10, p.735c.
18) 『화엄경』에 의거하여 '海'를 '中'으로 고쳐서 옮긴다.
19) 대정장 10, p.735c.

둘째에 대해서다. 희망하고 구해가는 것을 '원(願)'이라 하고, 밖으로 마음을 일으키는 것을 '발(發)'이라 하고, 발하여 아름다움을 이루는 것을 '문(文)'이라 한다.

〔발원문〕
稽首歸依

머리 숙여 귀의하옵고

〔풀이〕
둘째,[20] 본문을 해석함에 크게 셋[21]으로 나눈다. 첫째는 귀의하여 관(觀)을 이루어서 귀의의 주체와 대상을 잊는 것이고, 둘째 '이제 관세음보살' 이하는 귀의하여 발원을 사뢰면서 일을 이어서 결과를 이루는 것이며, 셋째, '이미 원을 발하였으므로' 이하는 마치면서 우러러 행하는 귀의로서 본래 스승에게 회향하는 것이다.

첫째, 귀의하여 관을 이루고 귀의의 주체와 대상을 잊는 것에 둘이 있다. 첫째는 총체적으로 귀의하는 의례를 나타내는 것이고, 둘째는 따로이 관의 모습을 밝히는 것이다.

"머리 숙여 귀의하옵고"는 첫째 총체적으로 귀의하는 의례

---

[20] 이 둘째는, 『백화도량발원문』을 해석함에 둘이 있는 중 그 둘째를 가리킨다.
[21] 원문에는 '二'로 되어 있으나 '三'의 誤字이다.

를 나타내는 것인데, 머리를 숙여서 땅에 닿게 하는 것이 신하가 임금을 받들어 모시는 것과 같고 우러러 의지하는 것이 아이가 어버이를 친근히 하는 것과 같다. 임금을 임금으로 존중하고 어버이를 어버이로 친근히 하는 것22)이야말로 공경하고 믿는 도의 지극함이 된다.

〔발원문〕
觀彼本師觀音大聖大圓鏡智

저희 스승 관세음보살의 大円鏡智를 관찰하오며

〔풀이〕
둘째23)는 올바로 관의 모습을 밝힌다. 이 가운데 둘이 있다.24) 첫째, '관찰하오며〔觀〕'는 관찰하는 주체의 지혜이고, 둘째 '저희 스승' 이하는 관찰의 대상이다.

첫째, 관찰하는 주체의 지혜를 '관찰하오며'라고 말하는 것은

---

22) 『논어』 안연(顔淵) 제12.
23) 둘째 : 본문을 해석함에 크게 셋으로 나누는데, 그 둘째이다.
24) 『화엄경』의 입장에서, 첫마음을 낸 때가 부처라고 하면서 다시 귀의가 필요하다는 점은 해명이 필요한 문제가 아닐 수 없다. 그래서 『백화도량발원문』은 다른 발원문보다 '귀의'에 대한 설명이 길어졌다. 여기서, 둘은 귀의의 주체와 귀의의 대상을 가리킨다. 이하에서는 본래 같으나 현실적으로는 다르기 때문에 귀의하게 된다는 점과 그렇지만 그 귀의는 관세음보살님 속의 내가 관세음보살님께 귀의하는 것임이 서술되어 있다.

제 3 부 『백화도량발원문』의 세계 329

가히 의주석(依主釋)25)이라 할 수 있으며, 관찰의 대상의 경지를 '관찰하오며'라고 하는 것은 지업석(持業釋)26)이다. 이른바 '관찰한다'는 것은 감각기관을 오롯이 하고 생각을 붙잡아 매어서 밖으로 흩어져 달리지 않게 하는 것이다. 그러므로 『유교경』27)에서 "이 마음을 놓아버리는 것은 사람의 착한 일을 잊게 하는 것이며, 한 곳에 두고 잘 제어하면 분별하지 못할 일이 없을 것이다"라고 하였다. 그러나 오직 관만 있어서는 아니되고, 요컨대 지(止)도 실천해야만28) 비로소 구경을 이루는 것이다.

---

25) 원문 "觀彼本師觀音大聖大圓鏡智"에서 '觀'이라는 한 글자는 能觀之智(능히 관찰하는 지혜)를 나타내는데, 여기서 '能觀名觀'이라는 구절은 바로 能觀之智를 觀으로 보는 것이다. 그래놓고서, 비록 '之'로 연결되어 있으나 그 能觀(A)과 智(B)로 이루어지는 복합어를 의주석(Tatpuruṣa, 異格한정복합어)로 해석하는 것이다. 의주석은 산스크리트 복합어를 해석하는 여섯 가지 방법[六合釋] 중의 하나로서 'A+B'의 형식으로 이루어져 있으나 그 의미는 'A+B < B'가 된다. 즉 '관찰하는 주체의 지혜'는 모든 지혜의 부분이 된다. 그러한 복합어를 의주석이라 한다. 육합석에 대해서는 졸고, 「한문불전 이해를 위한 기초적 범어문법」, 『불교대학원논총』 제7호(서울 : 동국대 불교대학원, 2001), pp.51~56. 참조.
26) 위의 주에서 설명한 것과 같은 논리로, '所觀名觀'의 의미를 '所觀之境'에서 찾아보는 것인데, 그 所觀(A)과 境(B)로 이루어지는 복합어를 서로 동격으로 보는 해석 방법을 지업석[karmadhāraya, 同格한정복합어]이라 한다. 이때 'A+B'의 형식으로 이루어지는 복합어의 의미는 'A=B'가 된다. 여기서는 관찰의 대상이 곧 경(境)이 된다.
27) 대정장 12, p.1111a
28) 관은 지혜, 지는 선정이다. 체원은 지와 관, 정과 혜를 겸해서 닦자는 입장을 취하고 있다.

그러므로 『여래출현품』29)에서는 이렇게 읊고 있다.

> 그대, 부처님 경계를 알고 싶은가
> 그 마음을 허공같이 깨끗이 하라
> 망상과 여러 가지 집착을 멀리 여의면
> 그 마음 향하는 곳 걸림 없으리.

『청량소』30)에서는 이렇게 말하였다. "위 게송 중 위의 두 구절은 전체적으로 비유로서 나타내는 것이고, 아래 두 구절은 그 의미를 따로이 나타내는 것이다. 아래 두 구절에서 첫째 구절은 망상과 집착에서 떠나는 것이 저 맑은 허공에 장애가 없는 것과 같으니 이는 참다운 그침이며, 둘째 구절은 대상경계를 대하더라도 걸림 없음이 저 맑은 허공에 장애가 없는 것과 같으니, 이는 참다운 관찰이다. 이와 같다면 털어야 할 것도 없으며 빛내야 할 것도 없으면서 저절로 맑은 것이다. 깨끗함이 없이 깨끗한 것이 부처님의 경지를 그윽이 밟는 것이다."

둘째, 관찰의 대상 중에 셋이 있다. 첫째는 성인의 지혜 본성을 관찰하는 것이고, 둘째는 자기 마음의 본성을 관찰하는 것이며, 셋째는 성인과 자기 마음이 하나로 교통함〔交徹〕을 관찰하는 것이다. '저희 스승 관세음보살의 대원경지(大圓鏡

---

29) 대정장 10, p.265b.
30) 대정장 35, p.874c.

智)'라는 것은 첫째, 성인의 지혜 본성을 관찰하는 것이다. '저희 스승〔本師〕'라는 것은 성품이 염오를 없앤〔零染〕 이래 언제나 스승으로 모셔왔음을 일컫는 것이다. 또한 금생에만 스승으로 모신 것이 아니라 비롯함이 없는 겁(劫) 이전부터 스승·은사로 모시고자 맹세하여 그분의 대비행(大悲行)의 법문31)을 이어온 것이다. 이른바 '관세음보살〔觀音大聖〕'은 범어로는 Avalokiteśvara(婆盧枳底摂伐羅)32)이고 중국어로는 관세음(觀世音)이라 하니, 중생들의 음성을 관찰하여 해탈을 얻게 하는 것33)이다. 관찰의 지혜로써 비추어 보는 것이지, 귀

---

31) 『화엄경』 입법계품에서 관세음보살은 그를 찾아온 선재동자에게 대비행문(大悲行門)을 설해준다. 즉 선재동자는 관세음보살의 대비행문을 이은 것이다. 관세음보살에 대한 화엄적 해석이 드러나 있는 부분이다.
32) 한문 음사에서는 '阿(a)'가 생략되어 있다. 원문에서는 '代'라고 되어 있으나 '伐'이 옳다. avalokiteśvara의 음역이다. '관세음보살'에 해당하는 산스크리트는 원래 avalokitasvara(avalokita=觀, svara=音)였는데, 아미타불의 보처보살로서 등장한다. 관음신앙은 정토신앙과의 관련 속에서 출발한다. 그런데 이 avalokitasvara가 avalokitaśvara로 변한 뒤에 다시 avalokiteśvara로 변화하여 정착된 것임이 밝혀졌다. 따라서, avalokiteśvara를 'avalokita + Īśvara'의 합성으로 보고 Īśvara가 힌두교의 신·자재신을 일컫는 것이므로, 관세음보살의 기원을 힌두교와 연관지우는 것은 무리가 있다 하겠다. 물론, 후대에 관음신앙 안에 힌두교 신앙의 영향이 보인다는 점은 인정하더라도 말이다. avalokitasvara의 음운변화에 대해서는 辛嶋靜志, 「法華經の文獻學的硏究(2)……觀音 Avalokitasvaraの語義解釋……」, 『創價大學國際佛敎高等硏究所年報』 제24호(東京 : 創價大學國際佛敎高等硏究所, 1999), pp. 46~49. 참조.
33) 『법화경』 관세음보살보문품(=『관음경』)에 의지하는 관점이다.

로 듣는 것이 아니다.34) 그 지위가 높아서 견줄 이 없으므로 '크다'고 하고, 비원(悲願)이 지극히 신령하므로 '성스럽다'고 한다. 이35) 중에는 의보(依報)와 정보(正報)36)를 관찰하는 것도 있고 깨달음과 그 대상을 관찰하는 것도 있으니, 의보와 정보를 관찰하는 것은 『무량수경』37)에서 말하는 것과 같으며, 여기서는 깨달음과 그 대상을 관찰하는 것이므로 곧 대원경지다. 이 대원경지는 중생이 의존하는 제8 아뢰야식(阿賴耶識)이 등각의 번뇌 없는 지위에 이르러 대원경지가 되는 것이다.38) 그러므로 『성유식론』39)에서는, "대원경지라는 것은, 이 지혜는 몸과 땅, 지혜와 그림자를 능히 나타내고 능히 생하여 끊어짐이 없어서 미래세가 다하도록 이어지는 것이니, 마치 둥근 거울이 갖가지 모습을 잘 나타내는 것과 같다"고 하였다. 그러므로 '대원경지'라는 말은 비유로써 이름을 지은 것이다. 이렇게 〔대원경지라고 하는 유식의 술어로써〕 말한 것은 시교(始教)40)의 입장에서 말한 것이다. 이 아뢰야식은

---

34) 그러므로 그 음성을 '듣는다'고 말하지 않고 '관찰한다'고 말한 것이다.
35) 이 : 관찰의 대상.
36) 정보는 우리 자신(=몸)이다. 과거에 우리가 지었던 원인의 직접적인 과보라는 뜻에서이다. 이에 반하여, 의보는 우리가 의존해서 살아가야 할 것이다. 자연·생태계·환경 등을 일컫는다.
37) 대정장 12, p.273.
38) 이를 轉依라고 하는데, 제8 아뢰야식의 대원경지에로의 전의가 곧 성불이다.
39) 대정장 31, p.56a.
40) 체원은 현수국사의 五敎判을 원용하고 있다. 시교는 유식, 종교는

아마라식(阿摩羅識, amalavijñāna)으로도 번역되는데, 또한 '여래장경(如來藏鏡)'으로 이름하기도 한다. 그러므로 『기신론소』41)에서는 "여래장인 마음이 부처의 경지에 있을 때는 번뇌와 섞이지 않았으므로, 시각이 곧 본각과 같고 진여 등과도 같다"고 하였는데, 이는 종교(終敎)의 입장에서 말한 것이다. 만약 원교(円敎)의 입장에서 말한다면, 이는 '해인경(海印鏡)'이다.42) 이제 또한 시교의 입장에서 말할 때 대원경지를 밝힌다는 것은 종교의 여래장인 것이니, 성인의 네 단계와 범부의 여섯 단계에 모두 통하는 것이다. 그러나 원교의 해인경은 삼승에 통하지 않으므로43) 등각의 깨친 마음의 의미를 간

여래장, 그리고 원교는 화엄을 가리킨다.
41) 대정장 44, p.250b.
42) 시교 즉 유식……여기서는 현수가 늘 의식하고 비판했던 자은종의 법상유식을 말한다.……에서는 제8 아뢰야식은 妄念이다. 그래서 전의를 통해서 대원경지가 되어야 한다. 그런데 종교 즉 『기신론』 사상의 여래장은 일심의 심진여문과 심생멸문에 모두 통한다. 여기서 '여래장인 마음이 부처의 경지에 있을 때'라는 것은 심진여문의 여래장을 말하고, 그것은 또한 원교 즉 화엄의 일심에 기반이 되는 것이니 '이는 해인경'이라고 말하게 된다. 이 부분에서 체원이 애써 설명하고자 하는 것은 의상이 '대원경지'라고 하는 유식의 술어를 쓰고 있지만, 그것은 반드시 유식적인 술어만으로 해석될 것이 아니라는 점이다. 종교, 즉 여래장 사상의 입장에서도 해석이 가능하고 원교, 즉 화엄사상의 입장에서도 해석이 가능하다는 말이다. 그러면서도 원교일승에서는 삼승에 통하지 않으므로 삼승에 통할 수 있는 술어인 '대원경지'라는 말을 썼다는 것이다. 체원은 이렇게 함으로써 이 『백화도량발원문』을 화엄의 입장에서 주체적으로 파악하고 있는 것으로 평가할 수 있다.
43) 『백화도량발원문』이 화엄적 관음신앙을 표방한 발원문이면서도,

략히 들어서 관찰의 대상으로 삼는 것이다.

〔발원문〕
亦觀弟子性靜本覺
또한 제자의 성정본각을 관찰하옵니다.

〔풀이〕
둘째44)는 자기 마음의 본성을 관찰한다. '제자'라는 것은, 의상스님 스스로를 일컫는 것이다. 성인을 따르며 스스로를 공손히 낮추고 진리에 따라서 중생을 교화하는 사람을 '제자'라고 한다. '성정본각'은 모든 중생이 갖추고 있는 마음의 본성이다. 『기신론』에서는 일심의 법계에 둘이 있음을 밝힌다. 첫째 심진여문(心眞如門)이고, 둘째 심생멸문(心生滅門)이다. 생멸문 가운데에 성정본각이 있으니 곧 티끌 속에 묻혀있는 진여〔在纏眞如〕를 말한다. 그러므로, 『기신론』45)에서 "생멸문 가운데 둘이 있다. 첫째는 각(覺)이니, 마음의 본성이 망념을 떠나 있음을 말하는 것으로서 곧 여래의 평등한 법신이다"라고 말씀하셨다. 현수국사의 『기신론소』46)에서는 "흐름을 따

원교의 해인경을 관찰대상으로 삼지 아니하고 대원경지를 관찰 대상으로 한 것은 범부와 삼승을 모두 별교일승으로 회통시키고자 하는 의도가 있었던 것 같다.
44) 둘째 : 관찰의 대상에 셋이 있는데, 그 둘째이다.
45) 대정장 32, p.576b.
46) 본각은 심생멸문의 개념이다. 본각이긴 하지만 심생멸문에 소속

르는 차원〔隨流門〕을 본각(本覺)이라 하고, 흐름을 거스르는 차원〔返流門〕을 시각(始覺)이라"한다고 하였으니, 이는 종교의 입장에서이다. 만약 시교의 입장에서 말하면, 아뢰야식〔=識藏〕이 능히 감각기관·대상세계 그리고 모든 존재의 종자를 변화시키는 것이다. 그러므로 『유가론』에서는, "연기법의 생멸하는 세계 중에 아뢰야식이 건립되는 것이니 업 등의 종자에서부터 체(体)가 분별되어서 생기는 것이요, 이숙(異熟) 과보의 식〔아뢰야식〕은 다시 모든 존재의 의지처가 되는 것이다"라고 하였다. 만약 원교의 입장에서 말한다면, "노사나불의 과지(果智)"라고 말할 수 있을 것이다. 또한 "노사나불의 과지는 중생계에 두루하여 원인을 짓고 결과를 짓는다"고 말할 수 있을 것이다. 그러므로 「여래출현품」47)에서는 "모든 중생이 여래의 지혜와 덕상을 갖추고 있는데, 다만 망상과 집착으로 말미암아서 증득하지 못하고 있다. 만약 망상을 떠나면 일체지(一切智)와 자연지(自然智)가 곧 나타나리라"고 말씀하셨다. 이제48)는 종교(終敎)의 자성청정심을 취하여 자기 마음의 본성으로 삼은 것이다.

〔제5장 결락〕

됨으로 '흐름에 따르는 차원'이고, 심생멸문에서 심진여문으로 돌아가고자 하는 것이 시각이므로 시각을 '흐름을 거스르는 차원'이라 하는 것이다.
47) 대정장 10, p.272c.
48) 성정본각을 가리킨다.

"온갖 묘함을 〔갖추고 있으면서도〕 남음이 있는"49) 등은 이제 뒤의 의미를 취하여 말하는 것이니,50) 곧 현수국사의 『환원관』51) 중의 해인삼라상주용(海印森羅万常住用)의 뜻이다. 그러나, 『환원관』의 의미는 정히 작용에 해당하는 것으로서 저 상주의 작용〔常住之用〕이 또한 상대(相大)52)를 떠나는 것이 아니다. 이는 체·상·용의 삼대가 서로 떠나지 않는다는 의미다. 『경』53)에서, "삼라만상은 모두 한 법이 비춘 바 된 것이다"고 했는데, 바로 이러한 의미이다〔여기서 한 법은 곧 체대이다〕.54)

〔발원문〕

---

49) 이 구절은 아마도 현재 전하지 않는 『백화도량발원문』 본문의 한 구절이 아닌가 생각된다.
50) 앞 문장이 결락되어서 정확한 의미를 알 수 없다. 체원의 풀이로 보아서, 결락된 제5장 속에는 『백화도량발원문』의 본문이 포함되었을 것으로 추정된다.
51) 현수의 『수화엄오지망진환원관(修華嚴奧旨妄盡還源觀)』을 가리킨다. 『환원』은 해인삼라상주용(海印森羅常住用)을 설명하는 중에 '해인'을 다음과 같이 설명하고 있다. "해인이라는 것은 진여본각이다. 망념이 다하고 마음이 맑으면 만가지 모습이 그대로 나타난다. 마치 큰 바다에 바람으로 인해서 파도가 일다가 바람이 멈추면 바닷물이 잔잔해져서 어떤 모습이든 아니 나툼이 없는 것과 같다." 대정장 45, p.637b.
52) 해인삼라를 가리킨다. 비추는 작용〔用大〕이 해인삼매의 상대(相大)를 떠나는 것이 아님을 말한다.
53) 『불설법구경』〔大正藏 85, p.1435c.〕『환원관』〔大正藏 45, p.637b.〕에도 인용되어 있다.
54) 체·상·용 삼대는 모두 체대에서 비롯하는 것이라는 의미.

제 3 부 『백화도량발원문』의 세계 337

所有本師, 水月莊嚴, 無盡相好,
亦有弟子, 空花身相, 有漏形骸,
依正淨穢, 苦樂不同.

저희 스승의 수월장엄 및 다함없는 상호와
제자의 헛된 몸과 유루의 형체에는
의보와 정보, 정토와 예토, 즐거움과 괴로움이 같지 않습니다.

〔풀이〕
셋째55), 본성에 입각한 작용인데 정히 해인삼라상주용의 의미다. 이에 셋이 있다. 첫째는 성인의 상호를 밝히는 것이고, 둘째 '또한 있다〔亦有〕' 이하는 스스로의 모습을 밝히는 것이며, 셋째 '의보와 정보' 등은 범부와 성인이 같지 않음을

---

55) 중간에 판목의 제5장이 결락되어 있어서 애매하긴 하지만, 역자는 이 셋째가 '자심의 본성을 관찰하는 데(觀自心體)'에 셋이 있는 중, 그 셋째로 본다. 첫째와 둘째는 결락된 제5장 속에 있었을 것으로 보는데, 정확하게 알 수 없다. 다만, 둘째는 앞서 언급된 '상주의 작용'(常住之用)이 아닐까 한다. 이러한 역자의 추정이 틀리다면, 여기 셋째는 所觀之境의 셋째 觀其交徹을 가리켜야 하는데 우선 '卽體之用'이라 되어 있어서 觀其交徹의 의미를 왜 卽體之用이라 했는지 알 수 없을 뿐만 아니라, 觀其交徹의 의미는 제7장 결락 부분 뒤에 "또 관세음보살의 입장에서는 대원경지이며, 우리 제자의 입장에서는 성정본각이라고 말한 것은 한몸으로 교철하는 차원의 뜻이다"라고 하는 부분에 해당될 것으로 생각되기 때문이다.

밝힌 것이다.

첫째 중에서 '수월장엄'이라는 것은, 모든 중생이 고통당할 때에 지극한 마음으로 관세음보살의 이름을 일컬으면 관세음보살이 그 음성을 관찰하시고 갖가지 상호로써 일체중생에게 두루 응하심이 마치 달이 모든 물에 두루 나타나는 것과 같으므로 '수월장엄'이라 하는 것이다.56) 그러므로 『경』에서, "보살의 맑은 달에 · 중생의 마음 물이 맑아지네"라고 말씀하셨던 것이다. '다함없는 상호'라는 것은 『관무량수경』57)에서 이렇게 말하였다. "관세음보살은 키가 80억 나유타 항하사 유순이고 몸은 자금색(紫金色)이며 정수리 위에 육계(肉髻)가 있으며 목 뒤에 원광(圓光)이 있는데, 얼굴마다 원광이 있으니 오백의 화신 석가모니 부처님이 하나하나의 화신 부처님마다 오백의 보살이 있어서 미간백호상에서 팔만사천가지 광명이 흘러나오며, 하나하나의 광명마다 무량백천 화불보살의 팔과 손바닥이 있으며, 각기 팔만사천광명이 있어서 중생을 두루 비춘다." 또 부처님께서 아난에게 말씀하셨다. "만약 관세음보살을 관찰하는 자는 여러 가지 재앙을 만나지 않으며 업장이 깨끗이 소멸되며, 무수겁토록 지은 생사의 죄가 소멸되며, 이 보살의 이름을 듣기만 해도 무량한 복을 얻게 되거늘, 항차 잘 관찰함에 있어서랴?"58)

---

56) 『법화경』 관세음보살보문품의 설명에 입각한 것이다.
57) 대정장 12, pp.343c~344a.
58) 상동.

둘째, '또한 제자에게는……있습니다〔亦有弟子〕' 아래는 둘째59) 스스로의 모습을 밝히는 것이다. '헛된 몸〔空花身相〕'이라는 것은

〔제7장 결락〕60)

가르침인가? 또 관세음보살의 입장에서는 대원경지이며, 우리 제자의 입장에서는 성정본각이라고 말한 것은 한몸으로 어우러지는〔交徹〕61) 차원의 뜻이다.

문 : '해인경'이라는 것은 그 의미가 어떤가?

답 : 두 가지 뜻이 있다. 첫째, 대원경지는 범부의 인위(因位)에는 해당하지 않으며 오직 부처님의 과위(果位)에만 해당되는 개념이다. 그런데, 성정본각은 이미 생멸문 가운데 언급되는 것이므로 과위에는 속하지 않는 것이다. 그런데도 그 양자〔대원경지와 성정본각〕가 한몸이 되어 서로 동일시되며 서로 포함된다62)는 의미는 원교에서는 마침내 궁극적인 가르

---

59) 둘째 : 본성에 입각한 작용에 셋이 있는 중 그 둘째다.
60) 역시 『백화도량발원문』 본문 중 한 구절이 결락되어 있는 것으로 추정된다. 그 부분은 과목으로 말하면 그 교철(交徹)을 관찰하는 부분에 해당될 것이다.
61) 교철은 '제석의 그물' 즉 인다라망에 매달려 있는 보배구슬에 빛을 비추면, 하나의 구슬과 모든 구슬에 빛이 비치는 것과 같음을 의미한다. 하나와 전체 사이의 포함관계〔相入〕 및 환원관계〔相卽〕 모두를 포섭하는 것이다.
62) 관세음보살의 대원경지와 제자의 성정본각을 관찰한다는 말만 있지만, 실제 그 의미에서 관세음보살과 제자는 동일하다. 그것은 대원경지와 성정본각이 원인의 경지와 결과의 경지라는 차이에도 불구하고 동일하기 때문이다. 원인과 결과가 동시(同時)라는 화엄

침인 까닭에 해인경의 차원에서 마치는 것이다. 둘째, 일불승의 입장에서 삼승을 설하는 까닭은 각기 삼승의 근기가 정해지지 않은 자를 위해서이니, 점점 번뇌를 없애서 힘써 구경 일승으로 이끌어지도록 하려는 뜻이니라. 의상스님 역시 부처님의 뜻에 입각하여 하근기 중생들로 하여금 위를 바라서 깨달음을 얻게 하고자 차례를 정한 것이다. 그러므로 『법계도』63)의 서문에서는 "이름에 집착하는 무리들로 하여금 이름 없는 진리의 근원〔真源〕에 돌아가도록 바란다"라고 하셨으니, 곧 이러한 뜻이다.

문 : 이미 삼교(始教·終教·圓教)의 입장에 서 있다고 한다면, 글을 서술함에 무슨 까닭으로 소승 및 돈교는 언급하지 않는가?

답 : 소승은 생사를 두려워하고 대승을 두려워하는데, 어찌 일승의 큰 원에 참여할 수 있겠는가. 또한 돈교는 번뇌의 현실적 차원〔事相〕이 단박에 끊어지고 마음을 관찰하고 성품을 보게 되는 것이며, 또한 "마음을 생한다 하더라도 한 생각이 나지 않는 것이 부처라고 이름한다"64)라고 한다. 그러므로 이렇게 모습을 관찰하며 원을 발하는 데에서 어찌 또한 서술

의 입장에서 양자는 동일시되고, 시교와 종교는 원교에 포섭되는 것이다. 체원은 화엄의 입장에서 『백화도량발원문』을 해석하고 있는 것이다.
63) 대정장 45, p.711a.
64) 보조지눌의 『간화결의론』에서도 인용되어 있는 문장이다. 『보조전서』, p.93. 참조.

하겠는가.65) 그러나 진실로 그 뜻을 얻으면 교철문(交徹門)의 체대 중에 그 〔돈교의〕가르침을 은근히 포함하고 있지만, 일승의 총체(總體)와는 완전히 다른 것이니라.

문 : 대원경지 중에도 또한 단박에 나타나는 의미가 있으니, 그러므로 처음과 끝에서 모두 대원경지가 밝혀져 있는 것이다. 그렇다면 무슨 까닭에 해인경과 해인삼라상주용으로써 구경을 삼는가? 그렇지 않다면, 처음에는 방편으로 맞이하여 이끌어 들이는 의미의 입장에서 대원경지를 들어서 〔일승의 의미를〕 기다리는〔聞命〕 것인데, 끝에서도 대원경지를 다시 드는 것은 어떤 의미에서인가?

답 : 비록 시작과 끝에서 대원경지를 들고 있기는 해도,66) 그 드러나는 것은 능히 융통하지 못하고 다만 공에 즉함〔即空〕에 입각하여 그렇게 말하는 것이다. 그러므로 『십구장』67)

---

65) 발원은 그 대상을 전제로 한다. 또한 발원은 이치의 차원〔理·性〕에서 세워지는 것이 아니라 현실의 차원〔事·相〕에서 행해지는 것이다. 그러므로 이와 성의 입장만 세우는 돈교의 입장에서는 발원이 말해지기 어렵다는 것이다. 왜냐하면, 돈교는 공을 말하기 때문이다.
66) 앞의 결락된 부분은 귀의의 결론 부분인데, 아마도 '대원경지'라는 술어가 나왔던 것 같다.
67) 『십구장』은 중국 화엄종의 제2대 지엄존자가 『소요의(疏要意)』(=『略疏』) 5권을 지은 다음, 수지(首紙)에 써서 넣었다고 하는 열 구절에 대한 해설서이다. 이는 신라 하대 의상계 화엄학승에 의한 저술로 생각된다. 종래 그 저자를 법융(法融)이라 보았으나, 고익진은 융불(融朏)이라고 주장하였다.〔고익진, 「십구장 원통기 본문고」, 『한국찬술불서의 연구』(서울 : 민족사, 1987) 참

에서는 "시교에 나름의 의미가 있으니, 부처님이 대원경지 중에 상을 나타내는 것은 의지하는 주체와 의지의 대상이 한몸이라는 것이 아니다. 숙교(熟敎)의 인훈습경(因薰習鏡)68) 중이다"라고 하였다. 모습을 나타내는 것은 성품이 청정한 마음에서부터 생긴 것이며 새롭고 새로운 마음에서부터 갖가지 경계가 생기는 것이 아니기 때문에, 또한 의지하는 주체와 의지의 대상은 한몸이기도 한 것이다. 그러나 이는 원성실성이니 일승 가운데 체가 원융하므로 갖가지 모습이 나타나지만 곧바로 물 그 자체〔水身〕인 것은 이러한 의미에 입각한 까닭이니라. 요컨대 해인삼라로서 어우러짐을 삼는 것이다. 또 하물며 의상스님이 『법계도』69)의 석문(釋文)에서 "석가여래의 가르침이 모두 포섭하고 있는 세 가지 세간이 해인삼매로부터 빈번하게 나타난다"고 하였으니, 이로써 논하면 이 교철문 중에 세 가지 세간이 모두 갖추어져 있는 것이다. 즉 '수월장엄'은 지정각세간(智正覺世間)이며, '제자의 몸'은 중생

조〕. 이에 대해 최근 최연식(崔沿植)은 다시 법융의 저술이 옳다고 주장하였다.〔崔沿植, 『均如華嚴思想硏究』(서울대학교 박사논문, 1999), pp.75~80.〕 역자 역시 법융설을 지지한다. 『십구장』에 대해서 균여가 주해한 것이 『십구장원통기(十句章圓通記)』다. 김지견 편, 『균여대사화엄학전서』 상권, p.469.

68) 숙교는 『대승기신론』을 가리킨다. 인훈습경은 성정본각의 네 가지 거울 중 두 번째다. 성정본각의 공하지 않은 체가 항상 중생의 마음에 내훈(內薰)하여 언젠가는 의지하는 주체와 의지의 대상이 하나임을 깨닫게 하므로 인훈습경이라 하는 것이다.

69) 대정장 45, p.711b.

세간(衆生世間)이고, '본사 및 제자의 의보'는 즉 기세간(器世間)이다. 이렇게 배치시키면 오히려 의혹은 없어진다.70) 그 마침에 또 한 번 대원경지를 드는 것71)은 이 대원경지가 곧 일심법계이며 무장애법계이며 노사나불의 과지이며 해인경이기 때문이며, 삼승이 다르다고 집착하는 것을 깨뜨리기 위해서이며, 아법(我法)의 기쁨과 같이 하기 때문이며, 다만 삼승으로써 일승에 참여케 하기 위해서다. 곧 『오교장』72) 중의 '법상교참동교의(法相交參同敎義)'니라. 의상스님은 『법계도』73)에서, "삼승의 방편교문에 의지함으로 높고 낮음이 같지 않고, 일승의 원교에 의지하므로 앞뒤가 없는 것"이라고

---

70) 체원은 "삼종세간이 해인삼매로부터 빈번히 나타난다"라고 말하는 『법계도』의 글을 인용해 옴으로써 서분의 귀의 부분에서 행해지는 관음과 중생의 동이(同異)관계가 결국 『법계도』에서도 말해지고 있는 바임을 분명히 하고 있다. 비록 대원경지나 성정본각이라고 하는 용어가 쓰였지만, 그것을 회통하는 것은 화엄의 논리임을 말하고 있는 것이다. 역주자로서도 동의하지 않을 수 없다.
71) 여기 『백화도량발원문』의 결락된 부분에서는 다시 앞서 이야기했던 '대원경지'라고 하는 술어가 한번 더 나오고 있었음을 알 수 있다.
72) 『오교장』에서는 '법상교참동교의(法相交參同敎義)'에 대해서 다음과 같이 말하고 있다. "처음에 존재의 모습이 교참하고 있음에 입각하여 일승을 밝힌다. 이른바 삼승과 같은 것에서도 인다라망 및 미세한 현실이 말해지고 있으나, 주관과 대상이 갖추어지지 못하고 있다. 〔……〕 일승이 삼승 속에 나투고, 삼승이 일승 속에 들어가는 것이다."〔대정장 45, p.478c〕 이는 아직은 삼승과 공통점이 있는 동교일승이다.
73) 대정장 45, p.711c.

하였다.

　문 : 이미 '석가여래의 해인삼매를 드러내고자'하고 또 『오교장』74)에서 "이제 장차 석가모니 부처님의 해인삼매를 열고자 한다" 하니, 해인이라는 것은 부처님이 처음에 깨달음을 이룬 날 아침에 깨친 마음이니 바야흐로 '해인'이라 하는 것이다. 그러므로 무슨 까닭에 원인을 닦는 사람과 지혜를 깨친 자를 관찰해서 해인이라 하는가?

　답 : 두 가지 뜻이 있다. 지엄화상이 오중해인(五重海印)75)을 밝히고, 균여(均如, 923~973)법사가 또 원인으로서의 해인〔因海印〕을 더하였다. 또 관세음보살께서도 과거에 이미 정법명여래(正法明王如來)가 되어서76) 이제 교화의 자취〔迹門〕를 보이신 것이니, 어찌 깨달음의 결과를 얻은 사람이 아니겠는가.

---

74) 대정장 45, p.477a.
75) 오중해인은 망상해인(忘像海印)·현상해인(現像海印)·외향해인(外向海印)·정관해인(定觀海印)·어언해인(語言海印)을 가리킨다. 지엄의 오중해인은 『법계도기총수록』·『일승법계도원통기』·『십구장원통기』에도 인용되어 있는데, "이 오해인설은 의상의 문류(門流)에 의해서만 전해지고 있으며,〔……〕그러므로 오해인설은 지엄의 설이 아니라, 의상작이거나 의상 주변 또는 의상 제자들에 의해 저술되어 지엄에 가탁된 것으로 추정되고 있다."〔전해주, 『의상화엄사상사연구』(서울 : 민족사, 1993), pp.69~70]는 학설이 제기되어 있다.
76) 『천수천안경』〔대정장 20, p.110a.〕관세음보살의 인행(因行)을 『천수경』과 관련짓고 있음에서 체원은 『천수경』적 관음신앙을 염두에 두고 있었음을 알 수 있다.

문 : 만약 원인으로서의 해인을 논한다면, "『대집경』77)에서는 염부제 일체중생의 몸 및 그 밖의 모습이 바다 속에 모두 모습을 드러내는 것을 비유함으로써 대해를 인(印)으로 삼는 것이다. 보살도 역시 이와 같이 큰 해인삼매를 얻는다" 했으니, 이것과는 어떻게 다른가?

답 : 『대집경』의 해인 또한 영상을 나타내는 의미가 있지만, 이는 다만 의지(依持)의 뜻이지 겹겹이 이어지는 상즉상입(相即相入)의 뜻은 없다. 또한 나타나는 바 없음이 곧 능히 나타내는 것이라는 의미다. 이제 여기 일승의 종[圓敎] 중에 나타나는 세 가지 세간법은 곧 거울의 본체여서 거울 밖에 나타나는 영상이 없으니, 그 나타나는 바는 겹겹이 다함없어서, 하나가 곧 일체이며 일체가 곧 하나여서 원융하고 자재하며 장애가 없는 것이므로 『대집경』의 해인과는 같지 않은 것이다.

〔발원문〕
今以觀音鏡中, 弟子之身,
歸命頂禮, 弟子鏡中, 觀音大聖,

이제 관세음보살님의 거울 속에 있는 제자의 몸으로
제자의 거울 속에 계신 관세음보살님께 귀명정례하옵고

---

77) 대정장 13, p.616b.

〔풀이〕

둘째,78) 발원을 사뢰면서 일을 이어서 결과를 이루는 것이다. 그 가운데 둘이 있다. 첫째는 귀의하는 모습을 전체적으로 표방하고, 둘째는 따로이 발원을 밝힌다.

첫째는 귀의하는 모습이니, 그 가운데 둘이 있다. 첫째는 귀의하는 주체가 되는 몸이고, 둘째는 귀의를 받는 대상이 되는 성인이니 가히 알 수 있을 것이다. 위에서 말한 바와 같이, 관세음보살의 대원경지와 제자의 성정본각이 이미 동일한 체이며, 청정하여 번뇌를 떠나 있으며, 모든 것이 본래 그림자이고 삼라가 단박에 나타나지만, 단지 여기서는 진실로 일법계의 체(=自性)가 없어서79) 모든 부처님의 깨침이 결과로서의 해인이 되고, 보살의 깨침이 원인으로서의 해인이 되어서 다만 분교(分敎)와 만교(滿敎)80)가 다를 수 있다. 그러므로 제자가 저 관세음보살의 거울 속에 나타나고, 관세음보살이 제자의 거울 속에 나타나고 있으므로 어리석으면 생사이고 깨달으면 열반이어서 어리석음과 깨달음이 비록 다르

---

78) 둘째 : 본문을 해석함에 크게 셋으로 나누는데, 그 둘째다.
79) '체가 없다'는 의미는 성품이 공이므로, '관세음보살의 거울 속에 있는 나'가 '나의 거울 속에 계신 관세음보살'과 둘이 아닐 수 있는 것이다.
80) 원효의 교판에 의하면, 분교는 일승이면서도 보법(普法, 궁극적 진리)을 드러내지 못한 것으로 『영락경』·『범망경』 등의 경전을 가리키고, 만교는 일승이면서 보법을 잘 드러낸 것으로서 『화엄경』을 가리킨다. 여기서 과해인은 만교, 인해인은 분교에 배대되는 것이다.

다 하나 둘이 아니다. 그러므로 「성기품」81)에서 "여래의 몸 가운데서 일체중생이 보리심을 발하여 위없는 깨달음을 이루고 내지 적멸·열반에 듦을 모두 다 볼 수 있다"고 하고, 또한 "보살이 자기의 몸 속에 부처님의 깨달음이 있음을 아는데 자기의 마음속과 같이 일체중생의 마음속에도 역시 이와 같다"고 말하고 있다. 현수국사의 주석82)에서도 말하기를, "'여래의 몸' 이하는 다섯째 인과를 드러내는 차원〔顯因果門〕이다. 보리의 몸이 중생계와 같기 때문에 중생이 그 가운데 나타나는 것이니 저 나타나는 바 대상은 나타나는 주체와 같다. 그러므로 중생은 부처를 이루지 못할 사람이 없는 것이니라. 이 글은 매우 중요한 글이니 바라건대 가벼이 여기지 말라" 하였다. 청량(淸涼, ?~839)국사가 "마치 세상의 스승과 제자가 한 거울을 같이 대하고 있으니 만약 스승의 측면에서 보면 스승의 거울이고 만약 제자의 측면에서 보면 즉 제자의 거울"이라고 말하는 것이 곧 이러한 의미다. '귀명'이라는 것은 현수국사의 『기신론소』83)에서는, "귀의하는 주체의 정성을 드러내는 것이니, 돌아간다는 것은 의지하고 투신하여 행해간다는 것이며, 목숨이라는 것은 모든 감각기관을 총괄하는 한 몸의 가장 중요한 것이니 모든 사람들이 소중히 여기는 것으로서 그보다 앞서는 것이 없다."라고 하였다. 이렇게

---

81) 대정장 9, p.627a.
82) 『탐현기』〔대정장 35, p.413b〕.
83) 대정장 44, p.246c.

둘이 없는 목숨을 들어서 위없는 어른에게 바치는 것이다.

〔발원문〕
發誠願語, 冀蒙加被.
惟願弟子, 生生世世, 稱觀世音, 以爲本師, 如菩薩頂戴彌陀,

진실한 발원의 말씀을 사뢰오니 가피를 내려주시길 바라옵니다.
오직 원하옵건대
제자는 세세생생에 관세음보살님을 염하며 스승으로 모시고자 하오니
저 보살이 아미타부처님을 정대하는 것과 같습니다.

〔풀이〕
둘째,84) 따로이 발원을 밝히는 중에 둘이 있다. 첫째는 가피를 청함을 표방하는 것이고, 둘째 '오직 원하옵건대' 아래는 두 가지 원을 함께 밝힌다. 두 가지 원은 첫째는 본래 스승과 같아지겠다는 원이며, 둘째는 정토에 태어나고자 하는 원이다.
첫째, 가피를 청하는 것이다. 그 중에 나아가 보면, 중생의

---

84) 둘째 : 발원을 사뢰면서 일을 이어서 결과를 이루는 데 둘이 있는 중, 그 둘째다.

원력이 비록 깊다고는 하나 관세음보살이 모르게 가피를 내려야만이 능히 큰 원을 이룰 수 있으니, 마치 사람이 배를 타고 바다를 건너는 데 뱃사공의 지혜로운 방편에 의지해야만 마침내 그 뜻을 이루게 됨과 같다. 『청량소』에서 "위에는 하얀 달이 있어도 아래로 맑은 못에 의존하니, 못이 맑아지면 달이 나타나고 감응〔機感〕이 마땅히 생기리니 물이 만약 맑지 못하면 달이 어찌 밝으리오. 마음이 정성스럽지 못하다면, 어찌 이리도 빠르리오"라고 말하였다. 그러므로 '진실한 발원의 말씀을 사뢴다'고 한 것이다. 『정원소』에서 최적정(最寂靜)바라문이 얻는 법문을 해석하는 가운데, 이렇게 말하였다. "'진실한 발원의 말씀'이라는 것은 총체적으로 거짓이 없음을 말하는 것이며, 따로이 네 가지 의미가 있다. 첫째는 진리에 계합하여 잃어버림이 없기 때문이며, 둘째는 처음과 끝이 틀림없기 때문이며, 셋째는 스스로 행함에 틀림없기 때문이며, 넷째는 다른 사람을 이롭게 하는 데 헛됨이 없는 까닭이다. 이들 네 가지 의미를 갖추었으므로 '진실한 발원의 말씀'이라 이름한다."

 둘째,[85] 두 가지 원 중에서 첫째, 본래 스승과 같아지는 데 역시 둘이 있다. 첫째는 같아짐의 대상을 들고, 둘째는 같아지는 주체를 분별한다.

---

85) 문맥에 따라서 '둘째'를 삽입해서 옮긴다. 따로이 발원을 밝히는 것에 둘이 있는데, 그 둘째이다.

첫째, 같아짐의 대상이다. 『정원소』에서 "정수리 위에 화불(化佛)이 있으니 곧 본래 스승"이라고 하였다. 『능엄경』[86)]에서는 이렇게 말씀하셨다. "관세음보살이 부처님께 사뢰어 말씀하시기를, 생각건대 옛날 항하사겁 이전에 부처님이 출현하였으니 관세음이라 이름합니다. 저는 그 부처님께 보리심을 발하였으며, 그 부처님은 저에게 들음[聞]·생각함[思]·닦음[修]의 세 가지 지혜를 좇아서 삼매[三摩地]에 들도록 하였습니다. 〔……〕저 부처님이 '원통법문을 잘 얻었다'고 저를 칭찬하시면서 대중들 가운데서 제게 수기하시고 관세음이라 이름하였으니, 제가 듣는 것을 관찰하므로 말미암아 시방세계가 두루 밝아짐으로 관세음의 이름이 시방세계에 두루 하였습니다."

『계환소』[87)]에서는 "받들어지는 부처님 역시 관세음이라 이름하나니 원인과 결과가 서로 부합하는 것은 고금의 한결같은 도이니라"하였다. 우리 의상스님께서 관세음보살님을 모시는 것도 역시 이와 같다. 어진 이를 보면 같아지기를 생각하는 것[88)]은 진실로 고금의 한결같은 도일 것이다.

---

86) 『능엄경』 제6권. '……-' 앞은 대정장 19, p.128b에서 인용한 것이며, '……-' 뒤는 각기 『능엄경』(해인승가학원, 1981), p.297과 p.319 참조.
87) 『능엄경계환해』를 말한다. 『능엄경』(합천 : 해인승가학원, 1981), p.297b.
88) 『논어』里仁 제4.

제 3 부 『백화도량발원문』의 세계   351

〔발원문〕

我亦頂戴觀音大聖,

十願六向, 千手千眼, 大慈大悲, 悉皆同等,

捨身受身, 此界他方, 隨所住處,

如影隨形, 恒聞說法, 助揚眞化.

제자 역시 관세음보살님을 정대하오니

십원육향, 천수천안과 대자대비는 관세음보살님과 같아지며

몸을 버리는 이 세상과 몸을 얻는 저 세상에서 머무는 곳 곳마다

그림자가 물체를 따르듯이 언제나 설법하심을 듣고 교화를 돕겠습니다.

〔풀이〕

둘째[89]는 같아짐의 주체이다. 초지(初地, 歡喜地)를 논하는 『십지경론』[90]에서 "더욱 뛰어나다고 헤아림〔校量勝〕에 둘이 있다. 첫째는 무량행(無量行)을 행하는 것이니 곧 자리이고, 둘째는 중생과 함께 하는 것이니 곧 이타이다"[91]라고 하였

---

89) 둘째 : 두 가지 원을 함께 밝힘에 둘이 있는데, 그 둘째다.
90) 대정장 26, p.141a. 여기서 교량승은 보살의 원이 뛰어남을 헤아리는 것이다.
91) 이와 똑같은 인용구문은 청량의 『화엄경소』〔대정장 35, p.762a〕에도 그대로 나온다. 다만 『십지경론』〔대정장 26, p.141a〕에서는 "이 보살의 원이 뛰어나다고 헤아림에 두 가지 점에서 성문·벽지

다. 그로써 이를[92] 헤아려 보면 또한 두 가지 뜻이 있다. 첫째, '십원육향' 이하는 곧 자리행이고, 둘째, '널리 온누리' 이하는 이타행이다. 이러한 두 가지 이로움은 이승보다 뛰어난 까닭에, 앞에서는 삼교(시교·종교·원교)만을 들고 이승의 행은 들지 않았던 것이다.

첫째, 자리행이다. 십원 등에 대해서, 어떤 사람은 "이 다라니를 외는 자가 큰 원향(願向)을 발하였을 때 관세음보살은 마땅히 그에 응하여 그로 하여금 십원육향이 모두 이루어지게 하는 것이지 관세음보살이 스스로 원을 발하는 것은 아니다"라고 하고, 또 어떤 사람은 "관세음보살은 일찍이 부처님 계신 곳에서 그러한 원향을 발한 까닭에 중생으로 하여금 나와 같이 이러한 대원을 발하라고 가르쳤으니 곧 관세음보살께서 본래 발원한 바이다"라고 하였다. 『천수천안경』[93]에 비춰보면 후자의 뜻이 경전에 부합하니, 이른바 『천수천안경』[94]에서는 "제가 생각하건대 과거겁에 부처님이 계셔서 출세하였는데, 천광왕정주여래(千光王靜住如来)라고 이름하였습니다.

불보다 뛰어나다. 첫째는 늘 무량한 행을 부지런히 닦기 때문이고, 둘째는 모든 중생과 함께 하기 때문이다"라고 하였다.
92) 그는 『십지경론』이며, 이는 『백화도량발원문』이다.
93) 대정장 20, pp.106c~107a.
94) 대정장 20, p.106b~c. 여기서는 경전의 본문이 생략되면서 인용되어 있다. 〔……〕 부분은 본문의 생략된 부분을 역자가 표시한 것이며, 글자가 틀리는 부분이 있지만 의미상 아무런 차이가 없다.

저 부처님이 저를 불쌍히 여기시고, 또 일체중생을 위해서 이「대비심다라니」를 말씀하셨습니다.〔……〕제가 이 다라니를 듣고서 제8지로 초월하여 곧 맹서하는 말씀을 발하되, '만약 제가 앞으로 일체중생을 이익케 할 수 있다면 저로 하여금 즉시 몸에 천수천안이 생겨서 모두 갖추게 하고, 만약 비구·비구니·우바새·우바이·동남·동녀 등이 이 다라니를 지송코자 할 때면, 모든 중생에게 자비심을 일으켜서 먼저 마땅히 나를 쫓아서 이러한 원을 발하라"고 하였다. 어찌 스스로 먼저 맹서를 발하지 않으면서 오직 중생을 가르치기만 하겠느냐. 비록 '나무대비관세음'이라고 했지만, 또한 '본사관세음여래'라고 해도 좋으며, 역시 스스로의 명호를 염해서 가피를 입게 하여도 좋다고 할 수 있다. 십원이라는 것은 원이 비록 열 가지이나 구하는 바는 다섯 가지이니, 즉 사홍서원이다. 이른바 다섯 쌍의 열 가지 원〔五双十願〕이니 각기 앞의 원이 원인이고 뒤의 원이 결과이다. 오직 첫째와 둘째의 네 가지 원은, 예컨대 지혜안을 얻은 뒤에 일체법을 알게 되고, 선방편을 얻은 뒤에 중생을 제도하는 것이다.95) 그러나 그 뒤96)의 것과 같지 않다는 것은 다만 앞97)의 것은 대상이

---

95) 뒤의 것이 원인, 앞의 것이 결과이다.
96) 다섯째부터 열째까지의 원
97) 앞은 첫째부터 넷째 원까지에서 앞의 원, 즉 첫째(원아속지일체법)와 셋째 원(원아속도일체중)을 가리킨다. 따라서 뒤는 둘째(원아조득지혜안)와 넷째(원아조득선방편)를 가리킨다.

되는 경계이며 뒤의 것은 주관이 되는 경계이다. 대상 경계가 있은 뒤에 주관인 마음의 차례이기 때문이다. 첫째〔願我速知一切法〕는 알아야 할 대상을 말하는 것이며, 둘째〔願我早得智慧眼〕는 능히 아는 주체의 마음을 말하는 것이고, 셋째〔願我速度一切衆〕는 제도되는 바 대상을 말하는 것이며, 넷째〔願我早得善方便〕는 제도하는 주체를 말하는 것이다. 그 다음 한 쌍의 서원〔願我速乘般若船 願我早得越苦海〕 중에서, 반야는 중국말로 지혜〔智〕이니 지혜로 말미암아서 능히 생사를 초월하는 것이 마치 배로 말미암아서 바다를 건너는 것과 같기 때문이다. 생사가 끝이 없으므로 고해라고 부르는 것이니, 곧 번뇌를 끊고자 서원하는 것이다. 능히 번뇌를 끊음으로써 생사의 바다에 결코 빠지지 않는 것이다. 그러므로 그 다음 두 쌍의 원 중에서 처음의 두 가지 원〔願我速得戒足道 願我早登圓寂山〕은 열반의 과보를 구하는 것이고, 그 다음의 두 가지 원〔願我速會無爲舍 願我早同法性身〕은 자성법신(自性法身)의 과보를 구하는 것이다.

그러므로 앞98)은 응화법신(応化法身)이고 뒤는 자성법신이니, 이들은 불도를 이루고자 하는 원이다. 계행이 만족됨으로써 열반에 오른다는 것은 미혹을 끊고 과보를 이루는 것이다. 그러므로 응화법신이라 한다. 그러므로 『본업경』99)에서

---

98) 앞 : 원아조득계족도하여 원아조등원적산하는 두 가지 원. 이들은 자성법신이 아니라 응화법신을 구하는 일이 된다.
99) 대정장 10, p.446.

"첫째는 자성법신이고, 둘째는 응화법신이다"라고 하였으며, 『양섭론』100)에서는 "자성신과 법신이 의지가 되는 까닭"이라고 한 것이다. '계족도'101)는 무루(無漏)의 율의도(律儀道)이니 삼취정계와 십성계(十性戒)102) 등이다. '족하다'는 것은 원만히 갖추어진 것을 말한다. 열반은 중국말로 원적(圓寂)이니, 덕이 원만한 것을 '원'이라 하며 번뇌가 다한 것을 '적'이라 한다. 그러한 열반으로써 생사의 바다를 높이 벗어났으므로 '산'에다 비유한 것이다. 그러므로 『청량소』103)의 비슬지라(琵瑟底羅)거사의 법문 중에서는 '바다 가운데 산이 있다'104)는 글을 "대비로 수순하여 생사의 바다에 들고 열반의 산에 머문다" 등으로 말한 것이다. '무위의 집'은 곧 대비의 법성가(法性家)이다. 이를 등지면 분별이 되고 얻으면 무분별이 되는 것이므로 무위라 한다. '집'이라는 것은 『법계도』105)의 석

---

100) 진제 역, 『섭대승론』(대정장 31).
101) "'계족도'라고 할 경우에는 '계를 갖춘 도'라는 뜻이 된다. 현존 고판본 중에도 그렇게 되어 있는 경우가 있다. 1762년에 간행된 『관세음보살영험약초』 역시 '원아속득계족도'라고 하였다. 그런데 『신수대장경』에 수록된 가범달마 삼장 번역의 『천수천안관자재보살광대원만무애대비심대다라니경』과 1881년에 판각된 『고왕관세음다라니경』에는 '계정도'라고 되어 있다. 이를 종합해볼 때 옛날부터 서로 혼용되어 온 것 같다."〔졸저, 『천수경의 비밀』(서울 : 민족사, 2005), pp.63~64.〕 물론 그 어느 경우를 취하더라도 해석은 가능해진다.
102) 십선계를 말한다. 『화엄경』 십지품의 제2지에서 설해져 있다.
103) 대정장 35, p.939c.
104) 관세음보살의 주처 보타락가산을 말할 때 나오는 표현이다.

문에서 "집이란 어떤 의미인가? 머무는 곳의 의미이니 이른바 법성진공(法性真空)이다. 깨달은 자의 머무는 곳인 까닭"이라고 하였다. 또106) "대비의 선교방편으로 중생을 덮어주고 있으므로 집이라 이름한다. 이러한 의미는 일승이라야 비로소 구경인 것"이라고 하였다. '법성신'이라는 것은, 그 진공의 집 가운데 있는 깨달음이 법성신이 된 것이다. 모든 부처님이 모두 법성의 동일한 체성을 깨쳤으므로 '같아지고자〔同〕'라고 말한 것이다. 『양 섭론』107)에서 "이 법계로부터 흘러나오지 않음이 없고, 이 법계로 돌아가서 깨닫지 않음이 없다"고 한 것이 바로 이를 일컫는 것이리라. '천수천안'은 이미 앞서 인용한 바와 같다. '육향'은 네 가지 나쁜 길의 중생을 제도하는 것이다. 그 첫째·둘째의 향〔我若向刀山, 我若向火湯〕은 따로이 칼날지옥·불지옥을 들고 있으니, 이는 지극한 고통이기 때문이다. 셋째〔我若向地獄〕는 여러 가지 지옥을 총체적으로 들고 있으며, 나머지 셋은 아귀·수라·축생 등이다. 수라108)는 중국말로 비천(非天)이니, 비록 하늘에 포섭되기는 하지만 그 마음이 교만하여 진실한 행이 없으므로 비천이라 하는 것이다. 악심을 많이 내므로 '악심을 조복한다'고 말하게

---

105) 대정장 45, p.714a.
106) 상동.
107) 진제 역, 『섭대승론석』(대정장 31, p.254a.)
108) 원래는 아수라(阿修羅, asura)로서, 베다에서는 악신(惡神)으로서 선신(善神) Indra에 대항하여 싸운다.

되는 것이다. 축생은 어리석음이 지극히 깊고 무거우므로, 지혜를 얻게 하려는 것이다. 앞의 십원 중에는 비록 이타가 있으나 전부 자리이고, 이 육향 중에는 모두 이타이다. '대자대비'라는 것은, '자'는 능히 즐거움을 주는 것이니 곧 삼십이응신이며, 비는 능히 괴로움을 제거하는 것이니 곧 십력(十力)·사무소외(四無所畏)이다. 『능엄경』이나 『보문품』의 설과 같다.

〔발원문〕
普令法界, 一切衆生,
誦大悲呪,
念菩薩名,
同入圓通三昧性海.

널리 온 누리의 모든 중생으로 하여금
대비주를 외우게 하며
관세음보살님의 이름을 염하게 하여
다함께 원통삼매에 들게 하소서

〔풀이〕
둘째[109]는 이타행이다. 『천수천안경』[110]에 준해서 보면,

---

109) 둘째 : 같아짐의 주체에 둘이 있는 중, 그 둘째다.

"관세음보살이 부처님께 사뢰기를, 세존이시여 만약 여러 중생들이 대비신주(大悲神呪)를 지송하고서도 삼악도에 떨어지면, 저는 마침내 정각을 이루지 않겠습니다"라고 말하는 등, 다른 사람을 이롭게 하고자 서원을 발하고 있으니, 저 『경』에서 설하는 바와 같다. 의상스님께서 말씀하시는 이타행 역시 그와 같아짐을 원하고 있는 것이다. '원통삼매성해'는 『능엄경』111)에서 "관세음보살이 부처님께 사뢰기를, 부처님께서 원통을 물으시니 저는 귀〔耳門, 耳根〕로 말미암아서 원만히 비추는 삼매로서 삼마지를 얻고 보리를 성취하였으니 이로써 제일로 삼고자 합니다."라고 하였다. 『계환소』에서 "하나라도 빠뜨림이 없는 것을 '원'이라 하고 조금도 막힘이 없는 것을 '통'이라 하며, 삼매는 중국말로 정수(正受)라고 하며 또한 등지(等持)라고도 하는데, 평등히 마음을 지니고 밖으로 내달리지 않는다"고 하였으므로, 성품의 근원이 깊고 넓음을 바다에 비유한 것이다.

〔발원문〕
又願,
弟子, 此報盡時,
親承大聖, 放光接引,

---

110) 대정장 20, p.107a.
111) 대정장 19, p.129c.

離諸怖畏, 身心適悅,
一刹那間, 卽得往生白華道場,
與諸菩薩, 同聞正法, 入法流水,
念念增明, 現發如來大無生忍.

또한 원하옵나니
제자의 목숨이 다할 때에는
관세음보살님께서 빛을 놓아 맞이해주심을 입사오며
모든 두려움을 떠나서 몸과 마음이 쾌활하고
찰나에 백화도량에 왕생할 수 있어서
여러 보살과 정법을 함께 듣고 진리의 흐름에 들어가서
생각생각 더욱 밝아져서 부처님의 무생법인을 발하게 하소서

〔풀이〕

둘째, 정토에 태어나고자 하는 원이다.

문 : 『장자론(長者論)』[112]에 가로되, "이 보살은 대비가 지극하므로 중생을 성숙시키고 이롭게 하며 스스로 과보를 얻는 데에 나아가지 않으니 중생의 더러운 땅에 머문다" 하시거늘 어찌 정토라 하는가?

답 : 이 백화산〔백화도량〕은 화장세계 안에 있는가? 밖에 있는가? 사바세계가 이미 화장세계의 열세 번째에 있는 까닭

---

112) 이통현의 『신화엄경론』〔대정장 36, p.982a〕을 가리키는 것이다.

에 백화도량이 비로자나 부처님의 설법도량인 금강보지(金剛寶地) 청정찰해(淸淨刹海)에 있는 것이다. 그러므로 신수(神秀)의 『묘리원성관(妙理圓成觀)』[113]에서 "문 : 사바세계가 이미 화장세계 가운데에 있는 국토 중 열세 번째 잡염토(雜染土)인데, 어찌 『경』에서는 보리장 중의 금강보지 보배나무 등의 경계이며, 온전히 화장세계의 본찰이라고 설하는 것입니까? 답 : 근본은 근본이라 정해진 것이 아니고 지말은 지말이라 정해진 것이 아니다. 사바세계가 비록 열세 번째의 깨끗하고 더러움이 있는 곳이지만 온전히 본찰〔華藏世界〕이니, 만약 깨끗하고 더러움이 있는 것이 아니라면 온전히 말찰(末刹, 사바세계)"이라고 하였다. 또 『대경』의 「화장세계품」[114]에서는 "세존이 옛날 여러 갈래를 다니며 / 한량없는 티끌 수 부처님 세계에서 깨끗한 행을 닦았으니 / 갖가지 묘한 광명의 화장장엄세계해를 얻었느니라"고 하였다. 만약 사바세계가 그대로 청정한 보배국토임을 믿는다면, 어찌 다시 백화도량의 깨끗함과 더러움을 물으리오.

문 : 무슨 까닭에 장자가 "중생의 더러운 경계에 나아가 머

---

113) 이 『묘리원성관』의 저자가 과연 누구냐에 대해서 학계에 이설이 있다. 야니가다 세이잔(柳田聖山)과 김지견(金知見)은 북종의 신수로 보는 반면에, 사까모토 유끼오(坂本幸男)와 김영태는 화엄종 법선(法詵)의 제자로 청량징관의 동문인 회계신수(會稽神秀, ?~?)라고 하였다. 김영태, 「균여서에 보인 묘리원성관의 저자」, 『한국불교학』 제11집(서울 : 한국불교학회, 1986), 참조.
114) 대정장 10, p.39b.

문다"고 말한 것입니까?

　답 : 현수국사의 「사나품소」115)에서 이렇게 말하였다. "이제 여러 세계해를 해석함에 열이 있다. 〔……〕 일승에 둘이 있으니, 첫째 결과의 입장에서 말한다면 세 가지 종류가 있다. 하나, 수미산의 세계 및 나무 모양, 중생의 모양, 세계해 등이 첫째 부류가 된다. 둘, 삼천대천세계 밖에 따로이 열 가지 세계가 있으니 둘째 부류가 된다. 셋, 열 가지 연화장세계해가 있으니 주체와 객체를 갖추는 것이 마치 제석의 그물과 같다는 등이 셋째 부류가 된다." 장자는 섭화토(攝化土)에서 첫째 부류를 말한 것이다. 비록 잡염토이긴 하나, 부처님 덕의 입장에서 보면 번뇌의 모습은 모두 다 소멸되어서 오직 정토뿐이므로, 비슬지라거사가 선재에게 지시하여 말하였다.116)

　　바다 가운데 산이 있는데 온갖 보배로 이루어졌으며
　　성현이 머무시는 곳이니 지극히 청정하다.

　본문117) 가운데 둘이 있으니, 첫째는 먼저 가피를 입어서 괴로움을 떠나는 것이며, 둘째 '찰나에' 이하에서는 백화도량에 왕생함으로써 이익을 이루는 것이다.

---

115) 『탐현기』제3권〔大正藏 35, p.158a~b〕.
116) 비슬지라 거사는 선재동자에게 관세음보살을 소개하는 선지식이다. 대정장 10, p.732c.
117) 과목에서는 '정토에 태어나고자 하는 원'을 말한다.

첫째 중에서 '목숨이'는 한 생의 목숨을 장차 버리려 할 때이다. 『대경』118)에서 관자재보살이 선재동자에게 고하는 게송에서 이렇게 말씀하셨다.

> 혹 위급한 일에 처하여 걱정과 두려움이 많을 때
> 밤낮으로 온 종일 내 이름을 일컬으면
> 나는 곧 그 사람 앞에 나타나 최승의 귀의처가 될 것이며
> 그는 마땅히 나의 깨끗한 불찰에 태어나서
> 나와 함께 보살행을 닦으리라

이것이 정토에 태어나기를 원하는 것에 응함이다. 또 이렇게도 말씀하셨다.119)

> 어떤 중생이 목숨이 끊어지려 할 때
> 죽음의 모습이 여러 가지 나쁜 모습으로 나타나고
> 갖가지 모습을 보고서
> 그 마음이 당황하여 의지할 데가 없으나
> 만약 능히 지극한 정성으로 나의 이름을 일컫는다면
> 저 모든 나쁜 모양은 모두 소멸하고
> 나의 대비와 관자재로 말미암아서
> 천상과 인도(人道) 중의 좋은 곳에 태어나게 되리라.

---

118) 대정장 10, p.734b.
119) 上同.

이것은 가피를 입어서 괴로움을 떠나는 것의 응함이다. 또 이렇게도 말씀하셨다.[120]

    어떤 사람이 이 목숨이 다한 뒤에
    삼악도와 팔난신(八難身)을 받지 않으려 원한다면
    언제나 인도와 천상의 좋은 곳에 태어나
    언제나 청정한 보리도를 행하리.
    몸을 버리고 정토에 태어나길 원한다면,
    일체 모든 부처님 전에 두루 나타나고
    시방의 부처님 국토 가운데 두루하며
    언제나 청정한 최상의 보살이 되리라.
    시방의 모든 부처님을 두루 친견하오며
    모든 부처님의 설법하는 소리를 들을 것이며
    능히 지극한 정성으로 내 이름을 일컫는다면
    일체 소원이 모두 원만하리라.

'어떤 사람이 이와 같이 원하면' 이하의 한 게송은 가피를 입어서 미혹함을 떠나는 것을 밝힌 것이며, '몸을 버려서……원하면' 이하의 두 게송은 백화도량에 나서 이익 이룸을 밝힌 것이다. 또 『천수천안경』[121]에서는, "만약 모든 중생이 대비신주를 지송하면 목숨이 다할 때에 이르러서 시방의 모든 부처님께서 모두 오셔서 손을 주시니 어떤 불토에 태어나길

---

120) 상동.
121) 대정장 20, p.107a.

원하더라도 들어주셔서 모두 왕생을 얻게 하신다" 하니, 곧 이른바 대성의 마중〔接引〕을 친히 받는다는 말씀으로써 시방의 모든 부처님과 관세음보살님에 통하는 것이다.

둘째, '찰나'는 때가 지극히 촉급한 것이니 마치 장사가 팔을 펴는 듯한 것이다. '진리의 흐름에 든다'는 것은 『십지경론』에서 "팔지 이상 무상지(無相智)는 성스러운 길이며 진리의 흐름이니 찰나찰나에 자유로이 구르는 것을 능히 성지(聖智)를 증득하는 것이라 한다. 속히 증진(增進)하며 힘들이지 않고 자유로이 구르는 것이 빠른 물이 흘러흘러 끊어짐이 없는 것 같다" 하였다. 그러므로 '여래의 무생법인을 발하여' 이하는 원이 이제 스승과 같아졌으며, 마침내 구경의 결과를 이룬 것임을 밝히는 것이다. '여래'라는 것은, 종교(終敎)의 입장에서 말한다면 여실도(如實道)를 타고서 정각을 이룬 까닭이며, 돈교의 입장에서 말한다면 오는 바도 없고 가는 바도 없는 까닭이며, 원교의 입장에서 말한다면 처음 발심할 때 번뇌가 다 끊어지고 복과 지혜가 완성되며 예부터 움직이지 않았으므로 여래라고 하는 것이다.

'무생법인'에 대해서이다. 인(忍)은 확실히 아는 것이니 체험으로 긍정〔印可〕하여 지혜로 비추는 것이다. 이러한 인을 관찰하여 통달하는 것은 등각 이후의 경지이니, 마음으로 미세한 무명의 번뇌를 끊게 된다.[122] 만약 원교의 입장에서 말

---

122) Lamotte는 이 무생법인을 얻는 것이 곧 제8 부동지에 도달하는

하면, 각 지위마다 번뇌를 끊고서 성불하는 것이니 신위(信位)의 초심(初心)에서도 역시 이 무생법인을 얻을 수 있는 것이다.123) 여기서는 종교의 입장에서 하는 말이니, 「십인품」의 설과 같다.

저 『소』에서 말하기를, "무생인은, 인의 입장에서 말한다면, 무생의 이치가 곧 무생의 인124)이다. 또 무생의 지혜 및 번뇌가 생하지 않는다는 입장에서 말한다면, 무생이 곧 인이다. 두 가지 해석에 다 통한다"125)고 하였다. 시교의 입장에서는 사람과 법이 모두 공하므로 무생의 이치라 하고, 종교의 입장에서 말하면 여래장이 인연을 따라서 육도에 생멸하면서도 여래장이 온전한 까닭에 시각을 얻는 날〔始覺之日〕에 본래 시각과 본각이 다르지 않음을 깨치는 것이므로 무생의 이치

것이고, 수기가 다르게 된다고 했는데, 여기서 체원은 등각 이후의 경지라고 하였으니 바로 '무생법인=묘각=불'로 보고 있음을 알 수 있다. 또한 『유마경』에서는 "무생법인을 얻는 것 (anutpattika-dharmakṣāntiprāpti)이 곧 入不二(advaya-praveśa) 라고 말한다."라고 하였다. 졸저, 『대승경전과 禪』, pp.74~77. ; pp.123~127. 참조.
123) 그러므로 화엄, 즉 원교는 초발심시변정각이라 말하는 것이다. 앞의 등각 이후 미세한 무명번뇌(제8 아뢰야식)를 끊음을 인이라 하는 것은 유식 즉, 시교의 입장이다. 여기서 체원은 보조지눌의 입장과도 상통함을 확인할 수 있는 것이다.
124) 『백화도량발원문』에는 '理'로 되어 있으나 『청량소』에 의하여 바로 잡는다.
125) 무생인을 '무생의 인'으로 해석하는 것이 의주석이며, '무생이 곧 인이라'고 해석하는 것이 지업석이다.

라 이름하는 것이다. 돈교의 입장에서 말하면, 자기 마음을 바로 관찰하여 닦음도 없고 깨침도 없으며 본래 청정한 것을 무생이라 하는 것이다. 그러므로 『법계체성경』에서는 "부처님께서 문수보살에게 말씀하셨다. '그대는 어떻게 여러 선남자들에게 보리심을 발하도록 가르치느냐?' 문수보살이 대답하셨다. '저는 아견심(자기를 보는 마음)을 발하라고 가르칩니다. 왜냐하면 제가 본 때가 바로 보리이기 때문입니다'라고 하였다(指空의 戒 이름[126])이 이에 의지하고 있다). 만약 원교에 의하면, 예부터 움직이지 않는 것이 무생의 이치라고 이름한다. 위는 모두 교분(教分)은 가히 설할 수 있음과 같다. 그러나 원인을 빌어서 결과[127]의 불가설을 증득하고자 함으로 무생인에 처하는 것이다. 그러므로 무생법인〔大無生忍〕이라고 말하는 것이다.

 이상은 둘째, 관세음보살의 발원을 사뢰고 일을 이어서 결과를 이루는 것이었다. 환희지에 대한 『청량소』[128] 및 『행원

---

126) 지공(指空)은 인도 출신의 선승(禪僧)으로서 원(元)을 거쳐서 고려에 온다. 1326년 3월부터 약 2년 반을 고려에서 머물렀다. 이 시기는 체원이 생존하고 있었으므로 체원이 지공의 존재를 알 수 있었을 것으로 생각된다. 지금의 맥락은 무생법인을 해석하는 것인데, 지공이 그가 번역한 『문수사리무생계경(文殊舍利無生戒經)』 2권에 입각하여 무생계를 전하였기 때문에, 체원이 그러한 사실을 지적하고 있는 것이다. 지공의 무생계에 대해서는 허흥식, 「指空의 禪要錄과 선사상」, 『한국종교사상의 재조명 上』 (이리 : 원광대학교 출판국, 1993), p.313. 참조.
127) 교분과 인분은 모두 연기분에, 과분은 증분에 해당하는 것이다.

품소』129)의 언급에 비추어 보면 역시 열 가지 원으로 해석하고 있다.

이른바 청량은 『양 섭론』130)을 인용해서 말하기를, "첫째 공양원(供養願), 둘째 수지원(受持願), 셋째 전법륜원(轉法輪願), 넷째 수행이리원(修行二利願), 다섯째 성숙중생원(成熟衆生願), 여섯째 승사원(承事願), 일곱째 정토원(淨土願), 여덟째 불리원(不離願), 아홉째 이익원(利益願), 열째 성정각원(成正覺願)"이라고 말하였다.

만약 이 십원으로써 〔이 『백화도량발원문』을〕 해석한다면, '관세음보살님을 저희 스승으로 삼겠다' 이하는 승사원이고, '십원육향' 이하는 수행이리원이다. '몸을 버리는 이 세상과 몸을 받는' 이하는 공양원이니 '머무는 곳곳마다 그림자가 물체를 따르듯이'는 어찌 부처님을 공양하는 일이 아니겠는가. '항상 정법을 듣고'는 수지원이고, '교화를 돕겠습니다'는 전법륜원이다. '널리 온누리' 이하는 성숙중생원이며, '이 목숨이 다할 때' 이하는 이익원이다. '찰나에' 이하는 정토원, '여러 보살과 함께' 이하는 불리원, '진리의 흐름에 들어가서' 이하는 성정각원이다.131) 이에 준하여 가히 알 수 있을 것이다.

---

128) 대정장 35, p.761c.
129) 대정장 35, p.732c.
130) 대정장 31, p.225c.
131) 이상을 도표토 나타내면 다음과 같다. 『양 섭론』에서 설하는 열 가지 원으로써, 『백화도량발원문』의 발원 부분을 분류해 보면

이 열 가지 원 중에 인과가 잘 갖추어져 있다. 그러므로 청량132)이 말하기를, "만약 나아가 말해보면 앞에 든 아홉은 인을 구하는 것이고, 뒤의 하나는 과를 구하는 것이다. 만약 모든 것을 포섭하는 입장에서 말한다면, 일곱째〔정토원〕역시 과를 구하는 것이 됨이니, 과에 의지하는 까닭이다. 그러나 열째 원〔성정각원〕이 정히 과이니, 나머지는 인이다. 그러므로 다만 열째 원만을 설하는 것은 두 가지 장엄〔福과 智〕, 두 가지 이익〔自利와 利他〕, 원인과 결과의 행이 두루 하지 않음이 없는 까닭이다.

또 이것은 다함없는 원을 나타내기 위해서다"라고 하였다 (화엄의 十數는 모두 무진수를 나타내기 위함이다). 약사여래의 열두 가지 원과 미타의 마흔여덟 가지 원은 모두 이 열가지 원 속에 포섭되어 있는 것이다. 그것에 준해서 생각하

다음과 같이 된다. 이 역시 하나의 과목 나누기라고 볼 수 있다. 한글 옮김은 나의 번역에 따른다.
- 오직 원하옵건대~관세음보살님을 정대합니다 : ⑥ 승사원
- 십원육향~관세음보살님과 같아지며 : ④ 수행이리원
- 몸을 버리는 이 세상~물체를 따르듯이 : ① 공양원
- 언제나 설법하심을 듣고 : ② 수지원
- 교화를 돕겠습니다 : ③ 전법륜원
- 널리 온누리~들게 하소서 : ⑤ 성숙중생원
- 또한 원하옵나니~쾌활하고 : ⑨ 이익원
- 찰나에~왕생할 수 있어서 : ⑦ 정토원
- 여러 보살과~정법을 함께 듣고 : ⑧ 불리원
- 진리의 흐름에 들어가서~발하게 하소서 : ⑩ 성정각원

132) 대정장 35, p.762a.

면 분명해지니, 숨김이 없게 되리라. 이 열 가지 원을 갖추고 있으므로 발원이라 이름할 수 있는 것이다. 대저 도를 위하는 자, 가히 본받지 않으랴.

〔발원문〕
發願已,
歸命頂禮觀自在菩薩摩訶薩.

이미 원을 발하였으므로
관자재보살마하살에게 귀명정례하옵니다

〔풀이〕
셋째,133) 마치면서 우러러 행하는 귀의로써 본래 스승에게 회향하는 것이다. 세 가지 회향 중에서 보리회향(菩提廻向)이다. 이것으로써 중생을 깨닫게 하는 까닭이며, 역시 이미 정각을 이루게 한 까닭이다. 또 이미 자성에 입각하고 있는 까닭에 실제회향(實際廻向)이다. 또 이미 자리와 이타 둘을 갖춘 원행이므로 역시 중생회향(衆生廻向)이다. 이와 같이 하면 세 가지 회향이 모두 갖추어지게 되는 것이다.

---

133) 셋째 : 본문을 해석함에 크게 셋이 있는데, 그 셋째이다.

『백화도량발원문약석』 1권

나의 가형(家兄) 보응(普應)대사 원공(源公, 忍源)은 일생토록 관세음보살님만 믿어서, 『화엄경』의 관음법문을 지송하도록 권유하시곤 했다. (제자들) 삼십여 인이 내게 그 경전(『화엄경』 관음법문)에 주석을 달아주도록 청하여, 『경』 아래에 『청량소』로서 주를 붙이고 겸하여 간략한 주해들을 모아서 2권을 이루었다.134)

또 『경』의 취지에 입각하여 『백화도량발원문』을 간략히 주해하여 가형의 융숭히 믿는 정성을 돕고, 겸하여 길벗의 서로 사귀는 뜻에 답하고자 해서, 널리 법재(法財)를 베푸노니 위로 한 사람의 그윽한 복에 의지하고, 아래로 진리의 흐름을 구류(九類) 중생에게 베풀고자 할 뿐이다.

치화(致和) 구년(九年)135) 무진 시월 해인사에서 집해(集解)하다.

후학 사미 목암체원

---

134) 현재 전하는 체원, 『화엄경관자재보살소설법문별행록소』상하 2권이 바로 그것이다.
135) '元年'은 '九年'의 잘못이다. 곧 1328년이다.

더 읽어볼 글들

이 책의 의미를 좀 더 명확하게 이해하기 위해서, 혹은 더 깊게 공부해 보실 분들을 위해서 꼭 직접적인 연관이 깊은 책이나 논문들만 정리해 둡니다. 아직 우리말로 번역되지 않은 것도 있어서, 저와 같은 학자들의 노력을 요구하고 있습니다. 빠른 시간 안에 번역이 되기를 기대하면서, 일단 정보만이라도 제공해 두고자 합니다. 약호 'T'는 대정신수대장경의 일련번호입니다.

＊원전류

『법화경』 제25 관세음보살보문품
『화엄경』 입법계품 관음지식장
『능엄경』 제6권 이근원통장.
『천수천안관세음보살광대원만무애대비심다라니경』
　　1권(T.1060., 伽梵達摩 역)
〔광덕 역, 『천수관음경』, 불광출판부, 1982.〕

『천수천안관세음보살대비심다라니』 1권(T.1064., 不空 역)
『대승장엄보왕경』 天息災역. T.1050.
지례(知禮), 『천수안대비심주행법』 1권(T.1950)
일연(一然), 『삼국유사』.
보조지눌(普照知訥), 『普照全書』, 서울 : 보조사상연구원, 1989.
도신(道殿), 『현밀원통성불심요집(顯密圓通成佛心要集)』 2권.

*2차 자료

고익진, 「신라 밀교의 사상내용과 전개양상」, 『한국밀교사상 연구』.
광덕, 『반야심경 강의』. 불광출판부, 2002.
기무라 기요타카(木村淸孝), 「백화도량발원문孝」, 『中國の佛敎と社』. 大龍出版, 1988.
김무생, 「육자진언 신앙의 사적 전개와 그 특질」, 『한국밀교사상 연구』, 1986.
김영태, 「삼국(羅·藻·麗)의 관음신앙」, 『한국관음신앙연구』, 불교문화연구원.
_____, 「관음신앙의 자력성에 대하여」, 『불교학보』.
노구찌 요시다카(野口善敬), 『ナムカラタンノーの世界……千手經と大悲呪の硏究……』(京都 : 禪文化硏究所, 2000)
법성 편저, 『백화도량에로의 길』. 서울 : 경서원, 1982.

『대승경전과 禪』, 서울 : 민족사, 2002.

전해주, 「의상화상 발원문 연구」, 『불교학보』 제29집, 1992

채상식, 「체원의 저술과 화엄사상」, 『한국화엄사상연구』. 서울 : 동국대 출판부, 1986.

조영록, 「중국 보타산 관음도량과 한국-보타산 불긍거관음전은 제2의 낙산 홍련암-」, 『한중문화교류와 남방해로』, 국학자료원, 1997.

김호성, 『천수경의 비밀』(민족사, 2005)

_____ 편저, 『해설로 읽는 우리말 법요집』. 서울 : 민족사, 2000.

_____, 「보조지눌의 이문정혜(二門定慧)에 대한 사상사적 고찰」, 『한국불교학』 제14집. 서울 : 한국불교학회, 1989.

_____, 「밀교 다라니의 기능에 대한 고찰」, 『인도철학』 제6집. 서울 : 인도철학회.

_____, 「천수경 이해를 통해서 본 광덕의 회통불교」, 『종교연구』제29집. 서울 : 한국종교학회, 2002.

_____, 「원본 천수경과 독송용 천수경의 대비」, 『불교학보』 제40집. 서울 : 동국대 불교문화연구원, 2003.

_____, 「천수경 신행의 역사적 전개」, 『미래불교의 향방』. 서울 : 장경각, 1996.

_____, 「천수예참, 천수경 신행의 한 새로운 양식」, 『한글과 불교의식』. 서울 : 백화도량, 1993.

_____, 「독송용 천수경에 의한 진언수행론과 그 적용」(『불교학보』 제41집, 2004.

_____, 「선종에서 대비주를 독송하는 이유」, 『선학연구』 제83호, 京都 : 花園大學, 2005.

저자·김호성(金浩星)

　동국대학교 불교대학 인도철학과에서 "불교와 인도철학을 함께 공부하여(印佛共學)" 1996년에 박사가 되고, 1997년에 전임강사가 되어 현재 부교수에 이르고 있다. 1992년 『천수경이야기』를 출판한 뒤, 한 때 '백화도량'을 열어서 『천수경』 신행운동을 펼치기도 했다.
　어느 하나의 영역을 파기 보다는 자기가 갖고 있는 철학적 주제에 매달리면서 관련있는 대상을 엮어나가는, 힘에 버거운 방식을 고집하고 있다. 주로 행위, 회통(會通), 자기철학, 해석 등의 단어를 보조선, 『천수경』, 『바가바드기타』 등의 텍스트들 속에서 되새김질 하고 있다. 그런 와중에 『대승경전과 선』, 『천수경의 비밀』, 『방한암선사』, 『책 안의 불교, 책 밖의 불교』, 『해설이 있는 우리말 법요집』, 『계초심학인문 새로 읽기』 등의 저서와 40여 편의 논문을 수확하였다.
　사람을 만나거나 다니는 것을 좋아하지 않는데, 방학이면 외국에 나가 현장을 둘러보고 자료를 수집하는 것은 좋아한다. 2002년부터 2003년에 걸쳐서 일본 교토의 "불교대학"에서 객원연구원으로 있었는데, 일본불교를 이해하는 것이 우리 불교의 미래를 위해서도 필요한 일이라는 생각에서 『인물로 보는 일본불교사』를 번역하고, 부정기로 『일본불교사 공부방』을 편집발행하고 있다.
　또한 학생들이 만들어준 페이지(http://www.freechal.com·karuna33)를 꾸준히 관리하고 있다.

동국총서 ⑮
천수경과 관음신앙

2006년 2월 24일 초판 1쇄 발행
2012년 3월 31일 초판 3쇄 발행

지은이 김호성
펴낸이 김희옥
펴낸곳 동국대학교출판부

주소 100-715 서울시 중구 필동 3가 26
전화 02) 2260-3483~4
팩스 02) 2268-7851
Home page http://www.dgpress.co.kr
E-mail book@dongguk.edu
출판등록 제2-163(1973. 6. 28)
인쇄처 보명C&I

ISBN 978-89-7801-158-6 04220

값 12,000원

이 책의 무단 전재나 복제 행위는 저작권법 제98조에 따라 처벌받게 됩니다.